心理臨床学の実際

生越達美【著】
Ogoshi Tatsumi

ナカニシヤ出版

序にかえて

本書の第1章から終章までに収められた諸論文は、八編の既出の論文に新たに書き下ろした二編の論文からなりたっている。テーマが共通しているもの、性格が共通しているものによってグループ化し、四部構成にしてあるが、この一〇編の論文はそれぞれ独立に書かれたものであり、読者の皆さんはどの章から読んでいただいても良いと思う。最も初期のものは第3章の論文で初出が一九七九年、最も新しいものは第10章の論文で二〇〇六年、書き下ろしのものは現在のものであるから、約四半世紀の時のへだたりがある。初期のものは当然若書きのきらいがあり、いま読みなおしてみるとやや肩に力が入りすぎているきらいがあるし、筆者の今の考えとすこし異なるところもあるが、語句の訂正や若干の書き加え以外は大幅な訂正はせずに、そのまま収録した。

筆者はこの三〇数年間心理臨床を専門に歩んできた。この間たくさんの（こころの援助を求める）クライアントたちに逢ってきたわけである。われわれはよく「クライアントから学ぶ」という言い方をするが、これらの方々は「生きた人としてのすがた」を筆者に教えに来てくれた方々だと心底思っている。それにひきくらべて十分な心のケアができたかどうか自信はないが、ある程度はお役に立てたものと思う。

本書は生きた心理臨床の実際を学ぶ方々にとって裨益することが多いと思う。中級以上の内容ということができるが、心理臨床あるいは深層心理学を学び始めた初学者にとっても参考になる点が多いと思う。事例研究の論文では守秘義務を守るために、当然いろいろな箇所において事実を変更してある。すべてのクライアントがすでに二〇年以上前にお会いした方がほとんどであるし、本書に収録して出版することを許していただけるものと思っている。ともあれ、本書を手にして読まれる読者の皆様は、クライアントのプライバシーということを配慮して、本書の取り扱いには十分の配慮をお願いしたい。

第1部は心理臨床の理論的側面に関するものである。カウンセリングあるいは心理臨床の場は「こころの癒し」の場である。したがって心理臨床を専門の立場とする者は「癒し手」でもあるわけで、その場合、われわれ臨床心理士はどのようなモデルを「癒し手」モデルとしてもっている必要があるのか。理論的立場や学派は多様であるが、この「モデル」はそれらを超えたものとして機能し、われわれが仕事をする上で、われわれの態度に大きな影響をあたえるものと思う。そういった「モデル」を神話の世界に探求したのが第1章の趣旨である。この章であつかうインナーヒーラーイメージ（ＩＨＩ）はイメージとしてのそれであり、ユング心理学における「元型的イメージモデル」に相当する。

第2章は「遊び」の治療的機能について論じたものである。多くの臨床心理士が子供の心理臨床から仕事を始めてゆくものと思われるが、筆者もそうであった。初期においては子供の遊戯療法をすることが多かった（第2部に収めた諸論文はその当時の実践がもとになっている）。大人の心理療法理論と技法とを子供に応用することから児童の心理療法が始まり、そのおりに大人の「言葉」の代わりに子供の「遊び」に注目・使われるようになったことは周知の事実であるが、筆者は心理臨床実践の中で、「言葉」とは根本的に違う、「遊び」が有している独自の癒し機能に着目するようになった（大人の心理臨床においても遊びは重要な側面を示すのである。たとえば第2章に報告している事例のA男や事例の太郎）。この遊びの治癒機能を考察したものが第2章であるが、このことを通じて心理臨床における「非日常性」が見えてきたため、この論考をさらに発展させたものもある〔拙書「旅と変容」（Ⅰ・Ⅱ）〕。しかし、本書からは省いた。この主題はさらに発展させて一書にまとめたいと思っている。

第2部は子供の心理臨床実践にもとづいて書かれたものである。第3章の事例花子に関しては特別の思い出がある。花子との心理療法をおこなったのは今から約三十数年前で、当時は今日のように「事例研究」の論文は皆無、手に入れて読むことはほとんど不可能な状態であった。そんなわけで筆者は心理療法の「生きた姿」を体験させてくれるようなクライアントを心から望んでいた。そんな頃に出会ったのが事例の花子であり、「生きた」心理療法のプロセスを身をもって筆者に教えてくれたのである。論文の形にするにはさらに四〜五年がかかったが、それだけ「ねかせて」書くことができた。筆者の場合、深層心理学は（ご他聞にもれず）フロイド等の精神分析（学）から入り、とりわけ土居健郎氏の「甘え」理論をはじめとする諸著作から多くを学んでいた。そこからユング心理学へと方向を変えつつあったが、そのことによって、ようやく花子の事例を著わす言葉が見つかったという思いがある。したがってこの論文では、論を進めるうえでフロイド的立場とユング的立場が混在している。（あえていえば）筆者の理論的立場の移行期における記念碑的な論文である。この論文を書こうと思い立ったときに、筆者は花子のその後の様子を知りたくなり手紙を書いた。花子からすぐに返事が来たが、そこには「先生のことはよく覚えています。今元気に学校へかよっています。学校への行き帰りの道で大きな川の黒い水に浮かんだ真っ白な材木を見ると、先生のことを思い出します」と書かれていたのを読んで、うれしく感じたことであった。

第4章の論文は新たに書き下ろしたものであるが、事例の眠りの家七喜子に出会ったのは四半世紀以上前である。この事例は論文にも書いたように、研究会・学会や筆者のスイス留学の折に故D・カルフ女史のセミナーで2回にわたって発表している。いつかは論文にしようと思いながら長い時間がたってしまったわけである。眠りの家七喜子に出会った当時、筆者は平行してユング心理学に関する書物を読みつつ「教育分析」という「分析」を受けつつあった。いわば一層深くユング心理学や自分の深層心理に没入していたわけで、そのことが眠りの家七喜子の心理療法の過程を一層深める要因となっていると思う。この事例に関してはもう一つの思い出がある。この時分ようやく境界例に関して「分裂(splitting)」の機制への言及がわが国でも行なわれるようになっていたのであるが、この機制をまさに「実見」する思いであったことである。あるいは日本国内における発表ではこの心理療法の過程に関して「クライアントの年に相応しくない」「深めすぎ」という疑念があったことについて、筆者も「あるいはそうかも」と考える場合もある点についてカルフ女史に質問したところ、女史は「いいえそんなことはありません。サイコセラピーのプロセスはクライエント自身が決めることであって、セラピストが決めるものではありません」と明快に、筆者の疑念を晴らしてくれたことであった。この心理療法過程において作られたイメージ世界（箱庭療法や人形類を用いて表現された空想世界）を映したスライド二〜三枚を（請われて）カルフ女史へさしあげたのも良い思い出である。

第5章の事例は自閉性障害児を持つ母親の心理療法過程である。筆者はこの障害児自身へも部分的にかかわっているので、第2部に入れることにした。子供の心理臨床では平行して家族面接（わが国では母親との面接がその大半である）がおこなわれることが多く、筆者もたくさんの家族面接をおこなってきている。その場合の筆者の基本的態度を決定づけてくれたのがこのクライアント（U子）であった。その基本姿勢とは、まずもってそのような家族（とりわけ母親）に対して「支え」と「安心」と「希望」を持てる場を提供する、ということである。逆の方向から言えば、それは障害児を抱える家族（とりわけ母親）が「支えられ」「安心でき」「希望をもてる」状態へと心理的援助をおこなう、ということである。事例のU子はそのことを筆者に教えてくれたと思う。

第3部は青年期の事例研究論文によって構成した。ここに収めた諸論文は一五年以上前に書かれたものであり、これらのクライアントにかかわったのは二〇年以上前である。時期的にはずいぶん以前の事例ということになり、時代的にも社会情勢のうえでも、今日とは異なった面があるが、いま読んでみても「古びて」はいないように思われる。いずれの事例も主訴の背景はまったく異なっているが、カウンセリングの経過の中で、なんらかの「宗教性」とのかかわりがクローズアップされていった（ちなみに彼らはいわゆる七〇年時代における学園紛争・全共闘世代の後の学生たちと世代を同じくしており、オウム真理教の幹部たちとも大体において共通する世代である）。

筆者は学部生のころから青年期に関心をもっていた。卒業論文も大学院における修士論文も共に青年期の心理に関するものである。それゆえ心理臨床の場においても青年期のクライアントに接することが多かった。筆者はいまもSC（スクールカウンセラー）として、あるいは日々の心理臨床実践の場において思春期・青年期の人たちに会うことが多い。

中学生のクライアントにもたくさん会っているが、思春期・青年期を生きる人々のこころは外側からではなかなかわからない。彼らのこころの深層では測り知れないような「出来事」が生じており、しかもとりわけ思春期（小学校五～六年から中学時代）においては、彼ら自身が言葉によって意識化することができないような心理的体験をしているわけである。離れたところにいたのでは彼らのことを理解するのは容易でない。心理臨床家として深くかかわることを通じて、はじめて彼らのこころを理解する道が開かれてくるのである。

これらの論文に扱われているのはいわば青年期後期である。筆者の経験では彼らはこの頃になってようやく自分の内面に生じていることを言葉で表現できるようになるのであろう（彼らの回想から彼らの思春期時代の様子をうかがうことができると思う）。先にも少し触れたことであるが、思春期・青年期はなんらかの意味で神・仏などの「超越的存在」への思いが主体的に体験されるときとなる。思春期・青年期のこころにおける中核的問題はアイデンティティ（主体性、自分らしさ、あるいは自我同一性）であるがアイデンティティの形成と「宗教性」は密接な関係にあると思う。したがって「宗教性」の問題を抜きにしてでは、思春期・青年期のこころの理解が浅いものになってしまうと筆者は考えているが、それはこれらのクライアントとの出会いと、論文中に書いたことなどの諸経験が基盤になっているのである（思春期・青年期に関する論文は他にも書いているのであるが、本書にはその全ては収めないことにした）。

第４部にはエッセイ風に書いた最近の論文を収録した。第９章は一〇年ばかり前にあるサークルで講演した原稿がベースになっており、それをもとに若干の加筆訂正をしたものである。佐藤愛子著『凪の光景』は世評高い作品で、この作品を分析した評論や論文が（文中に紹介した河合隼雄氏の他にも）たくさんあると思う。河合隼雄氏の論文は主人公の一人である初老の女性の内面世界の変化に焦点を当てているが、筆者は主人公一家の成員のすべてをとりあげつつ、「家族」というものを考えたわけである。

今の日本の社会ではあらためて「家族の問題」が問われていると思う。毎日のように報道される「虐待」「親殺し」「子殺し」「兄弟殺し」と、陰惨な事件が後を絶たない。相変わらず離婚も多い。いまこの「序に変えて」の原稿を書いているおりにも、東京の裕福な家庭で、兄が妹をささいなことから殺したあげくに死体をばらばらにして捨てようとして逮捕される、という悲惨な事件が報じられた。異様なのは二〇歳を過ぎた浪人中の実兄が二〇歳の実妹に対してそういうことを行なった、ということであり、さらにはその兄は何食わぬ顔をして予備校の「合宿」に参加していたという点である。このような事件はいままさに「家族の問題」が問われていることを物語っているし、第4部で扱っている思春期・青年期を生きることの難しさということも背面の要因として存在していると思う。

この半世紀のあいだにわれわれ日本人の人間関係は大きく変質したし、「家族」も「家族の人間関係」も流動的に大きく変化してきているように見える。「家族の問題」とは、いうなれば、この二一世紀という時代がわれわれに突きつけた「家族とは？」「家族はどうあればよいのか？」という、深刻な問題である。筆者もながい心理臨床の経験の中で考えさせられてきている問題であり、書きたいことはそれこそ「山ほど」もあるが、第9章はもともと講演用の原稿としてまとめたものであり、その範囲を超えてしまうので、本格的に書くならば、そのことはまた別の機会にゆずりたいと思う。

第10章は現代の医療における「こころのケア」に関して、日ごろ考えていることをエッセイ風にまとめたものである。わが国の医療は年々日に日に進歩発展している。それはそれで喜ばしいことであり、国民のおよそすべてがその恩恵を受けつつ生活していること、は事実である。「身体」の側面はますます医療の前面に出て、医療の中核に置かれてきているが、それに伴って、「身体」と「こころ」はいまの医療現場においてますます切り離され、患者の「こころのケア」の側面が置き去りにされてきているように思われる。論文中に引用した柳田邦男氏の書かれた書物には示唆され教えられることが多くあったし、氏の論ずることに賛同する点が多い。筆者もこれまで心理臨床の実践において多くの〝身体に症状を有する〟クライアントや「心身症」のクライアントに会ってきている。それらの心理臨床の実践から得た成果の一端は論文として、あるいは学会において別のところで発表してきている。

今日では「心身症」に対して心理療法が極めて有効であることは周知の事実といってよい。いわゆるターミナルケア・

たとえば末期癌患者やエイズ患者などへのこころのケアをふくめて、心理療法は（欧米では）身体的な病に対しても積極的に行なわれるようになって来ていることもよく知られたことである。このことはわが国の医療現場においても、ますますこころのケアの専門家としての臨床心理士への要請が高まっている、ということを示唆していると思う（筆者が教えている学部生・大学院生のうちにも、身体医療の現場において〝こころのケアを専門的に行なう者〟を志向する人が少しずつではあるが出てきている。それらのうちのある者は現役の看護師でもある。このことも現代の医療の持つ現実であろうと思う）。ともあれ「心身問題」は筆者にとって以前から関心のあるテーマであり、いずれ論文にまとめたいとおもっている課題である。

最後になるがナカニシヤ出版、とりわけ編集部の宍倉由高氏には今回も大変お世話になった。あまり売れそうもない地味な論文を集めた本をあえて出版に踏み切っていただいたわけであるが、非常にありがたく思っている。この場を借りて、そのおこころとご決断に対して、こころより感謝申し上げる次第である。

二〇〇七（平成一九）年一月五日　著者記す。

参考文献

生越達美　一九九三「旅と変容（Ⅰ・Ⅱ）」『名古屋学院大学論集（人文・自然篇）』二九巻、二号。

心理臨床学の実際

目次

第2部　子どもの心理臨床実践

第3章　恐怖症的登園拒否児の治療例
――人形遊びに表現されたおばけ・死と再生・結婚の主題の意味するもの――……46

第3部　青年期の心理療法

（その三）

第１部　心理臨床の理論的側面

第1章　いまカウンセリングを考える
――インナーヒーラーイメージを中心にして――

1　はじめに

一九九〇年代初頭におけるいわゆるバブル景気の崩壊の後、日本の産業社会は暗闇の道を歩き続けてきたということができる。闇の向こうに光が見え始めているとはいえ、いまだその道は薄闇の中にあり、明るい場所へ出ることができたとはいえない。不況とデフレがいまの日本社会をあらわすキイワードである。不況は英語ではデプレッション(Depression)という語であらわすことができるが、デプレッションという語はもともとde-press つまり「レバーなどを下へ押し下げる」という意味であり、意気消沈させる、憂うつにさせる、弱める、そして景気に関しては「不況」という意味で使われてきた。いうまでもなく精神医学ではうつ（病）――DSM-Ⅳでは気分障害――という診断名として使われている。このデプレッションがわが国の人々の生活に予想以上に暗い影を落としているということができる。不況と産業構造の変革に伴うリストラの嵐は中高年層における鬱と自殺の多発という現象をもたらすとともに、離婚と家庭崩壊、街にあふれるホームレス達などの問題を生み出している。さらには夢を失って荒れ、非行に走る少年達、キレやすい青少年やあいかわらず多発している不登校・ひきこもり問題などなど、教育分野における問題へもその影響の一端はおよんできているのである。

2 「調整し」つつ「関係し」つづける人としてのカウンセラー

筆者はさまざまな心理臨床の場でカウンセリングの仕事をし、心理臨床専門家としてのカウンセラーの養成と指導の仕事も行っているが、こころの問題に対する支援とケアを主務とするカウンセリングへの期待は、今の世の中において、ますます増大していると思うのである。平成一二（二〇〇〇）年に策定された「事業場における心の健康づくりのための指針」における四つの対策（セルフケア・ラインによるケア・事業場内産業保健スタッフ等によるケア・事業場外専門機関によるケア）においても、カウンセラーがその事業の主要な担い手であるということについて、異論をはさむ者はおそらくいないであろう。

ところでカウンセラーの仕事というとクライエントにあっておこなう「こころの調整」、つまり心理療法的側面を思い浮かべる場合が多いと思われるが、もつれた人間関係や組織の調整、さらにクライエントをさまざまな専門機関へ紹介することも大切な仕事の一つである。つまりリファー（refer）することやコーディネート（coordinate）することもカウンセラーの仕事の主要な一部なのである。カウンセラーはこころの問題を解決するために、もつれた糸を解きほぐすべく、クライエントの内側へかかわりながら、他方で「関係づけ」や「調整」、つまりクライエントを取り巻く外側の仕事をも（高度に専門的なレベルにおいて）になってゆくのである。

カウンセリングや心理療法の分野には（いわゆる深層心理学なども含めて）さまざまな学派と理論的立場がある。とりわけ行動療法と深層心理学は理論的にも対立しやすく、相互に不寛容である。伝統的な心理療法の立場に立って「心理療法は自己治癒力に従って進めるべきだ」などと主張すると、行動療法の立場に立つものは「それは科学ではない。心理療法は科学でなければならない」と反論し、「科学」か「人間的」かという、相変わらずの不毛な論争に発展するのである。こころの変容（それは身体的変容を伴う場合が多い）という難しい（時に謎めいた）現象にむかいあう体験を重ねてきた者なら、どのような立場であろうが、上記のような単純極まりない昔ながらの主張や論争をしないはずであるが、今日においても案外に多いのである。特にこれは経験の浅い者にとっては悩みやすい問題である。そこでまずはじめにこのことについて筆者の考えを述べてみたい。

3　理論と自然のダイナミズム

カウンセリングは一つの理論やある立場（学派）に立って開始されることが多い。この分野における先進国である欧米においては、クライエントが自分に合った学派や理論を選ぶということが多いと思われる。しかしわが国では事情が大きく異なっている。学派やカウンセラーの理論的立場をあらかじめ選択してカウンセリングを受ける人はまだまだ少ないことであろう。しかし学派や理論的立場が異なると、そこで使われる技法は相当異なってくるのである。カウンセラーは拠って立つ理論的な立場にある程度拘束されざるをえないのである。

ところでカウンセリングにおけるクライエントの変容過程は、そこで受けたカウンセリングの理論的な枠組みやそこでとられた技法の影響を受けるとしても、われわれが生身の人間である以上、クライエントの変容はあくまで自然の変容過程の中にあるのである。したがって、カウンセリングという作業は「理論（や学派）という人工物」と「自然の変容過程」という二者の間のダイナミズムとしてとらえ直していく事ができる（図1-1）。

ここで一つのジレンマが生じてくる。カウンセラーが、心理臨床の場において、拠って立っているのは「理論という人工物」なのか、あるいは「クライエントの自然の変容過程」なのか、いったいどちらなのか、という二律背反的な問題である。簡単にいえば、カウンセラーは「理論」と「自然の過程」のどちらをよりどころにしてゆけばよいのか、という問題である。この双方をカウンセラーとして両立させてゆくことは案外難しいことである。この地点において、実のところ、カウンセラーは相対立する二つの世界観に引き裂かれているのである。しかし専門家としてのカウンセラーは、心理臨床の現場において、「理論」と「自然の過程」とを相対立するものとしてではなく、相互に調和的な関係にあるものとして（つまり共にカウンセリング促進要因として）両者を統合してゆかねばならないのである。河合（一九九二）は「医学モデル」と「教育モデル」および「自然（じねん）モデル」という三つのモデルを提唱しつつ心理療法の特殊性について論じているが、「自然（じねん）モデル」はこのような考え方を徹底させた地平にあらわれてくるのであろう。

このことを考えてゆく上で、改めて重要になってくるのは、日本人のインナーヒーラーイメージ（inner healer image）として、どのようなことを考えてゆけばよいのかということである。そこで次にこのことを考えてゆくことにしよう。

4　インナーヒーラーイメージとは

カウンセラーはこれまで述べてきたような仕事を遂行してゆく上で、どのような態度を保持してゆけばよいのであろうか。あるいはクライエントに対して変わらぬ態度を持続させてゆく上で、カウンセラーの枠組みを内側から支えるものとしての不可欠の条件とは何であろうか。ここで「カウンセラーを内側から支えるもの」というのは、カウンセリングに携わる者が、拠って立つ理論とは別に、よりどころとしてゆかねばならないものとしてのインナーヒーラーイメージ（内的治療者像）があるということなのである。実はこのようなインナーヒーラーイメージを自分のものとしてもつことはなかなか難しいことである。

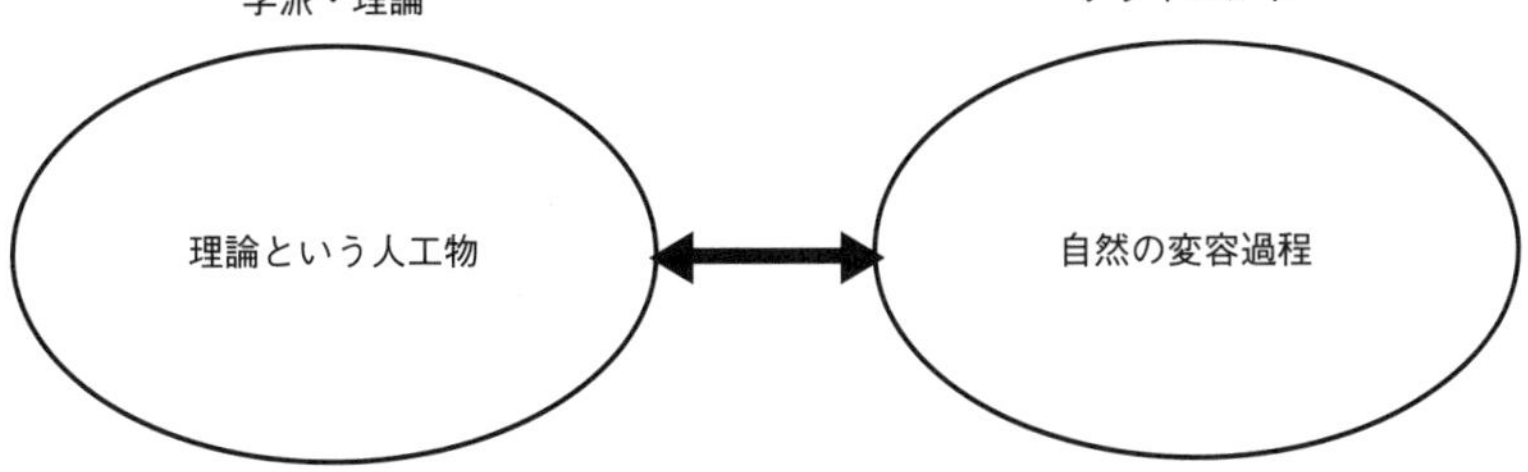

図 1-1　理論と自然的変容過程のダイナミズム

インナーヒーラーイメージの究極の姿として、西欧社会やクリスチャンの間では、イエス像があるのかもしれない。そもそもヒーラー（healer）という語は「神霊的な病気治しをする人」という意味がある。新約聖書にはイエスの病気治しの話が多く存在する。実際、西洋古代社会では、使徒を含めて古代キリスト教団とは各地で病気治しをする集団であったし、その集団においてイエスキリストは医療神であったという研究もある（山形、一九八七）。ではわれわれ日本人にとって、イエスに匹敵するようなヒーラーイメージとして何があるのであろうか。

社寺は古代の日本において病気治しの重要な担い手であった。薬師如来などにみられるように、病気治しに関連の深い仏像も多く存在する。あるいは今日においても日本のいたるところに病気治しの小さな神仏が祭られており、庶民の信仰の対象になっている（立川、一九九三）。長野市元善町にある善光寺は「牛に引かれて善光寺参り」という言葉があるように、古来宗派を超えて庶民的な信仰を受けつけてきた大寺である。本尊は阿弥陀三尊像である。筆者はかつて善光寺にお参りしたおりに、本堂等に掲げられた縁起絵札に病気治しにまつわる善光寺の効験が実にたくさん描き出されていることに驚きかつ感慨を覚えたことであった。善光寺はもともと病気治しに深くかかわっていた寺だったのではないかと感じたものである。

奈良平安京の時代においては、病気快癒を目的に、密教系の僧侶や修験者たちがいわゆる加持祈祷を積極的に用いていたことがよく知られている。彼ら加持祈祷を実践する人達がインナーヒーラーイメージとしてこころにおいていたのは、おそらく真言密教の本尊としての大日如来であったことであろう。彼らにとって大日如来は「命を育むもの」の究極の姿であったからである。そして（ここが重要なところであるが）病者（クライエント）も同様に大日如来に〝帰依し信仰する〟という形でその霊力をこころに強く思い浮かべていたに違いない。いわば病者も術者も共に大日如来という本尊に同一化しつつ、かかる超越的なインナーヒーラーイメージを篤く共有する関係にあったと推察されるのである。

これらは日本人や、日本文化にとって代表的なヒーラーイメージであるが、仏教の普及と共に時間をかけて形成されていったことは確かである。であるとするならばさらにその奥、仏教渡来以前の日本および日本人にとって、縄文時代や弥生時代につながってゆくようなこころの古層、つまりこころの最基底層に属するようなヒーラーイメージとして、一体何が存在するのであろうか。次にこのことをみてゆきたいが、そのことに触れる前に、カウンセリングにおけるカウンセラーとクライエントとの間における「インナーヒーラーイメージの共有」という問題について、簡単にではあるが触れてみたい。

5　インナーヒーラーイメージの共有関係

図1-2はカウンセラー（Thと表記）とクライエントとのあいだにおけるインナーヒーラーイメージ（inner healer image; 以下ＩＨＩと記号化して表現する）の共有関係を図示したものである。Ⅰ型は「カウンセラーとクライエントの間で、ＩＨＩに関して、接点も無く遠い・あるいは対立した関係になっている」ことを示す。ここにはＩＨＩの共有関係は存在しない。しかしクライエントが相談ごとを抱いて面接に来た以上、ＩＨＩの共有へのみちはひらかれている、と考えることができるのである。

Ⅱ型は「ThとクライエントのＩＨＩが極めて接近しているが、完全な共有関係にはなっていない。しかしＩＨＩをめぐって対立関係にはなっていない」ありかたを示している。そして最後のⅢ型は「Thとクライエントの間で完全にＩＨＩが共有されている」ことを示している。ＩＨＩの共有関係になっていないどころか対立的でさえあるⅠ型ではカウンセリングで強調される「受容」し「共感的に理解」してゆくことに困難がつきまとい、したがってカウンセリングのスムースな進展を望む事はおそらく難しいことであろうと思われる。カウンセラーは、どのような学派に属そうとも、Ⅰ型→Ⅱ型→Ⅲ型へとＩＨＩをめぐる関係が移行しつつ、カウンセリングが進展してゆくことを目指しているということができる。例えば夢分析にせよ箱庭療法にせよあるいはコラージュ療法にせよ、そのような技法を使ったカウンセリングの場が意味をもった場（中村雄二郎の用語ではトポス）としてクライエントの前に開かれてゆくのは、Ⅲ型あるいは

Ⅲ型のようなＩＨＩの共有関係が形成されたときであろう。この関係が最も濃密に形成されるのはおそらくコスモロジーや世界観を共有する場合なのであろう。しかし、現代のように多様な価値観や世界観が混在する社会ではＩＨＩの共有関係を形成してゆくことはなかなか難しいことなのであり、おそらく不可能に近い。

ではこのような時代において、上記のようなＩＨＩの共有関係を構築してゆくために、どのようなことに配慮してゆけばよいのであろうか。世界観やコスモロジーの共有が難しい場合、ＩＨＩの共有を可能にするのは何か。カウンセラーが拠って立つカウンセリング理論（学派）であろうか。おそらくそうではないであろう。いうまでもなくカウンセリングを支える思考の枠組みは近代が生み出した科学としての心理学理論である。理論は、たとえそれが人間に深く根ざしたものであろうと、あくまで「造られたもの」であるにすぎない。他方、ＩＨＩはユング（Jung, C. G.）のいう超越機

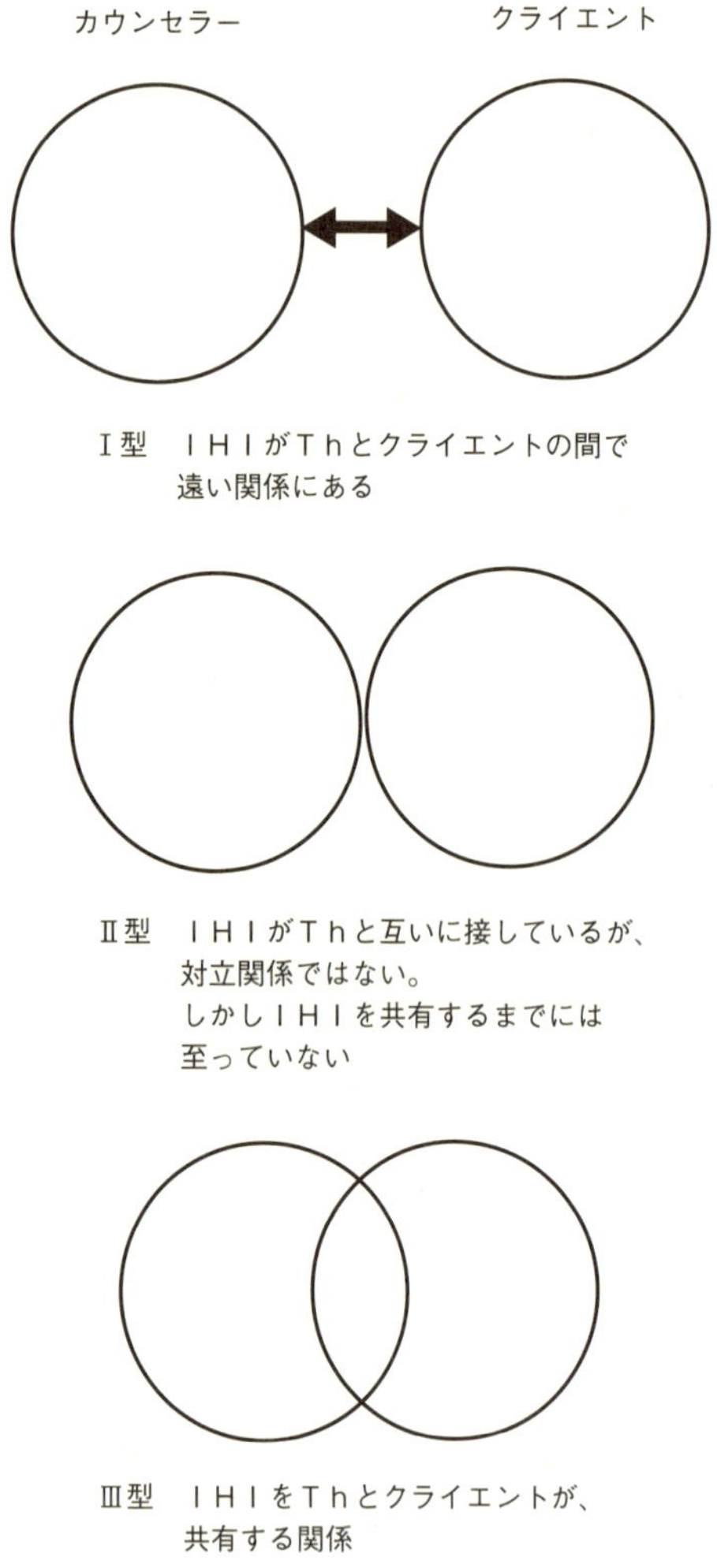

Ⅰ型　ＩＨＩがＴｈとクライエントの間で遠い関係にある
Ⅱ型　ＩＨＩがＴｈと互いに接しているが、対立関係ではない。しかしＩＨＩを共有するまでには至っていない
Ⅲ型　ＩＨＩをＴｈとクライエントが、共有する関係

図1-2　治療者（Ｔｈ）とクライエントの間におけるインナーヒーラーイメージ（ＩＨＩ）のありかた

能（transcendental function）とかかわりが深く、個々の人間に自然に備わっているものであって、超越機能は「作られたもの」ではない。それは常に個人や人工物を〝超えた〟存在として働きつづけている。それゆえ理論や学派はＩＨＩの共有を推し進める決定要因たりえない。それは元型的なイメージの中に求める外は無いのである。

6　日本人のインナーヒーラーイメージ――オオクニノヌシの物語――

カウンセリングの場では常に「理論」と「自然」の対立関係の中を歩んでゆかねばならない。この相克する関係を止揚してゆくのが、インナーヒーラーイメージであるということができる。われわれ日本人は、このような意味を担うインナーヒーラーイメージとして、古来より素晴らしいモデルを日本神話の世界に保持してきている。それは大国主命（以下オオクニヌシと表記する）である。オオクニヌシは関係づけと調整と癒しの神である。ユング心理学の言葉を使うなら、オオクニヌシは、われわれ日本人にとって、関係づけと調整と癒しを行う元型的なイメージであるということができる。そこでそういった見方に立って、オオクニヌシの物語を用いつつ、カウンセラーのになう役割とそれを支える内的イメージについて考えてゆくことにしよう。

誰でも知っているようにオオクニヌシは記紀（古事記・日本書紀）に登場する主要な神であり、出雲神話を代表する神でもある。千矛命（ヤチホコノミコト）、大物主神、葦原色許男（アシハラノシコオ）神、大穴牟遅（オオナムチ）神など、物語の場面場面で多くの名前をもつ神である。『出雲風土記』では国造りの神、つまり天地創造神とされている。多くの名前をもつことに示されるように、なかなか複雑な性格をもつ神であるが、いまはそのことにはふれない。

オオクニヌシは「因幡のシロウサギ」の昔話や童謡を通じて日本人なら誰でもよく知っている神であり、この神の鎮座する出雲大社へは多くの日本人が訪れる。古来癒しや縁結びの神として民間信仰の対象にされてきた。それはさておきオオクニヌシが登場してくるのは『古事記』では「稲葉の素兎」の話からである。そこでその原文を紹介しながら稿を進めてゆくことにしたい。

1　稲羽の素兎

故《かれ》、この大国主神の兄弟、八十神座《やそま》しき。然れども皆国は大国主神に避《さ》りき。避りし所以《ゆえ》は、その八十神、各《おのおの》稲羽《いなば》の八上比賣《やがみひめ》を婚《よば》はむ心ありて、ともに稲場に行きし時、大穴牟遅神《おほなむちの》に帒を負《おは》せ、従者《ともびと》として率《ゐ》て往きき。ここに気多《けた》の前《さき》に至りし時、裸《あかはだか》の兎伏せりき。ここに八十神、その兎に請ひしく、「汝為《なれせ》むは、この海鹽《うしほ》を浴み、風の吹くに當たりて、高山の尾の上《へ》に伏せれ。」といひき。故《かれ》、その兎、八十神の教えに従ひて、伏しき。ここにその鹽乾く随《まにま》に、その身の皮悉《ことごと》に風に吹き拆《さ》かえき。故《かれ》、痛み苦しみて泣き伏せれば、最後《いやはて》に來たりし大穴牟遅神その兎を見て、「何由《なにしか》も汝《な》は泣き伏せる。」と言ひし

これが『古事記』における話の始まり、つまり前段の部分である。兄の八十神達とオオクニヌシが赤裸にされて苦しんでいるシロウサギと出会う場面である。オオクニヌシは兄の八十神たちから大幅に遅れている。オオクニヌシは従者として重い荷を背負わせられている。つまり兄弟として登場する神々の中でオオクニヌシは最も身分が低い。

ところでここに登場する「素兎」は何を象徴しているのであろうか。われわれは昔話などの影響によってこの話に登場するのは「白い兎」であると思っているし、多くの絵本もそのように描いている。しかし『古事記』の原文ではけっしてそのようには書かれていない。「素」という文字が使われているし、兎の状態も「赤裸」ではなく単に「裸」と表記されている。この点に注目して「ウサギは衣服をはがされて泣いていた」のであると推論するのが哲学者の梅原猛である（梅原『神々の流竄《るざん》』）。そして梅原は、古代史の視点を入れつつ、「素兎」とは沖ノ島の原住民の宗像一族つまり古代の海人のことであろうと、推論している。そして話に登場する「鮫（ワニ）」は古代の安曇氏であり、シロウサギとワニの話は古代における宗像氏と安曇氏との抗争であろうと推論されている。非常に大胆かつ斬新な推論であり、示唆

されることの多い推論である。

筆者はここで梅原説とも異なる視点から「素兎」と「鮫」の物語の読解をしてみたい。それは神話の世界の象徴性を手がかりとして解釈してゆくという方法である。

まず、ウサギは神話の世界ではどのような意味をになっているのかを考えてみよう。ヨーロッパでは一般的に白兎は野ウサギ（hare）のことをさしている。そして野ウサギはエジプト神話ではオシリス神との関係が深く「地上と地下を結ぶもの」「死と再生（変容）を司る神」とされている。あるいはその繁殖力と多産な性質から「豊饒の神」の意味をもつ。さらにケルト神話では思春期とそれに伴う危険のシンボルとされているようだ。これらに比較して、日本神話における兎神は明確な輪郭をもっていないが、オオクニヌシとの関係からも、豊饒神という性格が強い。あるいは「優しさ」がその性質として強調されるであろう。シロウサギの優しさはオオクニヌシの優しさと対になっているように思える。他方ウサギのもつ敏捷さ・無力さに由来する狡猾さから「いたずら者」を連想しやすいことも確かである。河合（二〇〇三）はシロウサギをアフリカ民話等と比較しつつトリックスターとして性格づけて解釈している。

こういったシロウサギの特徴に比べて「鮫（ワニ）」は対照的であり、残虐と殺戮そして「すべてを食い尽くす」血塗られた攻撃性がイメージとして際立っている。動物イメージとしては太母（Great Mother）の否定的側面を強くおびているのである。

では「裸にされたシロウサギ」は何を意味しているのであろうか。梅原説では先に紹介したように「衣服を剥がされた」「身ぐるみ剥がされた」状態と解釈されている。バレの「禽獣篇」では野兎の象徴性として「一切武器をもたない丸裸」「臆病さと迅速」等が強調されているとのことであるが、われわれのシロウサギも「裸の身」を晒しているところが興味深い。これらの特徴から浮かんでくるイメージは「守りの喪失」と「無力性」ではないであろうか。われわれの神話に登場する「裸にされた素兎」ではけっして敏捷さは強調されてはいない。あるいは彼は敏捷さを誇って「いたずら」を仕掛けたために、鮫（ワニ）によって逆襲され、すべてを奪われ、悲しさと無力さと傷つき（つまり鬱的な状態）を明瞭に露呈しているのである。

このようなシロウサギに対してオオクニヌシは「どうしてお前はそのように泣き伏しているのか？」と問う。そして話は次の段階へと移ってゆく。

2　二つの処方箋

兎答へて言《まほ》ししく「僕《われ》淤岐《おき》の島にありて、この地に度らむとすれども、度らむ因《よし》無かりき。故《かれ》、海の鮫《わに》を欺《あざむ》きて言ひしく、『吾《あ》と汝《な》と競《くら》べて、族《うがら》の多き少なきを計《かぞ》へてむ。故《かれ》、汝《な》はその族《うがら》のありの随《まにま》に、悉に率《ゐ》て來て、この島より気多《けた》の前《さき》まで、皆列《な》み伏し度れ。ここに吾《あれ》その上を蹈みて、走りつつ讀み度らむ。ここに吾《あ》が族《うがら》と孰《いづ》れか多きを知らむ。』といいき。かく言ひしかば、欺かえて列《な》み伏せりし時、吾《われ》その上を蹈みて、讀み度りて、今地《つち》に下《お》りむとせし時、吾《われ》云ひしく、『汝《な》は我に欺かえつ。』と言ひ竟《を》はる即ち、最端《いやはし》に伏せりし鮫《わに》、我《あ》を捕らへて悉に我が衣服《きもの》を剥ぎき。これによりて泣き患《うれ》ひしかば、先《さき》に行きし八十神の命《みこと》もちて、『海鹽《うしほ》を浴み、風に當たりて伏せれ。』と誨《おし》へ告《の》りき。故《かれ》、教への如くせしかば、我が身悉に傷《そこな》はえつ。」とまをしき。ここに大穴牟遅神、その兎に教へ告りたまむしく、「今急《すみや》かにこの水門《みなと》に往き、水をもちて汝《な》が身を洗いて、すなはちその水門の蒲黄《がまのはな》を取りて、敷き散らして、その上に輾轉《こいまろ》べば、汝が身本《もと》の膚《はだ》の如《ごと》、必ず差《い》えむ。」とのりたまひき。故、教への如《ごと》せしに、その身本の如くになりき。

ここには対照的な二つの処方箋が示されているということができるであろう。意地悪な八十神達のそれと優しいオオクニヌシのそれとである。八十神達は裸で泣き伏しているシロウサギに対してその理由を聞くこともせず、つまり「みたて」なしに「海の塩で身体を洗い」「山の上で風に吹かれている」ことを勧める。つまり「消毒」と「乾燥」を勧めるのである。これは「辛い・つらい」処方箋といってよいであろう。シロウサギはかえって「我が身悉に傷はえつ」という状態になってしまうのである。それに比して、オオクニヌシはその理由を聞いた上で「真水で身体を洗い」「蒲の穂にくるまって温まっている」ことを勧める。この箇所について梅原説では塩水によるミソギから真水によるミソギへの変化を示すものであるとされている。しかしこれをイメージとして受け取るならば、この個所は「みたて」に基づいた「優しい・温かな」処方箋であるということができる。八十神達の処方箋は「痛みを消毒」し強風（外界）に弱った身体を「晒す」ことであったが、オオクニヌシのそれは身体を「温め」「ぬるみ」を与え、そしてウサギの「守り」を固めることであった。そしてウサギはオオクニヌシのこの処方箋によって「その身本の如く」回復するのである。ここにおける八十神達とオオクニヌシとのウサギに対する処方箋の違いには、カウンセラーが示唆されることが多い。

心理療法の場はまずもって暖かな守りをクライエントに提供することから始められなくてはならない。オオクニヌシはシロウサギに対して蒲の穂にくるまっていれば「汝が身本の膚の如、必ず差《い》えむ」と保証する。ここには生身のものが癒され変容してゆくためにはそれを保証する「守り」と「見通し」、さらに変化の過程を歩むのに必要な「時間」という「自然」が、必要不可欠な用件として、提示されている。カウンセリングはまさにそのような「守り」と「見通し」をまずクライエントに与えるとともに、ゆったりとした「時間」つまり「自然な変容過程」を保証してゆくことなのである。

このようにして、「稲場の素兎」ではこのあと結末部分が物語られてゆく。

これ稲羽の素兎《しろうさぎ》なり。今者《いま》に兎神と謂ふ。故、その兎、大穴牟遅神に白ししく、「この八十神は、必ず八上比賣《やがみひめ》を得じ。帒《ふくろ》を負へども、汝命《いましみこと》獲たまはむ。」とまをしき。

シロウサギはオオクニヌシによってまさに救済されるのである。そしてシロウサギはオオクニヌシが、いまは大きな袋を背負う従者の身分ではあるが、やがてヤガミヒメを得、さらには「汝命獲たまわむ」、つまり「命《みこと》（の位？）」を得るであろうと予言するのである。

３　オオクニヌシのさらなる変容

こうしてオオクニヌシは、救済したシロウサギからおそらく何らかの力を得て、自分自身の変容過程を歩み始める。しかしそれはまさに苦難の道であった。よく知られた八十神達の迫害によって大火傷を負い、瀕死の状態となるが、𧏛貝比売賣（キサガイヒメ）と蛤貝比売責（ウムギヒメ）という共に貝の名前を持つ二人の姫の看病と投薬を受けて危うく回復する。そこでは貝の名前によって女性性が強調されている二人の「姫」の活躍や、赤貝の粉に蛤の汁を加えてつくられたという「薬」が使われる話になっており、興味深い箇所である。

このような試練を経て、オオクニヌシはいよいよ根の国を訪問し、そこで須勢理毘賣（スセリヒメ）と出会い、たちまちに恋愛関係になるのである。それがため、スセリヒメの父親の須佐之男命（スサノオノミコト）によってさまざまな試練を課されることとなり、危機に遭遇しつづける。しかし、スセリヒメの扶けによってではあるが、オオクニヌシはそれらの試練をことごとくにくぐり抜け（克服し）、ついにスセリヒメと結婚するのである。このように母や女性に助けられながら死と再生を繰返しつつ、「母なるもの」との結びつきの強い少年神（プエル）的であったオオクニヌシから、次第に英雄神へと変貌していき、ついには国土を経営する王となる。そして縁結びの神・医療の神・豊饒神として今の世においても信仰され続けているようなめざましい神格をもった存在へと、成長し変容してゆくのである。

参考文献

河合隼雄　一九九二　『心理療法序説』岩波書店。
河合隼雄　二〇〇三　『神話と日本人の心』岩波書店。

倉野憲司（校注）　一九六三　『古事記』岩波書店。
立川昭二　一九九三　『病気を癒す小さな神々』平凡社。
梅原　猛　一九八一　『神々の流竄　梅原猛著作集8』集英社。
山形孝夫　一九八一　『治療神イエスの誕生』小学館。

第2章　遊びとメタモルフォーシス

1　はじめに

心理療法に従事していると、遊び・遊ぶことに関連して、興味深い現象に出会うことが少なくない。例えば、遊びとまったく縁がなかったような人が、状態像が改善してゆく過程で、遊びに手を出したり、ともに遊ぶ友人ができたり、つまり遊ぶことが可能となるのである。この場合、遊べるほどに症状が改善したというべきなのか、遊ぶことによって状態像の改善がもたらされたというべきなのか、遊び――回復の因果関係はけっして明瞭ではないが、こころの変容の過程と遊び・遊ぶことが何らかの深いつながりにあることは確かであろうと思われる。

児童の心理療法では、遊戯療法（Play therapy）といって、遊びが治療上の主要な手段となるわけであるから、ここでも治ってゆく(こころが変容してゆく)ことと遊びとは緊密な間柄にあるのである。精神医療施設では、リクレーション療法が治療プログラムに組み込まれ、パラメディカルな治療技法の一つとして地位を得ている。このように、心理臨床や精神科臨床の場において「遊び」は技法上重要な位置にあるのに対し、「遊び」を採り上げて論じた臨床上の論文は決して多いとはいえない。それは、ひと口に遊びとはいっても、遊びは人類と共に長い歴史と広大な裾野をもち、民族学・文化人類学・社会学、はては動物学といった領域まで視野を広げてゆかなければならない困難さが「遊び」研究にはつきまとうからである。

そのような広大な視野に立って遊びを論じることは、もとより筆者の力量をはるかに越える事である。したがって本稿では、日頃たずさわっている心理臨床の場の中で観察された「遊び」の事象に出発し、得られた臨床データに基づきながら「遊び」という行為がわれわれにとっていかなる意味をもっているのかという問題について、心理学的な考察を進めてゆこうと思う。「遊びが心理療法上すぐれて効果を発揮するのはなぜか」という問いが本稿の（底を流れる）問題意識であり、この課題を追求してゆくことが、本稿の目的でもある。端的にいえば、それは遊びとそれが果たすメタモルフォーシス（metamorphosis, 自然的変容作用）の探究ということである。

2　事例

まず、筆者が日常心理臨床の場でかかわり観察した事例の中から、ことに遊びと治療過程のかかわりにおいて興味深く思われたものを紹介する（児童の遊戯療法の例にも興味深い症例があるが、既に別のところで発表しているので（生越一九七八[1]、Ogoshi,T., 1985[2]）ここでは除外することとする）。

1　事例1　A男（一七歳）

A男は中学三年生の三学期中ごろまでは特に問題らしい問題は無く、どちらかというと大人しい性格の少年であったという。彼は中学三年の終わりごろ、まさに卒業を間近にして突然学校へ行けなくなり、朝になっても起きて自室から出て来なくなってしまった。そのような状態で卒業式も欠席する。進学が内定していた某高等学校へも辞退届けを出し、以来、母親が思い余ってある大学の教育相談室をおとずれる時まで、A男は自宅にこもったままの生活を続けていた。自室から出てくることも次第に少なくなり、暑い季節になっても自室の窓は閉じたままである。しかし入浴は毎日行っており、昼・夕食などの食事は家人とともにとり、そういう時のA男は以前とそれほど変わったところも無く、奇妙な言動・ふるまいは無い、と母親は語っている。

A男の家族は五人家族。父親（五〇歳）は実直な会社員。母親（四六歳）はある定職に就いていたが、A男が中学二年を終えるころ、家を新築して転居したおりに退職した。長男（二一歳）は高卒の後民間企業に就職、次男（一九歳）も高卒後、働いている。この次男は小さいころから一番親の手を焼かせた子供だったらしいが、「今では一番安心して見ていられる」と母親は語っている。

治療者はA男に対して手紙を書き「一度お母さんと一緒に来所してみるよう」促しているが、A男は結局一度も相談室へは顔を見せることは無かった。A男に関して得られる情報は母親からのもののみであったが、深刻な精神病水準の問題の所在は否定できそうで、一応、笠原（一九七八）[3]の提唱する退却神経症水準の様態であろうと判断し、とりあえず母親面接を継続して行ってゆくことにした。

母親との面接の中ではさまざまな事が話題にのぼった。父親は非常にきっちりとした人柄の人で、だから職場では信頼を集めている人のようであった。が、多分に「ゆとり」の無い無趣味の面白みのない人物のようであった。母親は（職業柄もあり）「なせば成る」という強い信念の持ち主で、性格的にも強い女性という印象を受ける。困難な仕事と家事を両立させてこれたのも、なるほどうなずける人である。母親面接が半ばを過ぎたころ、「なせば成るという信念だけでは、どうにもならない事がこの世にはあるのだ、ということを家の中にとじこもって動けないでいたA男が私に身をもって教えてくれたように思います」と母親がしみじみと述懐したのが印象的であった。

母親面接が始まって約半年ほどたったころ、A男は自転車に乗って外へ「散歩」に出始めたということであった。次第にそれは毎日のこととなり、外出してくる時間も長くなる。ある日、A男は母親に対して何がしかのお金を要求し、約一年近くも行かないでいた床屋へ行き、ぼうぼうと伸びていた髪をサッパリさせてきて、家人を喜ばす。A男にとって中学卒業のあと二回目の夏が来ようとしていた。A男は朝母親から何がしかのお金を受け取り、何処か外へ遊び《ヽヽ》にでる。そして夕方近くになって家へ帰ってくるという生活パターンになっていた。電車を使って何処かへ行っていることは間違いがないが、何処かはわからない。A男が外出中にA男の部屋を掃除しに母親が入ってみると、A男の学習机の上などに地図や切符の切れ端が置いてあることがある。母親の推測では、どうもN市繁華街や（驚いたことに）一家が十数年前に住んでいた、A男にとっては生まれ故郷になるE町あたりまでA男は足を伸ばしているらしいとのことであった。そうするうちにA男は親には一言も相談も無しに「働き始め」たのである。しかし、その職場の名前をA男は決して親に明かさなかった。母親はさまざまな類推に基づいて、A男の職場をN市繁華街のある店と思いつき、ある日その店をなにげなくのぞき、まさにそこで働いているA男を発見するのである。——その時点で、母親は「まだまだ不安なことが一杯ありますが、一応A男の様子をこのまま見守ってゆくことにいたしとう思います」と申し出、治療者も安心はできなかったが、やむをえない情況と判断し「何かあったら連絡を」ということで治療を終了することにした。その後母親からの連絡はない。

2　事例2　B郎（二〇歳）

B郎は大学入試後、いわゆる意欲減退（student apathy）とひきこもりの状態になり、下宿にひきこもって登学しない生活を四月よりつづけていたが、学期末にさしかかっても受講票を十分に提出していない事が判明したことから発見され、相談室とつながったケースである。郷里には四〇歳代の両親がおり、飲食店を経営している。B郎は一人子である。B郎は高校時代と大学受験直前にいわゆる過呼吸症候群の発作を二回起こしている。また中学三年のころから頻尿の傾向があり、それは年とともに酷くなっていった。講義を聞きに大学へ行かないのも、B郎の語るところでは、この頻尿傾向が原因である。治療的面接は断続的に約三年間続き、その間に意欲減退の状態から立ち直り、無事四年間で大学を卒業、T社に就職できた。頻尿傾向は完全治癒したとは言い難いが、社会生活上不自由は感じていない様子である。

B郎の症状が改善し、性格的にも大きな変化を見せたのは、大学二回生から三回生にかけてのころである。中でも印象的なのは、彼が自動二輪車の免許を取り、バイクに乗り始めてからである。友人の無かった彼にいわゆるオートバイ仲間ができ、そういった仲間達とモトクロスにでかけたり、遠方までツーリングしてきたりの生活が可能になったのである。遠い郷里へ昼夜兼行で帰省したりもしている。この頃とＢ郎が大きく変化していく時期が一致しているのである。「仲間と一緒のときは楽しい。世界が広がって、なによりも自由な開放感があるし、生きているって感じがする」と当時Ｂ郎は治療者に語っている。オートバイを乗りまわして遊んでいる時は、頻尿もさほど気にはならず、不自由は感じていないとのことであった。Ｂ郎のカウンセリングでは講義受講・期末試験・家業を継ぐか否かのことも含めてまだま だ困難なことがあったのだが、それらのことは省略する。就職後のＢ郎は社会人として元気に生活していることが、治療者への私信からもうかがえる。

以上の二例は症状の改善・心の変容過程において「遊び」「遊ぶこと」が重要な役割を果たし、治療上の転換点となったことは、確かなことと思われる。しかし、治療経過を省略して述べたので、遊びがどのようにクライエントのこころに作用していったのか、あるいはクライエントのこころに遊びがどのように馴じんでゆき、それを核として、どのようにこころの組みかえが生じていったのかという点でわかりにくいことと思われる。そこで、次に対人恐怖の事例を示して、そのあたりのことをみてゆこうと思う。対人恐怖の人は「まったく遊べない」か「遊びがにがて」である場合が多いことは、諸家の認めているところである。(4) この事例は生越（一九八四）(5) で夢分析の経過を詳しく報告したものであり、例示する夢の部分はそのいくつかが重複していることをおことわりしておきたい。

３　事例３　太郎（一九歳）

太郎の主訴は「人前であがってしまい、混乱してしまう。人前で緊張する。友人は無く孤立している。級友の談笑している輪の中に入って行けない」というものであった。家族は五人。七〇歳代の祖母、五〇歳代の両親、三歳下の弟そして本人といった構成である。両親は教育関係の仕事をしており、太郎は長男ということもあって、しつけ等はなかなか厳しかったようである。太郎の対人恐怖症傾向は、いくつかのエピソードが重なる中で中学生としての半ばから始まっている。ある日、級友と自分との間に透明な膜が張ってしまったように感じ、そのころから孤立感と対人緊張を感じ始めたという。

太郎は非常に堅い気まじめな青年という印象の強い学生であった。彼とは夢分析を中心として約二年半の間カウンセリングを行い、終結をみた事例である。その間に太郎には何人かの親友・ガールフレンドなどができ、学業も順調に進み卒業。今では社会人としても順調に仕事をしている。

カウンセリングが始まって約一年が経過し、夢分析が進行してゆく中で、太郎は街で偶然初恋の女性に会って話し込んだり、「お茶会」に出席したりするようになる。「見ず知らずの異性と話ができる自分」を発見したりする一方、そのころの彼はまだ「頭と口がバラバラに動き、自分をコントロールできなかった」という状態であった。また「確かに自分のこころが変わったと感じた。今まではまるでこころのゆとりが無かった」とも語っている。そのころ彼が見た夢を次に示そう（この夢は先の論文の中ではD15の夢である）。

夢a　大学へ大勢の新入生が来る。自分は新入生歓迎式でラッパを吹奏することになる。しかし、自分が吹くとチャルメラのように（物悲しい）音色しか鳴らない。傍にいる女学生に吹き方をきいてみるが、彼女も「知らない」という。

夢の中の新入生——それは新しく育ち始めた太郎のこころの内面における新しい部分の象徴でもあるだろう——の迎え入れの式をしようとしている。これを一種の遊びとするなら、遊びを楽しむにはまだまだ太郎の内面は弱く、本来男性的音色をかなでるはずのラッパも弱弱しい音しか出すことができない太郎である。そのような太郎の状態をよく示している夢を次に示そう（以下カッコの中の記号と数字は前の論文中の夢番号である）。

夢 b　（D18）僕は本場の本当のトルコ風呂にいる。場所は自然の洞窟の中である。タオル一枚を身につけた年配の外人の男性が大勢いる。若い日本人としては，自分一人だけだ。僕は自分の知らない世界に一人で入り込んでしまった孤独感を強く感じている。

このような太郎が年齢相応の男性性を内面的に育ててゆき，対人恐怖傾向を克服してゆくには，まだまだ長い道のりが必要であり，夢内容においても，内界におけるさまざまなコンプレックスとの対決と苦しい闘いが続いてゆくのであるが，そのような困難な時期を乗り越えた後，太郎の夢の中には遊び的な内容とともに，若い異性像が頻繁に出現するようになる。そのような夢のいくつかを次に示そう。

夢 c　スーパーに買物にでかけ，ついでにあるデパートでレコードを買う。エスカレーターに乗って一階から一挙に四階まで上る。弟も一緒である。もう閉店まじかであったが，僕のためにとっておきの一枚を売ってくれる。それはピンクレディーのレコードだった。

この夢について太郎は「ピンクレディーは赤い服を連想させる」と語っている。赤色は感情色であるが，太郎の夢系列に一貫して現れるモチーフの一つでもあり，太郎が育てていかなければならない課題の一つが感情側面にあることは明白であった。他方で太郎は「ガールフレンドについては興味はあるけれど，まだ女性とつきあうのはおっくうです」と語っている。なお，それまでの太郎は流行歌はおろか，若い女性や女性歌手に対してはほとんど関心は無かったのである。

夢 d　（D24）中学校の体育館の倉庫の中をX教授（男性的な先生）と女子学生が綺麗に掃除している。僕もそこに加わる。皆白衣を着ている。――いま自分は新しい部屋にいる。女子学生は以前僕が使っていた部屋に入る予定だったのに、僕の新しい部屋に入ってしまう。「ここは僕の部屋だ」と言っても、彼女は理解してくれない。

これはなかなか示唆に富む夢である。夢の中ではおりしも男性的な大学教授が女子学生とせっせと（かつて太郎が学んでいたらしい）中学校の体育館の倉庫を掃除している。体育（館）は身体性とのつながりが強いし、その倉庫といえば、思春期の子供達の身体性促進のための授業道具の類を保管しておく場所である。そこの掃除が必要であったということは、太郎が青年として育ってゆくためには、中学生以来の身体性という内面課題を整理し直す必要が太郎に存在するということを夢は示している。事実太郎は「この夢は今までの僕のこころを整理しているみたい」と語っている。

そして、太郎にとって、かかる内面化した身体性の整理作業には精神的男性性（大学教授）と若い女性（像）の援助を必要としていたともいうことができる。太郎の「新しい部屋」という夢素材は夢ａの「新入生」のモチーフともつながるもので、自我も含めて、太郎の中に育ってきた「新しい心」の象徴として解釈しても間違いはあるまい。その部屋の中に女子学生が入って来て居すわってしまうところが印象的である。この部分は幾通りもの解釈が成り立つと思われるが、太郎がこの夢の中の女性像について「初恋の人に似ていた」と語っているのをみても、この内的異性像は太郎にとってそうとう重要なものの一つであったと思われる。

夢e　未知の建物の中にいる。防音装置のあるスタジオのような部屋が三つある。僕と友人のＩ君と（大学職員でもある年上の）若い女性の三人がいる。三人とも裸である。僕は一番右の部屋、Ｉ君と女性は一番左の部屋にいる。Ｉ君と女性とは何かビデオを撮っているみたいだ。その様子が壁ごしに見えている。……

夢f　短波ラジオを買う予定でアメ横に行く。そこで赤色の小さいけれど性能の良い短波ラジオをみつけ、〇万円で買う。残ったお金で父の為にスポーツウェアを買ってあげる。店員はとても男らしい人だった。

夢eに出てくるI君という友人はこのころ太郎の親友になった学生である。太郎とは性格が違い、男っぽい人であるという。「I君は女性とも打ち解けて話ができる人で、ガールフレンドもいる」と太郎は話す。この夢を見たころ、太郎はI君とある女子大学を「探検」にでかけ、また太郎は「余勢をかりて、別の女子大学へも行ってきた」ということであり、行動レベルでも大きな変化を示し始めている。そのような経験の積み重ねを経て、太郎は女子学生と一緒にスケートを遊びにでかけることができるまでに変わってゆくのである。まさに「赤い小さいが性能の良いラジオ」を太郎は手に入れると共に、或る程度の男性性が育ち始めた（父にスポーツウェアを贈る夢内容）ことが夢からうかがいしれるのである。

カウンセリングが終結に近づいたころに太郎が見た夢の多くは、彼のこころの変容の過程を知る上で興味深いものが多いのであるが、その中の二つを最後に示そう。

夢g　（D27）僕は夜道を自転車に乗って散歩している。小学校へ行く道である。僕のすぐうしろから女の子が来て「私についてきて」といって先に立つ。僕を先導しながら、僕がもと来た道を戻ってゆく。彼女は徒歩で、僕は自転車に乗っているのに、僕は彼女に追いつけない。彼女は道の途中の所どころに赤いビー玉のようなものを落として行く。僕は彼女の遺してくれた赤いビー玉を手がかりに道をたどってゆくが、家の裏手の道のあたりで、突然彼女はかき消えてしまう。

夢h　（D31）家の外は強い風雨である。家は西へ西へと風に吹かれて動いているようだ。僕は古いカバンと新しいカバンをもち、倉へ行って荷物をつめかえている。そこへ叔母さんと弟がやってくる。叔母さんは僕をとても賞めてくれる。ぼく達は再会したのだ。

太郎は治療者への賀状で墨太に「前進」と書いていたが、確かに一歩一歩大人へと前進していた。友人やガールフレンドもでき、対人緊張もいつしか感じなくなっていた。このころの太郎は内界での闘いもほぼ終息に近づき、新たに、いかに異性（像）を自我の中に組み込んでゆくかが課題になっていたのであるが、青年らしくなりつつも、ともすると少年時代へと逆行（退行）してゆきがちなこころの動きが生じていたのであろう。そういった内面の逆行をつれ戻す働きをするのも内なる女性（像）であることを、この夢は示している。この夢ｇの場面が「夜の散歩」であるのも興味深い。「夜」という時間帯は、夢内容として無意識の象徴としてよく生じることがあるからである。散歩はまた（事例一のＡ男の場合にみられるように）心の余裕を必要とし、遊び心につながってゆく。カウンセリングを始めた頃の太郎は、外的現実世界においてはもとより、内的な夢の世界においても、ほとんど遊びとは無縁のゆとりの無い生活をしていたのである。それにしても太郎が夢の中で出逢い、太郎の夜道の散歩を導いてくれた少女はいったいどこから現れたのであろう。そして彼女は夜の闇の中に突然掻き消えていったというが、いったいどこへ消えてしまったのであろう。夢の中に現れるこうした不思議な女性（像）をユング心理学では「男性の内なる異性」として概念化し、アニマ（Anima）と呼んで重視する。ユング（Jung, C. G.）によればアニマとは魂（soul）への導き手であるとともに、時には、人間のこころの内奥にひそむ魂とほとんど同義の心的要素である。この意味で、男性にとって、内なる異性像（アニマ）とは、身体性をおびた魂の象徴である。夢・空想そして遊びなど、イメージ（心像）とのつながりの強い心的事象は、その意味するものが深まってゆくにしたがって、単なる肉体性・身体性の地平を超えて「魂」と呼びうるような意味深いものへと結びついてゆくということを、この対人恐怖の一青年の夢は示唆しているように思われる。

夢ｈはまさに新しい旅立ちのモチーフにみちた夢である。古いカバンから新しいカバンへと夢主である太郎は荷物をつめかえる。叔母と再会しその叔母は太郎をとても賞めてくれたという。まさに一つの仕事をやり遂げた太郎であるが、新しい旅の前途は厳しい。家の外は厳しい風雨である。

以上三人の事例を示してきた。それぞれの事例は主訴も背景となる問題もそれぞれ性質を異にしているが、心理臨床の中でこころが変容してゆく過程で、ともに何らかのしかたで「遊び」とかかわりをもったことが共通している。事例一（A男）の場合、約一年間の家へのひきこもりと無為の生活を経て、街へ遊びに出駈けることが始まり（その中でA男は自分の生まれ故郷を訪ね歩いていたらしいことも重要な点ではあるが）、そういった無為と遊びがやがて彼の立ち直りと就業に結びついてゆくのである。A男のひきこもりの日々は「窓を閉め切った部屋の中で、A男が投げて壁にぶつけている（らしい）球の音がゴッンゴッンと一日中していました」と母親が語っていたように、そうとう強く退行（regression）していた状態であったと思われる。しかしA男が彼なりの生きる道を発見し、アイデンティティを形成してゆくためには、かかる社会からの退却と無為の生活を送る日々が、避けて通ることのできない道だったのであろう。それは家族の者にとっても治療者にとっても苦しい日々であったが、そのようなA男をじっと見守ってゆく中で「このような退行現象に耐えていると、その頂点に達したと思われるころ、エネルギーの流れの反転が生じ、それは無意識内の心的内容を意識へともたらし、そこに新しい創造的な生き方が開示されてくる」（河合、一九七七）[6]、まさにそのようなこころの現象が生じていったものと思われる。

事例二（B郎）の場合は、彼が生活空間を拡大し、仲間を得、神経症の状態から脱け出てゆく上で、オートバイを乗りまわすようになり、その方面での仲間との交流の機会が得られたことが、大きな効果をもたらしていたことは否定できない。そのような遊びの中でB郎が体験できたことは、彼自身語っているように、「自由」「解放」「躍動」であったと思われる。まさにB郎はそのような体験を彼にもたらしてくれる遊びを通じて、こころの変容を遂げていったものと思われる。

事例三（太郎）の場合は、夢分析という深層心理を主としてとりあつかっているので、遊びが治療過程とからまりながら生じてゆくプロセスは、前の二例と比べてやや複雑である。事例の内部世界と現実世界での両面で遊びへの志向が芽生え、成長し、それとともにこころが変容してゆくダイナミズムは、いわば螺旋的である。ゆきつもどりつの、しかし確実に変化してゆく過程がそこにはみられる。そして遊びの象徴内容は次第に深まり、「魂」の次元に接近してゆく。言い換えれば、後に述べる事であるが、真の意味での回復（repose）の象徴化が出現してゆくのである。

3　遊びの意義――日本人と遊び――

本来「遊」という字には、河の流れが動いてゆくように人が自由闊達な行動をする、という意味がある。つまり、人の融通無碍で自由な行動、生命力のある活動という意味が「遊」という文字にあらわされている。したがって「遊ぶこと」とは、自由にふるまうことと生命力にみちた行動をすること、ということができるであろう。

遊びの研究というと、まず挙げねばならないものにホイジンガ（Huizinga, J. 1946）[7]とカイヨワ（Caillois, R. 1958）[8]の研究がある。ホイジンガのそれは後でふれるとして、カイヨワは遊びの定義に関し、よく知られる六つの規準を列挙している。それは、以下のようになっている。

（1）自由な活動であること。
（2）隔離された活動であること。
（3）未確定の活動であること。
（4）非生産的な活動であること。
（5）規則のある活動であること。
（6）虚構の活動であること。

すべての遊びがこの六つの規準をみたす必要があるかどうか、疑問の残るところであるが、まず「自由な活動」であるということが遊び（行動）の最も重要な性質である，という主張は否定できないところのように思われる。

日本語の「あそび」の語はどうであろうか。古代わが国においては，神事・葬礼に際し，歌舞を演じて鎮魂の儀を取り行う部民（べのたみ）が存在し，それは遊部（アソビベ）と呼ばれていたようである。「アソビ」が鎮魂を意味していたという説もある[9]。また，神遊（カミアソビ）神楽（アソビ）といったコトバも使われていたようである[10]。このように，日本語の「アソビ」は神事と関係が深かったのが，時代とともに「興のおもむくままに行動して楽しむ」「広く楽しむ行動」というように，意味する内容が変わっていったことが示唆される。つまり「神事」という主要な側面がぬけおちて，かわりに「楽しむ」という感情的要素が強調される方向へと，言葉の使われ方が変わっていったのであろう。

近年日本人の働き過ぎが指摘され，欧米からはエコノミック・アニマルなどという有難くない呼び方がわれわれに対してなされているが，多田（一九七四）[11]によって指摘されているように，われわれ日本人の生活の中には，遊びがさまざまな型で入っており，遊びの文化は豊かで厚みがあるといっても，決して言いすぎではないであろう。正月・小正月・雛祭り・五月の節句・夏祭り・さまざまな習い事（それらは一種の遊び，あるいは遊びの特殊型式といってもよい）などもあり，それらを日常実践している人々の層は驚くほど厚い。古来われわれ日本人はなかなかに勤勉であると同時に，魏志倭人伝にも記されているように，酒食を楽しみ，遊びを楽しむことにかけても熱心な民族であった。日本人は遊びに対し，かなり寛容な民俗であると思われる。先に紹介したカイヨワも，「日本文化は，その歴史の全体を通じて，遊戯精神との明白な血縁関係を，いわば誇示している」と述べているほどである[12]。

遊びに関するもう一つの言葉を紹介しよう。遊戯（アソビタワムレル）の戯（タワムレル）という語は，「撓（タワム）」と語源を同じくし，「強いて心をタワム」という意味がある[13]。これは要するに戯れるという語が，本質的に，心身の弛緩（relaxation）を意味しているわけで，遊びと心身のリラクゼーションとが，実は相互に関係をもっていることが示唆されているのである。

以上をまとめると，わが国の文化は遊びと親和性が高く，しかも語源的にみても遊びという語には（鎮魂儀礼などに示されるように）非日常性とのかかわりという意味を含み、さらに、遊びと類縁関係にある語には心身の弛緩という心理学的な意味がある、ということになる。

以上はわが国における遊びの語源的探索であるが、興味深いことに、日本の子ども達の伝統遊びのうちにも、ほぼ同様のことが認められることが、民族学の上で指摘されている。

柳田（一九七六）[14]によると、わが国の子ども達の伝統的な遊びであるママゴト・カゴメカゴメは本来祭り・神事・仏事などに源を発しているという。つまり、ママゴトは日本の村祭りなどにおいて、大人が河原等において食物を供じる催しが子ども達によって模倣される中に、子どもの遊びとして定着していったものであるという。またカゴメカゴメは、村人達が神事として行う「地蔵めぐり」つまり一人の人物（神憑る人）を中心に他の者たちが車座になって廻り、そのうちに中心の人物がトランス（憑依）の状態、つまり神憑りの状態になって神託を述べるといった神事に源があるという。このような神事が子ども達によって模倣され、子供の遊びとして定着していったのがカゴメカゴメであると、柳田国男は豊富な事例を挙げながら述べている。先に挙げた多田道太郎もほぼ同様の見地に立っている。

遊びの語源が祭り・神事にあることは西欧（語）世界においても認められるが、このように日常親しんでいる「遊び」が、洋の東西を問わず、語源的に祭礼・神事・葬礼などのいわゆる非日常の世界・聖なる領域へと近づき交流しようとする儀式と本来深い関係にあるということは、遊びについて心理学的考察を進めてゆく上で、興味深い重要な点であると思われる。

4　遊びの諸学説

これまで、遊びに関して、さまざまな学説が提出されてきた。古くは余剰エネルギー説（Spencer, H., 1795）からはじまって、生活準備説（Gross, K., 1899）、補充説（Lange, K., 1901）、反復説（Hall, G. S., 1902）、浄化説（Carr, H. A., 1902）

自己表現説（Mitchell, E. D. & Mason, B. S., 1948）など実に多様である。近年「遊び」研究で一書をあらわしたエリス（Ellis, M. J., 1973）[15]の分類によれば、これらの学説は遊びに関する古典理論ということになる。こういったかなり長い遊び研究の系譜の中で先にふれたホイジンガやカイヨワの遊び研究があるわけであるが、この二人の学説を整理し、精神医学の文脈の中にとらえなおしたものとして、大平健（一九八五）[16]の優れた仕事がある。その中で大平はホイジンガの説を「遊→聖」のダイナミズム論として位置づけ、さらにそこへ「狂」の極を導入して、遊と狂と聖の三極構造とそれぞれの間のダイナミズム（三極円環構造）というユニークな学説を提出している。この考えは臨床的にもなかなか興味深いのであるが、筆者はこういった精神病理学的視点よりも、心理療法上の遊びの意義——変容作用——のほうに関心があるので、ここではこれ以上立ち入った言及はしないことにする。

心理療法実践に立って遊びのダイナミズムに注目したものとして、第一に挙げなければならないものは、精神分析であろう。

精神分析の創始者であるフロイト（Freud, S.）はあるとき、「健康な人間の条件とは?」と問われて「愛することと働くこと」と答えたといわれる。こういったエピソードにうかがえるように、フロイト自身はあまり遊びと親和性がなかったようで、実際、フロイト（1922）[17]以外、遊びに関しては多くを言及していない。同論文の中でフロイトは次のように述べている。[18]

子ども達は、生活のうちにあって強い印象をあたえたものを、すべて遊戯の中で反復すること、それによって印象の強さをしずめて、いわば、その場面の支配者になることは明らかである。（中略）子供は体験の受動性から遊戯の能動性に移行することによって、遊び仲間に自分の体験した不快を加え、そして、この代理のものに復讐するのである。

よく知られたフロイトの格言「エス（快感）あるところ自我あらしめよ」に示されているように、フロイトの基本的人間観は、「快感原則を超克して現実原則のもとに生きること」にある。したがって子供時代の遊びはいずれ大人になる過程で捨て去られるべきもの、と位置づけられる（子供の遊びに替わるものとして、大人のユーモアをフロイトは考えていたようで、彼は色々な箇所でユーモアについて言及している）。それはともかくとして、上のフロイトの記述の中には、遊びに関して後の精神分析学（フロイト派）の考え方を決定づける基本的視点が提出されているのである。そこには重要な指摘が二つなされていると思われる。まず第一に（遊びを通じての）主体の受動性から能動性への転換、不快から快への転換ということがいわれている。いわば遊びの「状況逆転機能」の指摘である。第二の指摘は、いま述べたことにも関係するが、遊びと快（エス）との関係の深さ、つまり遊びと無意識領域との近縁性の指摘である。これは、遊びの秘める危険な側面に対する指摘であると解すことができよう。

こういった遊び観は、遊戯療法の創始者でもあるアンナ・フロイト（Freud, A.）へと受け継がれてゆく。アンナ・フロイト（1936）[19]では遊びについて、次のような記述がされている。[20]

子供の自我は不快な現実から眼をそむける。現実に背を向けて、現実を否認し、拒否する。そして想像のたすけをかりて、おもわしくない現実を楽しいものに逆転してしまう。

これは子供の空想遊びについて述べられている文章の一部であるが、遊びの現実否認・現実回避の側面が強調されているのであり、ここには、遊びの中にみられる子供の豊かな空想性はいずれ自我の合理性・意識による現実支配というはたらきにとってかわられるべきものとされるフロイト以来の遊び観がある。そしてこのような考え方は、ハルトマン（Hartmann, H. 1985）を経て、いわゆる自我心理学における「自我による自我のための一時的・部分的退行」という概念へと発展してゆくのである。

遊びに関し、精神分析理論を一層発展させ進化させた者として、アメリカにおける自我心理学者の旗手の一人であり精神分析家の一人であるエリクソン（Erikson, E. H.）を忘れてはなるまい。エリクソン（1963）の中で彼は従来の精神分析にはみられない積極的評価を遊びに対して行っている。（夢は無意識に至る王道である、というフロイトの言を受けて）「遊びは、幼児の自我の統合への努力を理解する王道である」[21]と述べ「遊びは、子供時代に許されるもっとも自然な自己治療の手段である」[22]ともエリクソンはいうのであるが、ここにみられるように、フロイトやアンナ・フロイトの時代には、遊びはその現実回避・状況逆転機能のみが強調されるにとどまっていたのにくらべ、エリクソンでは、遊びは大人の夢に比され、さらに遊びのもつ「自然な自己治癒（self-healing）力」が指摘されているのである。つまりそこでは遊びの有する積極的な意義、「癒す力」・変容機能 metamorphosis がはっきりと指摘されるようになる。さらにエリクソン（1977）[23]において次のような非常に興味深いことが述べられている。

この書の中でエリクソンは彼の出会った一人の黒人少年の事例を紹介しているが、その少年は遊びの中で、積み木を使って繰り返し一つの世界を作ったという。猛獣を檻の中に囲み、制服の男性がそれを監視している場面である。この少年自身と空想遊びの内容について、エリクソンは次のように述べている。[24]少し長くなるが、引用してみよう。

「閉じ込める」というテーマとその全体的な構成とは、彼の際立って「感情をつつみ込んだ」抑制的な外見とひどく一致しているように思えた。（中略）最近（三〇年以上も経った後）私は転居した都市に彼を訪ねる機会を得た。彼は、破壊的な（および自己破壊的な）行動に陥りそうになった一〇代の黒人少年グループを極めて過酷な状況の中で援助し、指導する優れた能力をもっていることで名声を博していた。（中略）彼が今感じていることや生き方は、一〇代の時に彼が作った遊戯構成物の反復的テーマ――野性を包み込み、同時に規律と自己表現によって、それを超越するというテーマ――と深い一致を見せるように思えた。

一少年の空想遊びの中に繰返された玩具による表現内容が、三〇年を経たその人物の生活・生き方（ライフ・スタイル）や仕事を先取りし、そこに「深い一致」がみられる、という驚くべき指摘がなされている。もっとも、遊びの中でこのような深い象徴表現が生じたのは、この黒人少年が玩具で遊んでいたとき、それが単なる一人遊びではなく、エリクソンという稀代の臨床家が傍らにいて見守っていたということを忘れてはなるまい。それにしても、「たかが遊び」と否定的な評価を受けやすいにもかかわらず、遊びというものは決してそのような次元の低い水準にとどまるものではないことが、こういった事実からもうかがわれるのではないだろうか。まさにエリクソンもいうように、遊びには「もっとも深い意味での治療的な何かが本来備わっている[25]」と思われるのである。

遊びの中において構成的に表現されたものが（たとえそれが一回限りのものであろうと、今の黒人少年の例にみられるような繰返されて表現された場合であろうと）創った人の生き方や未来を先取りしていたり、そこに「深い一致」がみられることがあるという事実は、このような臨床事例に接したことのない者にはなかなか理解しにくいことであろう。このような現象に関しては、心像（image）あるいは象徴（symbol）などの概念を導入することによって、理解を可能にする道が開けてくると思われる。心理学的に見るとき、遊びと心像・象徴とは極めて近い関係にある。そしてそれら両者を橋渡しするものがわれわれがおこなう空想（fantasy）なのである。

心理学的見地から心像・象徴に対して終始一貫して深い関心を示しつづけたユングは、遊びとも高い親和性をもつ人であった。この事実はユングと親しかった者の多くが語り伝えており、何よりも彼の遺した「自伝」（1961）[26]の中に生なましく記述されている。それを読むと、幼・児童期はもとより、壮・老年期に至るまで、ユングは遊びを忘れず、遊びを自己治療的に使い楽しむことのできた人であったと思われる。そのような人であるから、ユングは遊びや遊びに類似するものに関し、色々な箇所で言及しているのであるが、ユング（1921）[27]の中では次のように述べている。

空想のもつ受け入れ難さというものは、未知の無意識機能からもたらされるのである。人々を導く原理は外的現実への適応にあるので、心像（imagination）というものは何か非難されるべき、無用なものとされるのである。しかし既にわれわれが知ったように、全て良い考えや創造的な仕事は心像からほとばしり出てくるのであって、それらの源はよく言われるところの幼児的空想の中にあるのである。（中略）空想のもつ力動的な原理は（子供の特質でもあり、およそまじめな仕事とは矛盾するのであるが）、遊びということなのである。そして、空想に身をまかせ遊ぶことを欠いては、創造的な仕事は決して生まれ出てはこないのである。

周知のようにユングはフロイトと一時期行動を共にし、その後決別して、独自の分析心理学（Analytical Phychology）を樹立していったのであるが、最大の相違点は無意識内容に対する評価、および意識と無意識との関係に対する見方の違いであったといってよいと思われる。

フロイトは無意識（エスの世界）を常に破壊的な衝動にみたされたものであって、それは意識によって制禦されねばならないものであると考えていたのに対し、ユングは、無意識は本来良いものでも悪いものでもなく、無意識が生産的にはたらくか破壊的にはたらくかは、ひとえに意識的態度のありかたによる、つまり意識と無意識の関係性によるのである、と考えていたのである。フロイトが意識と無意識を対立関係の中にとらえたのに対し、ユングはそれらが補償（compensation）しあう関係になっていると考えたのである。つまり、意識があまりに堅くなり、特定の方向にしかはたらかなくなったような場合（それは融通の利かない生活とか、生活上のゆきづまりとして顕在化する場合が多い）意識的態度に欠けている何かを補う方向で無意識が活動を開始する、とユングは考えるのである。そして、かかる無意識のはたらきをキャッチし、意識化し、意識の偏った態度を修正する方途として、ユングは人間の非言語的活動である夢・描画・空想などの「心像」を重視してきたのである。かくて「空想の力動的原理」であるところの遊びは、ユングにとって、意識と無意識の補償関係を促進するものとして、極めて肯定的に評価され位置づけられてくるのである。意識と無意識が補償し合い、協調し合いつつ、こころが有機的に変容してゆくことをユングは超越機能（Transcendental function）と呼んでいるが、「遊び」はまさにかかる機能をになっているものと思われる。

精神分析学的自我心理学における「自我による自我のための一時的・部分的退行」という規定にみられるように、空想・遊びが意識と無意識の間の垣根（partition）を開き、意識と無意識の間の浸透性（permeability）を良くするということは、（フロイト的見方をまつまでもなく）他方では、相当に危険なことであると思われる。ユングは意識と無意識の間の浸透性が高い例として神経症を挙げているが、(28) そこまでゆかなくても、意識のパワーが弱い場合、遊びにとりつかれて（posessed）しまう危険が充分にあることを忘れてはなるまい。スイスの分析家で箱庭療法の創始者としても知られるカルフ女史（Kalf, D. M.）は「人はその本質において遊び人間（playing man）である」と述べ、さらに「喜びのみでは軽卒へ、また真剣さのみでは味気なさや絶望へとむかってしまう。それらは、遊びのうちに統一され、全人性の表現となる」（傍点筆者）と記しているが、(29) 日常生活の中でバランスを失いがちなわれわれが遊びの中にメタモルフォーシスを体験し、全体性を回復するためには、時に遊びが地獄の釜の蓋を開いてしまう可能性もあることを見据え、強靭な意識力をもって常にことにのぞんでゆかねばならないということを忘れてはなるまい。それがあってこそ、遊びのメタモルフォーシスが可能となると思われる。

5　遊びの三要素——三つのRについて——

次に遊びを構成する心理的三要素の連関する構造、いわば遊びの含む主要な心理学的機能の三位一体性について述べてみようと思う。これはいまだ筆者の試論の域を出ないものであるが、思い切ってここに述べる次第である。その三要素とは遊びの心理における弛緩（relax）・解放（release）そしてやすらぎと回復（repose）の三つの側面である。この三つのRを遊び（事象）のうちに見出すことによって、遊びのメタモルフォーシスの意義がより明らかにされると筆者は考えている。

1　弛緩（relax）

弛緩とは文字通り心身の緊張を解き、くつろぎ、休め、ゆとりを得ることである。古来多くの宗教上の修行において重要な位置を占め、瞑想（meditation）にはかかせないものであり、禅メディテーションにおいても、ヨガにおいても修業の出発点になるものである。自律訓練法も筋弛緩から入るが、面白いことに、フロイトの創始した自由連想法も寝椅子に横たわって行うのであるから、この弛緩法を含んでいるということができる。

遊び（そして戯れる）行為は、語源の上でみたように、まさに心をたゆませ、そこにゆとりをもたせることであり、このようなこころのゆとりがなければ型だけ遊んだつもりになっても、遊びにはならないのである。事例三の太郎も述懐し（多くの対人恐怖の人が告白しているように）彼はユーモアを言っても、そこに含ませた――つもりの――笑いは他者に伝わらず、かえって座を白けさせてしまうことに、そういった現象がよくうかがえるのである。

事例一のA男の母親は「なせば成る」をモットーとして生きてきた人であるが（そしてこの標語は六〇年代のわが国の時代精神の一つでもあった）、そういった「余裕」の無い生き方をして来た家族の中で、かかる生き方への強烈なアンチテーゼをするかのように、A男は無為の生活を始め（あるいは無為の生活へと転落してしまい）、彼自身は無自覚であったにせよ、「なせば成る」だけでは成らぬ何かがあるということを自己主張し始めたのである。そして興味深いことに、A男が立ち直ってゆく時期は、まさにそういう人生の不思議に母親が気づいてゆく時期にほぼ一致していた。また、A男の立ち直り方も、（それがかなり病的なものであったにせよ）無為――強い退行――そして家の外へ遊びに出ることから始まってゆくのである。

もっとも、前にも少しふれたように、遊びを通じてのこころの弛緩には（次に述べる解放も同じ側面があるが）意識と無意識の間の浸透性を高め、無意識からの侵入によって意識がのみ込まれてしまう危険性が絶えずあることを忘れてはならない。遊びには創造的な側面と破壊的な側面とがあるのである。

２　解放（release）

フロイトの言を引用するまでもなく、われわれの意識は現実社会への適応のためにあるのであり、したがってわれわれが日常生活を送る限り、こころの意識的側面はさまざまの約束ごとに縛られている。われわれが日常生活をおくる限り、われわれは本質的に「自由からの疎外」に直面しているのである。人間はかかる意味での不自由さから、合法的・部分的に逃れ出、一時的にせよ――現実適応の過程でしめ出しつづけている――こころの一部分を取り戻し、バランスを回復してゆくために、遊びという行為を作り出し、精製・発達させ、文化の中に組み込んできたのであろう。遊び文化の発達は、ウラ（裏）の文化という性質をどこかに秘めながら、現実的・物質的生活というオモテ（表）の社会の発達と平行して、その規模を巨大化して来ているということができる。

筆者がここでいう解放という言葉に、release という語をあてはめたのは、この語が機械的「固定」や身体・筋肉などの固定を解くという意味があるからである。事例二のＢ郎の場合、教室などの閉鎖された空間や、緊張を強いられる時間に身を入れ、まかせることができず、強い尿意がわき起こってきてしまうのであるが、彼がそのような心身の不快な緊張感から解放されるのは（奇妙に思われるかもしれないが）オートバイの躍動に身をまかせ、自然の中を走りまわる時であった。これはいうまでもなく、Ｂ郎にとってのオートバイ走行は、他者から強いられるものではなく、まさに彼の自由意志のもとにあったからであろう。もっとも、彼の場合には、治療状況という「枠」が存在したことが、かかる解放を危険へと向かわせなかったということを指摘しておかねばなるまい。このような眼には見えない「枠」(theraputic frame) が存在しない場合、解放された生の衝動は文字通りブレーキの飛んだ暴走車のように、自己破壊的状況へと、乗り手を上に乗せながら疾走し始める恐れがあるのである。

３　やすらぎ・回復（repose）

遊びを構成する三番目の心理的要素は回復に至るやすらぎということである。このやすらぎ・回復という作用は、単に以前の状態へ戻るという意味ではなく、もっと積極的な意味を含めている。わかりやすくいいかえれば、以前にも増しての回復、癒され、一層安定した状態へとこころが力動的に変化することを意味している。この語に repose という語をあてはめるのも、英語の repose には休養・休息・落着き・回復などの意味の他に、永眠、しいては鎮魂などの意味があるからである。鎮魂とは、文字通り死者の魂を鎮めるということであるが、これはひるがえって生者の側に立ってみれば、生者の喪失の悲しみと痛みを癒し、死に直面した内心の奥深い恐れを静め、生者自身のこころの深い層をまさに「鎮める」行為であり儀式であるということができる。そのような行為の中にこそ、死に直面した者の生命性は輝きを取り戻せるのだし、フェニックスも再び飛び立つのであろう。そして遊びのもたらす回復とは、本来そのように深い意味をもっていたと思われる。事例三の太郎の一連の夢系列はそのような遊びの深層の一部をかいまみせてくれていると思われる。

遊びを構成する心理的三要素である弛緩（relax）・解放（release）・やすらぎと回復（repose）ということについて述べてきた。これらを筆者は遊びの３Ｒと呼びたいのであるが、さきにも記したように、この遊びの三位一体性ということはあくまでも試論である。

けれども以上のような視点から遊びをとらえなおしてゆくと、面白いことに気づかされる。それは遊びと睡眠との類似性である。考えてみれば睡眠はいままで述べてきた弛緩・解放・やすらぎと回復をことごとく兼ね備えている。それどころか、眠りはこの（筆者のいう）三つのＲの三位一体性の純粋型であるということもできる。遊びはしかし眠りではない。遊びは先に挙げたエリスも指摘しているように、覚醒水準における意識的行為であり、眠りはまさにその反対である。では概念的に相反する両者が、先の三つのＲという点で共通しているということは、どういうことなのであろうか。

筆者はこの謎を次のように考えている。つまり、遊びとは眠りの雛型であり、現実適応という覚醒的生活と睡眠との中間にあって、両者をつなぐ役割をしているのではないかということである。いわば昼の生活を夜の生活へと橋渡しす

図 2-1　自得禅師「六牛図」之六；遊戯（柴山全慶「禅の放牧図」より）

るのが遊びである（子供の場合にはこの逆の方向性も考えることができる。例えば幼児が朝ふとんの中でする手遊びなど）。われわれは完全なる覚醒からただちに睡眠へと器用に意識水準を変えてゆくことはできないし、睡眠だけでは（睡眠の大半が生理学的現象であるがゆえに）弛緩・解放・回復のプロセスが、それだけではおそらく不十分な何かがわれわれの心身生活の面において存在しているのであろう。

最後になるが、興味深い文章を紹介しよう。これは井原西鶴「日本永代蔵」に出てくる文章である。

人は一三歳迄にはわきまえなく、それより廿四五までは親のさしずをうけ、其後は我と世をかせぎ、四五迄に一生の家をかため、遊楽する事に極まれり。

一見、西鶴は「遊び」を「労働」と対置し否定的に取り扱っているようにみえる。しかしこの文章を注意深く読めば、むしろここで彼は「遊び」をかなり積極的に評価しているように思われる。彼の人生図式の中で「幼」と「老」とは遊びによって結ばれる。赤塚行雄はこれを「循環論的人生観」と呼んでいるが、[30]西鶴が労働に比して遊びを軽んじる考えに立っていたなら、おそらく彼は「一生の家をかため、其後尚一層働き重ね、家を大にする事に極まれり」と書き綴ったことであろう。西鶴は「好色一代男」「好色一代女」などを世に遺した作家である。

西鶴の文章の深い意味合いを解く鍵は禅の思想の中に発見できるように思われる。禅に「牧牛図」というものがある。これは禅でいう悟りの過程を牧牛の構図の中に表現したものといわれているが、その一つである自得禅師による「六牛図」[31]では、悟りの最終段階をあらわす図として、老（僧）が幼い子ども達と町中で遊ぶ情景が描かれている（前頁参照）。

禅では悟りの心境における脱日常性・超俗性を嫌い、聖から俗への還帰を説く。自得禅師の六牛図の最終図では、そのような悟りの姿が「幼」と「老」との遊びの中に描き出されているのである。こういった姿は鈴木大拙が「無意味の意味に生きることが、いわゆる無心の境涯だと自分は言いたい[32]」と述べている思想に一致する姿なのではないだろうか。

西鶴がこのような禅家の思想を念頭において右の文章を綴ったのかどうかは解らないが、老いを「遊びの時」としていることは心理学的にみても興味深いところである。老いにおける遊びを、肉体的死を前にしての「華」であるとしたなら、ユングやカルフ女史が主張する「こころの全体性」をとりもどすという意味で、かかる遊びのときは近づきつつある人生の終わりの局面における、真の意味でのやすらぎと回復（repose）のこころみともなりうるからである。

註

（1）生越達美　一九七八「一恐怖症的登園拒否児の治療例——人形遊びに表現されたおばけ・死と再生・結婚の主題の意味するもの」『名古屋学院大学論集』一四巻、一・二号、一二三-一六八頁（本書第3章）。

（2）Ogoshi, T.　1985　A World Made Up of Dolls and Sand -A Case of Japanese Girl with Acute Schoolphobia. *The Nagoya Gakuin University Review*, **21**, 2, 31-66.

（3）笠原　嘉　一九七八「退却神経症 Withdrawal neurosis という新カテゴリーの提唱——スチューデント・アパシー第二報」『思春期の精神病理と治療（中井・中山編）』岩崎学術出版社、二八七-三一九頁。

（4）林　仁忠　一九八四「あそび・うそ・創造性」『岩波講座　精神の科学』岩波書店、九巻、八七-一一三頁。

（5）この事例は次の論文において夢分析の経過を詳しくレポートしたものである。

Ogoshi, T.　1984　Dream Analysis with An Anthropophobic Adolescent. *The Nagoya Gakuin University Review*, **21**, 1, 117-140.

（6）河合隼雄　一九七七『昔話の深層』福音館書店、四章、八三頁。

（7）Huizinga, J.　1949　*Homo Ludens : A Study of the play element in culture*. New York, Routlege & Kegan Paul.（里見元一郎訳　一九七一『ホモ・ルーデンス』河出書房新社）

（8）Caillois, R.　1958　*Les Jeux et Les Hommes*. Gallimard.（多田・塚崎訳　一九七三『遊びと人間』講談社）

（9）『国語大辞典』小学館。

(10)『広辞苑』岩波書店。

(11) 多田道太郎　一九七四『遊びと日本人』筑摩書房。

(12) Caillois, R.　前掲書、五頁（日本語版序文）。

(13)『国語大辞典』タワムレルの項参照。

(14) 柳田国男　一九七六『こども風土記・母の手毬歌』岩波書店。

(15) Ellis, M. J. 1973 *Why People Play.* Prentice-Hall, Inc., New Jersey.（森・大塚・田中　訳　一九八五『人間はなぜ遊ぶか』黎明書房）。

(16) 大平　健　一九八五『〈遊〉と〈狂〉』金剛出版。

(17) Freud, S.　1922　*Beyond the Pleasure Principle.*（井村・小此木他訳　一九六九「快感原則の彼岸」『フロイド著作集６』人文書院）。

(18) 同上書、一五八頁。

(19) Freud, A. 1936 *Das Ich und Abwehrmechanismen.* Internationaler Psychoanalytischer Verlag.（外林大作訳　一九六一『自我と防衛』誠信書房）。

(20) 同上書、一二八頁。

(21) Erikson, E. H.　1963　*Childhood and Society* (2nd ed.). W.W.Norton & Company, Inc., New York.（仁科弥生訳　一九七七『幼年期と社会』みすず書房、二六六頁）。

(22) 同上書、二八五頁。

(23) Erikson, E. H.　1977　*Toy and Reasons: Stages in the Ritualization in Experience.* W.W.Norton & Company, Inc., New York.（近藤邦夫訳　一九八一『玩具と理性』みすず書房）。

(24) 同上書、三七-三八頁。

(25) 同上書、五六頁。

(26) Jung, C. G.　1963　*Memories, Dreams, Reflections.* Pantheon Books, New York.（河合・藤縄・出井訳　一九七二『ユング自伝Ⅰ・Ⅱ——思い出・夢・思想』みすず書房）。

(27) Jung, C. G.　1921　*Psychological Types. Collected Works of C. G. Jung, 6.* Princeton University Press, pp.6-63（林　道義訳　一九八七『タイプ論』みすず書房）。

(28) Jung, C. G.　1957　*Transcendent Function. Collected Works of C. G. Jung.,8.* Princeton University Press, pp.67-91（松代洋一訳　一九八七『創造する無意識』朝日出版社）。
(29) Kalff, D. M.　1966　*Sandspiel -Seine therapeutische Wirkung auf die Psyche.,* Rascher Verlag,（河合・大原・山中共訳　一九七二『カルフ箱庭療法』誠信書房、日本語版序文）。
(30) 赤塚行雄　一九七九「あそび世代論――ローン暴走族出現の周辺について」『青年心理（特集　あそびと世代）』金子書房。
(31) 紫山全慶　一九七八　画『禅の牧牛図』創元社　解説・直原玉青。
(32) 鈴木大拙　一九五五『無心ということ』角川書店、一八三頁。

第2部　子どもの心理臨床実践

第３章　恐怖症的登園拒否児の治療例
——人形遊びに表現されたおばけ・死と再生・結婚の主題の意味するもの——

1　はじめに

幼児・児童が父母の許を離れて学校教育の場におもむくことは，いまや，字を覚えたり計算のし方を理解すること以上に重大な意味をになう出来事となった。それはひとくちにいえば，暖かな保護環境としての家庭を離れて社会という過酷な環境に歩みだす，人生における文字通りの「門出」である。

われわれはヒトとして誕生する時，人生における最初の危険に満ちた旅といわれる過程を経て，一旦母胎から分離しなくてはならない。この誕生の過程と外界との邂逅の一瞬は苦痛に色どられたものである。しかし，大いなる仕事をやり遂げ，ついに母となることができた喜びにひたる一人の女性の腕の中・胸の中でこの苦痛は和らげられ，かかる母なる存在との心的交流を中心として，新生児のこの世での生活が始まる。

母胎からの苦しみに満ちた分離と母なる存在とのやすらぎに充ちた再会とは，われわれの人生にとって，一つの象徴的な出来事であることはまちがいない。われわれが単なる生物学的存在にすぎないヒトとしての生存様式を超えて，霊長類という生物分類学的規定以上の意味をになった存在として「人」となるためには，かかる母性性（Mutterlichkeit）との出逢いと交流が必要不可欠である。誕生にひきつづく乳児期をベッテルハイム（Bettelheim, B., 1967）は「遥かなる黄金時代」「無限の充足の時代」と呼んでいるが，このおおよそ三年の歳月は，ヒトが人となるための基礎作りの期間となる。それは、野生児・自閉児・神経症・内因性精神病などをめぐる研究を通して、近年の精神医学、心理学、比較行動学などの学問領域においてひとしく主張されて来ていることでもある。わが国に古くから存在する諺である〝三歳児《みつご》のたましい百まで〟の意味するところは、実はかかる側面を指摘したものと解することができよう。

われわれはさらに、「人」という文字があらわしている真の意味に近づくためには、乳児期に形作られたものを基礎に、家庭を離れて外部の他者の世界に入り込み、共同の世界を相互ににない存在となっていかねばならない。つまりわれわれは家族以外の外部社会に根づいてゆかなければ、社会的存在としての人、つまり真の意味での「人間」となってゆくことができないのである。

幼児・児童にとって、家庭を離れて公的教育機関にかようことは、かくして極めて重大な発達課題であるということができる。多くの幼児・児童にとって、この人生における門出は自己の経験世界をおしひろげ内容を豊かにする上でかかせぬ体験となり、それ自体が喜びと励みの体験となる。しかし、ある種の幼児・児童にとって、それがたとえようもない恐れ・苦しみの体験となることもあるのである。このような恐れ・苦しみのために公的教育機関へかようことができなくなることは、かくして、社会的存在としての自己を自己の中に統合してゆくことを困難な作業とし、真の意味での人、つまり人間として成長してゆく上での深刻な内的挫折体験となって、後の人格形成に軽視できない痕跡を残してゆくものと想像せられるのである。

このような意味から、学校恐怖症は、心理・社会的観点からみる時、社会的存在としてのわれわれが真の意味での人となる途上で遭遇する「門出」に際してのやまいという性格をおびてくる。学校恐怖症は門出のやまいである、そう規定したとしても、それだけでは何ら問題の解決にはならない。成長途上にある人々のために、学校恐怖症児にとりくむ現場教師、心理臨床家、精神医家等にとって、かかる門出のやまいに苦しむ者の心理を理解し、援助してゆくことは容易でなく、顕在する症状の背後に動いている心理学的問題への深い理解と解決のための技法が要請されているのである。しかも学校恐怖症は幼児期から青年期までのあらゆる発達段階において発症し、個々の事例の示す状態像はさまざまである。

学校恐怖症に関する事例研究、論文、学術書の類は極めて多数存在する。そこに展開されている症状形成論、治療論、予後等に関する見解は一様でない。しかし、これまで公刊されてきた文献を見る限り、私見ではあるが、そこで取り扱われている症例の大多数は学校恐怖症の中核的年齢段階であるところの小学校・中学校時点におけるそれに集中している観があり、学校恐怖症の原初的発症型とみなされる幼児期における発症例、つまり登園拒否児の事例研究はわずかに数えるほどしか存在しないのである。その理由はさまざまであろうが、一つ考えられることは、登園拒否児童の数は少なくないにもかかわらず、これらの事例の場合は容易に登園を再開し、治癒も速く、そのため社会問題となりにくいということである。しかし、学校恐怖症の原初的発症型として、登園拒否事例はもっと注目されてよい。かかる事例の研究は、学校恐怖症に関して貴重な知見をもたらし、学校恐怖症研究をさらに一歩前進させるものと考えられるからである。このような理由にくわえて、低年齢における情緒障害児研究が情緒的発達のメカニズムと意義に関して成人患者の分析では得られにくい直接的な知見をもたらす、という広い視野からの理由も数えあげられねばならない。

ここに提供する事例は、かつて筆者がかかわった一恐怖症的登園拒否女児の治療例である。本稿において、心理療法過程で開示されていった症児の内的体験世界、家族力動とその変遷、治療者と症児との治療的人間関係の構造的変化、症児の人格的・精神的成長等を詳細に検討してゆくことを通して、学校恐怖症の原初的発症型における心理学的諸問題に筆者なりの考察を加えてゆきたい。本事例においては、遊戯療法を構成する一素材である人形遊び（Doll Play）の中に繰り返し示された「おばけ」「死と再生」「結婚」などの主題が極めて重要な意味を秘めていると考えられる。一登園拒否女児がかかる主題を通して開示していった内的体験世界のもつ意味を解明してゆくことは、ひるがえって、学校恐怖症児童の内包する心理学的問題の一端を鮮明にうかびあがらせてくれるものと思われるのである。

2　事例

症児　花子（仮名）（四歳）　幼稚園年中組在籍の女子である。
主訴　幼稚園へ行きたがらない。他児と同一行動ができない。

家族構成
父：三四歳、運送業。母：二八歳、無職（共に学歴は中卒である）。症児。次女：二歳。都市郊外に住む典型的な中流家庭であり、核家族である。

1　生活歴・現症歴

父親の生育歴や兄弟関係は不明の点が多い。母親は異母姉妹を含めて九人兄弟の四番目の子供として生まれた。共に本籍は朝鮮半島にある。

症児花子は両親が結婚して三年目の年の春に誕生した。満期出産であった。胎生期・出生時を通じて異常は認められない。離乳も混合栄養だったためか、比較的順調に行なえた。その後の身体発達・運動機能の発達は順調であった。オムツは一歳二ケ月のころに取れ、以後、おもらし夜尿等はまったく無く、精神発達も順調であった。一歳五ケ月のころ、症児は「おててつないで」を歌ったとのことである。既応症としては、乳児期に「はしか」にかかった以外に特記すべきことは無い。以上にみられるように、誕生から乳児期までの症児の成長は極めて順調なものであった。

症児花子が二歳の折に妹が誕生し、一家は現所在地へ転居する。それまで住んでいたところは大都市の下街であり、車の往来激しく、花子は家（アパート）の中で遊ぶことが多かった。聞き分けの良い子供だった。現住所に転居して以来、彼女は多くの時間を外で過ごすようになる。同年配の男子の友達もできた。外に出たがらない妹を連れて積極的に外出することもあった。

他方、花子と妹とはよく喧嘩をする。妹に対する彼女の「やきもち」はかなり激しいものであった。母親が赤ん坊（妹）と寝ていると、二人の間に花子が割り込んで来、母親にべたべたとくっついて来るようになった。母親はそのような花子を「お姉さんだから」と厳しく叱り、お尻を叩いた。以後、花子のこのような行動はぴたっと止った。花子の乳児期・幼児期は、この「妹に対する激しいやきもち」を除けば、おおむね手のかからない良い子のそれであった。まだお座りしているころの花子は、お気に入りのシールを手にしていればいつまでもおとなしくそれを見つめていた、というエピソードもある。妹が誕生するまでに、母親は花子に「一人寝」の習慣をつけさせていた。花子は妹誕生までは一人で大人しく寝ていた。しかし母親が妹に添い寝をするようになると、既述の「母親と妹の間への割り込み」が始まり、それがかなえられないと知ると、妹への「激しい嫉妬」が始まったのである。花子は一人寝をしなくなった。そこで父親が彼女と一緒に寝るようになった。入浴も概して父親と花子とが一緒にするようになった。父親は元来子煩悩で、よく花子を可愛がった。花子に対して厳しい態度をとる母親にかわって、この父親が彼女の相手を主としてつとめるようになった。花子は父親と一緒にいる時間が多くなった。

花子の食生活には偏食がある。嫌いな物は絶対に口にしない。母親が無理に食べさせようとすると、吐きそうになる。花子の嫌う食べ物は常識的には子供が好む類のものであった。花子はむしろ大人が好む類の食べ物を好んで食べた。

他に花子の嫌うもの（場所）として便所がある。花子は便所の臭気に過敏であり、これも母親が無理に行かせると、吐きそうになったとのことである。それで花子は四歳ごろまで排泄時には「おまる」を使用していた。

幼稚園は花子の家から徒歩で一〇分くらいの、比較的近距離にあった。花子は幼稚園入園をとても楽しみにしていた。入園日から三日目に花子は母親に伴われて歯医者に行き、遅れて登園した。その日、幼稚園で母親と別れる時になって、花子は突然泣き出し、母親にしがみついてきた。しかしこの日は母親に叱られて、どうにか母親から離れることができた。このような日が五日間続いた。そして五日目、幼稚園から帰って来た花子を母親は厳しく叱った。花子のお尻も叩いた。花子はお嫁さんに強くあこがれていたので、「幼稚園に行けないようではお嫁さんになれないよ」といって叱った。又、いわば母親は身心両面から花子を叱ったわけである。強く叱ればなおる、母親はそう単純に考えていた。近所の人の意見で、きつく叱ればなおるという経験談を聞きそのような方針を採ることにしたのだという。そしてこの方針が効を奏したものか、以後花子は朝ぐずらずに登園するようになった。

入園後一ケ月過ぎたころから給食が始まった。花子が給食を抵抗なく食べるかどうかが母親の第二の心配事になった。花子にはかなり強い偏食があったからである。しかし給食が始まった日、花子はニコニコして帰宅し、「(給食は) おいしかったよ」と報告したので、母親は内心ホッとした。給食が始まって三日後花子は給食時にグズグズしはじめ、結局その日は給食を口にしなかった。

花子の登園時における気分変調が始まったのは、五月の連休あけのころである。花子は日曜日 (それは登園しないですむ日である) を指折り数えて心待ちするようになる。幼稚園における花子の行動に変調がみられるようになる。入室時、特にそれは顕著であった。幼稚園までは母親と一緒に行くものの、教室の前で靴を脱がなくなり、廊下にすわり込んでしまう。入室できても他児と口をかわさず、遊ばなくなり、異なる行動をするようになる。例えば、他児が教室に居ると自分は運動場に出てしまう。あるいは逆に他児達が運動場に居ると自分だけ教室に戻ってしまう、などである。教室の中ではボーッと窓の外を眺めていたり、担任教師とも口をきかなくなった。そのような花子を母親は「幼稚園へ行けないような子は大きくなれないよ」と叱りつづけたのである。

五月下旬、花子は耳下腺炎に罹患し、治療のために一〇日間ほど幼稚園を休む。その休暇中は花子は幼稚園のことをしきりになつかしがっていた。しかし、給食については「嫌《イヤ》」とはっきり嫌悪感を表明した。一〇日間の欠席の後、花子は再び登園せねばならなくなるが、幼稚園における問題行動は強まりこそすれ変化し好転した気配は何ら見られなかった。園から帰宅した時には、「明日は行くよ、泣かないよ」といい、登園を約束するのだが、翌朝になると事態は違っていた。それでも給食を食べることができた日一日は調子が良かった。しかし給食を食べる日は時がたつに従って減り、「給食があるから」といって朝食も食べようとしなくなる。この間、登園を嫌がる花子に「針千本のむ」と約束させ、翌朝ぐずる花子に対して母親は本当に針を突きつけ、「のみなさい！」と威した事も再三であったらしい。そのような時、花子はおびえた顔で「幼稚園のこと、いわない。聞くのやめて」と訴えることもあったということである。

そのような日々がつづいた七月上旬に、花子は担任教師が眼を離したすきに、家に帰って来てしまった。驚いて問いただす親に対し、花子は「桃さんの組[1]が嫌《イヤ》」「恥かしい」「給食が嫌《イヤ》」等の理由をあげ、かつ、「Tちゃん（妹）はどうして行かないの？」と自分だけが幼稚園へ行かされる不当性を主張し、親に抗議したりもした。以上のように花子の登園拒否症状が明瞭に示されたこの時点において、母親と担任教師は花子を強制的に登園させることを止め、花子に対して休園処置が採られることになったのである。

以来、花子は来談時まで登園することなく、近所の人達や園児達を避けて家の中で過ごす毎日が始まった。このような花子に対して両親は何をしていいのかわからず、殊に母親の苦悩は日ごとに強まり、担任教師の奨めもあって、当時筆者が関係していた某児童相談所に来談することとなったのである。以上述べた事実経過が、通所治療に先立つ母親面接から得られた、症児花子の生育歴と現症歴、および来談に至る経緯のあらましである。

2　診断と治療方針

診断的には症児の状態像からみて、恐怖症的登園拒否、つまり児童神経症の一類型と判断された。治療方法としては、通所による心理療法（遊戯療法）を継時的に行ってゆくことにした。母子平行治療が困難であったので、子供の遊戯療法を中心に行ってゆくことにし、母親への援助は適時指示ないし助言を通して行ってゆくことにした[2]。

3　治療経過

治療期関は図3-1に示すように、初回から終結まで約四ケ月間、治療回数は総計一三回である。治療経過は一応四つの時期に分けて考えられると思われる。第Ⅰ期は「初めの出逢い」の期であり、初回と第二回が含まれる。第Ⅱ期（第三・四・五回）は「受容と身体化」の期であり、第Ⅲ期（第六・七・八・九回）は「自我の修復と症状の転換」の期であり、最後の第Ⅳ期（第一〇・一一・一二・一三回）は「自我の成長と安定」の期である。以後、各期について継時的に遊戯療法の概要、母親面接から得られた情報、そして各期それぞれに関するまとめと考察という順で詳細を述べる。

1　初めての出会い（初回・第二回）

花子が担任教師の奨めもあって、治療者のもとに母親に伴われて来談して来たのは、S四×年も夏に入った七月の上旬であった。母親自身が記入した相談事項には「幼稚園へ行くのを嫌がります。幼稚園での行いが家とはまったく違い、何も受けつけず、朝教室の前に行くと靴も脱がず、家へ帰ると言いだし、皆と一緒の行動ができず、困っております」と記されてあった。

母親はやや大柄な女性で、心理相談に訪れて来る人が最初に共通して示す困惑と、いくぶんかの緊張によって、固い表情をしていた。それにもまして治療者の注目を引いたのは、母親の背後に隠れるようにして立っている少女の姿であった。少女は母親以上に

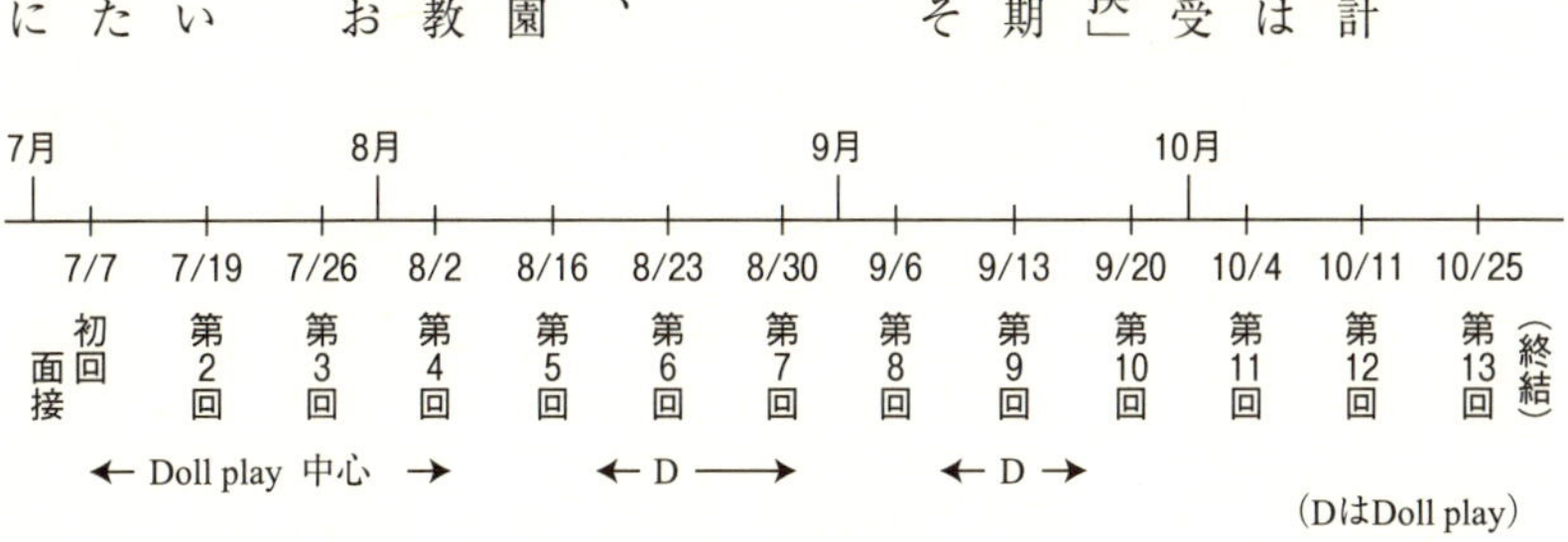

図 3-1　治療経過

緊張し切った固い表情と姿勢で、しっかりと母親の衣服の裾を握りしめ、治療者からの視線を避け、しかし絶えず密かに治療者の動勢を注意深く探っているようであった。母親の傍らにはもう一人の少女が立っていた。こちらの少女の方はやや緊張し不安げな表情ではあったものの、はじめて見る周囲の状況を好奇心に満ちた眼で観察していた。先の少女が本症例花子であり、後の少女は花子の妹であった。

短時間の面接の後、治療者は花子を遊戯療法室へ導こうと試みた。しかし、花子は母親の背後に身を隠し、治療者が何を語りかけても口を開こうとせず、頑なに沈黙を守っていた。花子の妹は遊戯療法室の内部を見るやいなや室内に入りたがった。花子も遊戯療法室に興味を示したが、母親が「一杯おもちゃがあるね、中で一緒に遊びなさい」と入室を促しても、入室しようとしなかった。結局どうしても一人では部屋に入ろうとしないので、治療者と母親も一緒に入室することにした。しかし遊戯療法室に一旦入ってしまうと、妹と同様に花子は母親から離れ、治療者と母親の動勢をうかがいながらではあったが、遊具に手を触れ始め、少しずつ遊び始めた。そんな花子に対して治療者は玩具類の説明をし、自由に遊んで良いことなど伝えたが、花子は治療者には決して近寄らず、話しかけてくることも無かった。花子は治療者に対して極めて警戒的であり、治療者はこの出会いにおいて、まず花子の固い防壁にぶつかったわけである。

そこで治瘉者はひとまず花子と妹を残したまま母親と共に遊戯療法室を出、別室で面接をつづけることにし、花子にその旨を伝えると、花子は黙ったまま母親と治療者の顔を見比べそして遊びつづけた。それを了解のしるしと判断して治療者と母親とは別室に移動した（母親面接の間は他の職員に花子たちをみてもらった）。

さて、母親面接を終えて治療者が遊戯療法室に戻ると、花子は妹と一緒に砂場の周囲にママゴト用具を並べて遊んでいた。

治療者が入室した時、花子は人形を手にもっていた。治療者が「何してたの?」と訊ねると、「あれしてたの」と花子は砂場のあたりを指さした。花子は治療者に対してはじめて口をきいたのである。花子はしきりに棚の上の家模型（リカチャンハウス）を見ていた。治療者は家模型を棚から降ろして花子の前に置いた。すると花子はリカちゃん人形を家の中に寝かせたり起こしたり、さかんに人形類を弄び始めたのである。そこで治療者は「その人形誰なの、何しているの?」と聞いてみた。そうこうするうちに、かかる治療者とのやりとりを通じて、花子は人形の世界のファンタジーを物語っていったのである。

〈人形遊び〉　女の子が一人窓の外から家の中を覗いている。家の中には少年が一人居る。女の子と少年は互に見詰め合っている。女の子は家の中に入って行って、少年をいじめ始める。しかし、しばらくすると二人は仲良くなり、「チュー」をするようになる(リカちゃん人形と男子人形をぴったりくっつけて、「チューしてる」と花子は説明した)。女の子は魔女となり、屋根に登り空を飛ぶ。少年はその姿を家の中から眺め、そのうち一緒に屋根の上に登る。二人は結婚する。結婚式が終ると、二人は躰をぴったり寄せ合って椅子に寝る。女の子は次第に少年を嫌うようになる(ここで女の子を幼稚園の教師に見たてて、幼稚園の話が挿入された)。女の子は家の中にはめこまれた鏡にむかって化粧を始める。化粧が終ってもしきりに鏡の中に見入っている(治療者が「鏡に何が見えるの?」と訊ねると、「怪獣、ウルトラセブンが見える」と花子はこたえる)。遠くから「おばけ」が家にやって来て、女の子を連れていってしまう。そして砂を食べさせて病気にしてしまう(ここで花子が来所途中に立ち寄った病院の話が挿入される)。医者が応診に来るが、その医者は何もしないで寝込んでしまう。女の子は自力で起き上り、砂を吐き出し、顔を洗って、病気をなおす。女の子は以前の家に戻って行き、窓外から家の中を覗き込む。少年も家の中から女の子を見つづける(花子によると、二人はまた仲良くなったのだそうである)。

人形遊びはそこで終り、三輪車、ボール、滑り台などを中心に運動的な遊びが始まった。妹も参加し、三人の遊びとなる。その遊びの中で、三輪車に乗った花子は次々に床の上の玩具類を轢いて行ったり、治療者をも轢いてしまおうと、三輪車ごと治療者にぶつかって来ることもあった。

第二回目の来談の時、廊下で治療者と会った花子は治療者の名前をさけぶように呼び、再会の喜びを体一杯に表現していた。遊戯療法室に入ると、花子は新しい人形セット[3]に対してさっそく関心を示した。そして人形を欲しがった。

＜**人形遊び**＞（まず新しい人形が下着を着けているかどうかを確かめてから、椅子をベットに見たて、その上に男女二体の人形を乗せ、それらの躰を合わせたり顔をつけ合ったりし始めた。傍で見ていると人形のかかる動作は明らかに性的行動を表現していた。）二人は兄妹である。実は二人は治療者と花子自身である。二人は結婚する。二人は食事をしたり、テレビを見たり、平和な時を過ごしている。

人形遊びはそこで終り、砂遊びが始められた。一種のママゴト遊びである。プレイ終了まぎわに、花子は三輪車に乗り、室内を上手に運転して回った。三輪車で室内を二、三周すると、花子は三輪車を降り、滑り台を一回滑ってから遊戯療法室を退出した。

初回、第二回のまとめと考察

初回と第二回は花子と治療者とのいわば「顔見世」の時期であった。治療者は花子を冷たく傍観するのでもなく、かといって必要以上に接近するのでもなく、いわゆる心理療法上の適切な「距離」をとるべく心掛けた。花子が自己および自己の内的体験世界を自由に表現できるように細心の注意をはらったのである。その努力が初回における花子の人形遊び、実に豊富な内容を秘めた、凝縮された人形の世界の fantasy に結実したのであろう。花子の繰り広げる人形遊びの中での治療者の役割は、物語の展開のためのファシリテーター（facilitater）であり、観劇客であり、そしてひかえめな助演者であったと思う。

花子のくりひろげた人形の空想物語は、夢分析における初回夢と同じように重要なものであり、以後の人形遊びの中で繰返し反復提示されたプロットと主題のすべてを含んでいた。それは後になるにしたがってわかってくることであるが、出会いと愛、憎しみと離別、再会と結婚という筋と、「おばけ」の虜となり病気（死）に堕った少女の自力再生という二つの筋とが重奏しあう、葛藤と不安の世界であった。人形の動きは性的な表現に紛飾されていたが、そこに繰り広げられる話の根底には、分離を恐れ、合体を求める、幼児の無心の願望が込められていると感じられた。人形遊びの世界での主人公は時に加害者であり、時に得体知れぬ外界の力（「おばけ」）に脅かされ、死ぬほどの苦しみをあじわわされる存在でもあった。救助者は現われず、主人公はまったく孤独である。このような主人公の姿に花子の遭遇している不安と測り知れぬ混乱が示されていた。しかし、主人公は独力で恐ろしい状況から脱出するのである。そして、死と憎しみの彼岸において平穏な生活（結婚の主題に象徴された再結合）がおとずれるのである。第2回目の人形遊びの中では、主人公の再結合の対象として、はやくも治療者が出現した。花子の人形遊びに現わされた治療者像、ならびに治療者・クライエント関係を梃子にして、もっともっと花子の内的世界へわけ入ってみよう、治療者はこの時点でそう決心したのである。

2　受容と身体化（第三・四・五回）

花子は廊下を走って来ながら、治療者の名前を叫んでいた。治療者と顔を合わせると、再び治療者の名前を呼び、応える治療者に対して両手を広げ満面に喜びの笑みを浮かべている。今回は妹同伴の来所であった。

花子が「お腹が痛い」と治療者に再三訴えるのでトイレに連れて行く（母親の話では家でも腹痛を訴えるが、神経的なもので、本当の腹痛ではない様子である）。

遊戯室に入ると、鉄砲をもって治療者を攻撃し始めた。治療者は何度か花子の撃った弾にあたって死んだ。攻撃が終ると、花子は人形を手にしたが、物語の進展は無く、再度腹痛を訴える。試みに治療者は「おまじないだよ」と花子のお腹を擦ってみた。すると花子はやにわに治療者に甘えてきて、躰をすり寄せ、抱かれたがった。治療者が花子を抱きあげてやると、今度は花子は「肩車」を要求する。肩車をすると「お母さんに見せる」という。治療者が要求を容れて母親のもとへ行くと、「お母さん、お母さん！」と喜びの声を挙げるのである。遊戯療法室の中でもしばらくそうした遊びがつづいた。花子はこの身体接触の中で、治療者の服の中に手を入れ、直接治療者の肌に触れてくるようなことまでしたのである。そして人形遊びが始まった。

〈人形遊び〉（治療者に手伝わせて、男子人形を裸にする。）男（夫？）がお風呂に入っている。傍で女（妻？）が赤ちゃんのオムツの世話をしている。平和な家庭風景である。

この回、花子はオルガンをはじめて弾いた。又、花子はプレイの中で「幼稚園へ行っている子と行ってない子と、どっちが好き？」と治療者に質問した。治療者は急なことで答に窮し、突嗟に「行っている子も好きだよ」と答えたが、花子は何も言わずに黙っていた。治療者の一瞬の動揺が伝わったのであろうか。花子はまた、治療者と談笑していた女子職員について根掘り葉掘り問いただした。「先生の女の先生はどんな先生？」という質問もあった。そして「私Oちゃん（花子と仲良しだった男の子）と結婚するの！」と言った。花子の顔には明らかに治療者と見知らぬ女子職員との関係への「ねたみ」がうかがわれ、上記の花子の発言には秘かな対抗的「あてつけ」のにおいが感じられたのである（第三回）。

次の週、花子は大変嬉しそうに来所した。廊下を走りながら治療者の名前を呼んだ。妹は同伴していなかった。遊戯療法室に入ると花子はオルガンの前に坐り、園で習ったという歌を歌い、出鱈目ではあるがオルガンを弾いた。小声で「七夕の歌」「仮面ライダー」など色々歌う。歌が終ると肩車を要求し、「お母さんに見せる」と主張する。治療者は花子の要求を悉く許容している存在である。花子は治療者に「肩車」「抱っこ」「おんぶ」などの身体接触を媒介とした遊びを次々に要求しつづけ、それらが許容されてゆく中で、喜色満面に自由闊達に動きまわるのであった（第四回）。

次の回は妹同伴であった。遊戯療法室に入ると花子はオルガンを弾き始めた。妹も横に来て弾きたがるが、「Tちゃん（妹のこと）ダメッ！」と邪慳に排除してしまう。妹は不承不承あきらめてその場を離れるが、そんな妹が水鉄砲を見つけてくると、花子はさっそくそれにとびつき、三人による撃ち合いが始まった。花子はこの時は妹と共同戦線を張り、治療者は二人を相手に闘うはめになる。水だらけになった治療者が休戦を宣言すると、花子は人形を手にして遊び始めた。その時遊戯療法室の扉が開き、見知らぬ少女が部屋に闖入して来、それを見た花子は人形を手離してしまった。そして肩車などの身体接触中心の遊びが始まり、終了まで続いた（第五回）。

〔母親面接〕　第二回通所治療の後、花子が幼稚園へ行くと言い出したので、母親と一緒に登園した。その日は終業式の日であったので、広い部屋に園児一同が集まった。部屋の入口で母親と別れる時、しばらくの間花子は分離を嫌がったが、周囲から強く促され励まされて漸く母親から離れることができた。花子は真赤になって緊張していた。母親自身「幼稚園へ行くようになる以前の段階で花子に色々要求しすぎたかもしれない」と語った（母親の花子に対する態度にはこのころ「許容的態度からくる柔らかさ」が加わって来ているのが観察された）。

第四回目の通所の翌日も花子は幼稚園へ行った。母親と一緒の登園であった。午前中は母親がずっと花子に付き添っていた。花子は他児達と遊ばず、一人ブランコに乗って遊んでいた。午後になって母親は花子を園に残して帰宅したが、花子は他児と口をきかず、給食も食べなかったらしい。家の外では父親か母親にぴったりくっついていることが多い。しかし、親戚の家では親から離れて四日間ほど過すことができた。このように花子の生活態度には変化の兆しがみられる。

第Ⅱ期のまとめと考察

第Ⅰ期の中で生まれた良い治療者・患者関係を挺子に、治療者が花子の行動をすべて受容（accept）していったこの期、花子の治療者に対する陽性感情転移はさらに強まり、それと共に、治療者に対する直接的身体接触の要求とそれを中心とした遊びが開始された。その身体接触が「腹痛」とそれに応えた治療者の「おまじない」から開始された点は極めて示唆的である。「腹痛」はこの場合、一種の神経症的身体症状であり、単純明解な身体言語（body language）であって、代理形成的症状であったろうと解することができる。それは「甘え」の最も直接的かつ具体的表現であった。そしてすべてが許容される場の中で、花子の内部に胎動していた攻撃性が発露されてくる。この期の治療者は花子にとって唯一の合体の対象（love object）であったと思われる。当然、花子の父母に対する感情関係は治療関係の中に持ち込まれた。花子から見れば、治療者と女子職員との何げない会話も羨望に足る〝楽しげな語らい〟と映り、「ねたみ」「反発」の感情を花子の中に生じさせたのである（第四回）。この期、花子が治療者に求めていた関係は人形遊びの第三回目に端的に示されているように、邪魔者の入らない、二人きりの安定した睦み合う関係であったろう。治療者と女子職員との間柄に対する花子の過敏な態度はその後しばらくつづくのである。

この期は以上のような転移感情を核としての「受容」と「身体化」の時期であったといえる。そしてかかる転移感情の生起と身体化の過程は、症状の質的変化を示唆するものである。実生活上の花子は、事実、母親に伴なわれてではあるが登園を始め、親戚の家ではあるが四日間ほど両親から離れて過ごすなど、その生活態度に変化がみられるようになってきているのである。

3　自我の修復と症状の転換（第六・七・八・九回）

花子が通所治療を始めてから約二ヶ月がたった。この日、妹同伴で来所した花子は「手が痛い」と訴え、右腕をだらりと下げたままである。繃帯もしている。母親はこの事態についてこう語った。「家でテレビを見ている時に寝返りをうった父親の足が花子の腕にあたり、それ以来花子は『痛い痛い』と言って右腕を使わないのだけれど、医師の診断結果では骨には異常が認められず、〝気休め〟に湿布してもらっているのです」。

花子は遊戯療法室に入るとオルガンを弾き始める。左手を使っての片手演奏である。治療者が「右手も使ったら」と言っても、少し鍵盤に指を触れただけで「痛い痛い」と訴え、決して右手を使おうとはしない（しかし、治療者から見て花子が本当に痛みを感じているのかどうかは極めて疑わしい）。身体接触を媒介にした遊びが始まった。その遊びの中で、花子は除々に右手を使い出した。人形遊びが始まった。

〈人形遊び〉　「おばけ」がお母さんの死んでしまった女の子を虜にし、「おばけの子」に変えてしまう。男の子が助けに来てくれるが、弱いので逆に「おばけ」に殺されてしまう。女の子には別の女の友達がいるが、その子は「おばけ」が恐くて家の中に隠れている。……結局女の子と男の子とは助かって、二人は結婚し、〝チュー〟をしたり、一緒に寝たりして、楽しく暮らすようになる。

花子はこの人形遊びの中で、次第に右手を使い始め（何故なら片手では人形を自由に操作できないので）、プレイ終了時にはほとんど左手と同じように使っているのが印象的であった（第六回）。

次の回もオルガン弾きと歌から遊びがはじまり、それが一段落すると人形遊びが開始された。

〈人形遊び〉　（治療者はいつもの人形セットの中に新しい赤ちゃん人形（女）を入れておいた。花子はその人形を指でつまみあげ、「この子だあれ。どうしてここに居るの?」と質問する。治療者が「さあ、どうしてだろう」と答えると、花子は窓外に見える樹立の方を見て「きっとあの木の上にいたんだね。でも、この子嫌い」と言って、その赤ちゃん人形を家（模型）の奥の部屋に放り入れてしまった。そして男人形2体をベットの上に寝かせ、その一方の人形といつもの女の子人形とを抱き合わせたり、女の子人形を男人形二体で挟みあわせにしたりしている。）家の屋上に「おばけ」が登上する。突然、花子は「この子を縛るの」と言い、治療者に紐を要求した。治療者が紐を捜して戻ると、花子はその紐で先ほどまでもてあそんでいた女の子人形をギリギリに縛り上げ、サルグツワまでしてしまったのである。そしてこの残酷な作業を終ると、縛られ声も出せないでいる哀れな姿で投げ出された女の子人形をじっと見ている。そして花子は別の女の子人形を持ち出すと、縛り上げられ自由を奪われた女の子人形を使って、持ち出したその女の子人形を足蹴にし、踏みつけ、力あまって自分の本当の足で何度も何度も踏みつけるという攻撃行動を始めたのである。治療者は呆気にとられてただ傍観するのみであった。短かな、しかし激しい攻撃の嵐が通りすぎた。治療者にとって、それは息の詰るような緊迫した時間だった。花子の攻撃行動がやや弱まった時、治療者は「縛られたお人形も可愛そうだね。でも、もう一人の子も可愛そうだね」と花子に語りかけた。すると花子は縛り上げられた女の子人形を床にポトリと捨て、捨てるやいなや治療者の胸元に飛び込んできたのである。肩車やおんぶが始まった。そしてその遊びが終ると、花子ははじめて積木に手を出し、「お姫様の住むお城」を造った（第七回）。

図 3-2　「私」（9.6 第八回）

一週間後、花子は幼稚園の帰りということで、妹は連れずに来談して来た。遊戯療法室に入ると、さっそくオルガン演奏と歌が始まった。「××先生（担任教師のこと）は（歌が）上手だよ」と担任教師を賞賛する。これまでに無いことである。治療者に『小公女』[4]を数頁読ませ、自分は熱心に聞き入っている。短時間の鉄砲による撃ち合いが終ると、花子は鋏みを使って紙を切り、約二〇枚程のハンカチを作った。「お店屋さんごっこ」をしようというのである。治療者は店の主人にさせられ、花子が客であった。

次に花子はクレヨンを使って絵を描き始めた。そして治療者にも描くことを要求する。花子は「お母さん」と「妹」と「私（花子）」を措く。「Tちゃん（妹）はブス、花ちゃん（自分）は綺麗」と言いながら描くのであるが、結局母親と妹の分は失敗し、自画像だけが完成する（図３-２）。次に人形セットに近づき、ちょっと手を触れるが、すぐ砂場に入り「お母さんごっこしよう」と言う。花子がお母さん役、治療者は子供の役をさせられる。この遊びの中で花子は「花ちゃん（自分）は幼稚園で泣くので、お母さんが一緒にいるの」とポツリと言った。その回は身体接触中心の遊びは始まらなかった（第八回）。

次の週、花子は遊戯療法の中で、大型つみ木を用いて「お姫様の住むお城」を造った。塔は無いものの、周囲を頑丈な壁に囲まれた立派なお城である。城が完成すると、花子はその中に入って坐った。花子自身がそのお城に住むお姫様なのであった。それから花子はお城を出、オルガンを弾き始めた。オルガンを弾きながら花子はさかんに幼稚園の話をし「こんど幼稚園で遠足に行く」「今日は幼稚園で泣かなかったよ」と嬉しそうに語るのであった。そして人形遊びが始まった。

〈人形遊び〉　家の屋上に「おばけ」が出現する。お姫様が（電気コードで）縛られている。お姫様は縛られたまま、男（男子人形）を蹴ったり踏んだりして攻撃する。しかし、お姫様を縛った縄が解けると、二人は仲良くなり結婚する（第九回）。

〔母親面接〕　幼稚園入園前後で花子が一番変わったところは内気になったことである。最近色々な事柄に対してしつこいくらいに質問してくる。例えば「どうして四月に（自分が）産まれたの？」「おつりって、何？」「どうして？……」という具合である。以前の家庭生活では、母親は本児に厳しく当り、妹に対しては甘かった。逆に父親は妹に厳しく本児に対して甘かった。例えば姉妹喧嘩の時など、母親は常に姉の花子を叱っていた。花子は母親のかわりに父親にひどく甘えていた。それで、時たま父親が妹を抱いていたりすると、花子はひどくふくれてしまい、部屋の隅に坐り込んで、父親と妹の様子を「じろー」と見つめているようなことがあった。最近になって姉妹喧嘩の時に母親が花子を叱ったら、うつむいてむくれ、すね始めた。「どうして花ちゃんはいつもそうなの」と母親が言うと、花子は「自分ばかり叱るから」と抗議めいたことを言う。そう言われて母親はハッとした。知らず知らずそうなっていた。以来、母親は姉妹の扱いは公平にしてゆこうと努めている。花子の言い分も時間をかけて聞くようにしている。花子の登園拒否は親として本当にショックだった。家族同志のおかしな関係が花子の登園拒否につながったのだと思う。深く反省させられる。いまはできるだけ花子の要求することや行動を許容するようにしている。現在、花子は近所の人も驚くほどべたべたと母親に甘えるようになったし、父親が妹を可愛がっても以前のようにムクレたりしなくなった。

　幼稚園へは自主的に行くようになったが、門を入ったとたんに態度が変わり、足をすくめてしまい動こうとしなくなる。母親にぴったりくっついて泣き出してしまう。先生が花子に近づくと余計母親にしがみついてしまう。そのため、母親は担任教師の許可のもとに、教室の窓の外にいることにした。そうすれば花子はどうにか教室に入ることができる。又、給食も少しづつ口にするようになった。時間と共に花子の態度が変わり、帰宅時になると、幼稚園の門の外から「××先生！」と担任教師の名前を叫んだりする。このころの母親は必要以上には花子の世話をやかないようにしている。第九回目の日の午前中、花子は幼稚園で泣かなかった（しかし花子はかなり緊張しており、他児とは遊べなかった）。

　以前、幼稚園へ行きたがらない花子に対して「針千本飲ます」といって威したり、ロープを見せて「幼稚園へ行かないと、これで縛って捨ててしまうよ！」と叱ったことがある。「そういった叱り方がいけなかったんですね」としみじみ反省する母親の姿が印象的であった。

第Ⅲ期のまとめと考察

第Ⅱ期（受容と身体化）を経て、花子はその「甘え」欲求の直接的表現様式としての身体接触を治療場面においてのみならず家庭においても充分できるようになる。この過程は花子の自我を強め修復してゆく上で不可避のものであったと思われる。花子は母親に伴われてではあったが、自発的に登園をし始め、その登園は安定したものになってゆく。そして、そのころ花子は偶然寝返りをうった父親の足が右腕にあたったことから、右腕の〝病気〟を訴えるようになるのである。これは医師の診察によって明らかなように、そして遊戯療法の中での治癒（！）から証明されるように、花子の右腕の骨格や筋組織に異常を来たすような出来事ではなく、まったく心理的なものであったと思われる。

花子のこころの中に何が起って来たのであろうか。それは以下のように考えられるであろう。つまり、これまでの心理療法を通じて花子の登園拒否症状は事実上消失した。しかしそのことを認めることは、いま花子が得て来ている「甘え」の享受を手離す結果になる可能性が多分にある。それはこの時点の花子にとっては、まだ耐えられる事ではなかった。つまり、花子は次の明確な苦しみを持っていなければならなかった。花子はまだ「病気」であらねばならなかった。ここに右腕の痛み（麻痺）という症状の転換（conversion; Freud, S., 1895）が出現したのである。しかしこの事態は、それだけ花子の自我状態の好転がもたらされて来ている指標でもあると解せられた。そして、かかる自我状態の好転があって花子のこころの奥底にしまわれていた恐怖体験の核が強い攻撃性と共に、人形の仮象の世界の中に爆発的に放出されていったのである。第七回・第九回の遊戯療法中に示された人形遊びの内容は、花子の恐怖体験の核というべきものをあらわにさせている。それは、縛られサルグツワをされた人形が別の人形を足蹴にし踏みつけるという、異様な様式で示されたのである。そして花子自身が足で人形を踏みつぶした。人形（それは花子の自己表象であったので）を縛り上げるという行為の意味するところを、治療者ははじめのうち理解することができなかった。しかし、それこそが花子自身のさらされかかったおぞましい恐怖体験そのものであることを、後に母親自身の話が裏書きしてくれたのである。

花子の体験世界の核というべきものが表出され、深く抑圧されていた攻撃性が爆発的に解放された後、花子は「お姫様の住むお城」を造り始める。第九回の時にその城は完成され、極めて象徴的に花子はその城の中に坐るのである。「城」は自己（Self）の象徴であり、花子はその中に坐り安定感を得ることができた。そこにわれわれは花子の自我状態の修復された姿を見ることができる。このことは人形遊びの中での自己表象（縛られた女子人形）と別の女性表象とが明確に分化して来たことからも推察することができる。しかし「おばけ」はまだ屋上に居つづけている。彼女自身が描く自己像はまだどこか暗く、いじけた縮こまったそれである（図3-2）。花子は一方でそのような自分を年齢相応の仕方でつかもうとする。家における母親への質問「どうして（自分は）四月に産まれたの?」は端的に彼女のかかる作業を示すものと解せよう。

この期、母親自身の内省も深まり、自分の家庭の特異な人間関係への洞察が得られてきた。それは花子に対する母親の養育態度に大きな変化をもたらし、家族全体の力動関係を変え、母親と花子、父親と花子というそれぞれの人間関係を本来のそれに近づけていっているようにみえる。この期における治療者は、かかる母親に対して、ただ支持とはげましの言葉を与えることに終始していた。

4　自我の成長と安定（第一〇・一一・一二・一三回）

花子は待合室で母親に『小公女』を読んでもらっていた。そこへ治療者が入って行ったわけであるが、花子は治療者をちらっと見ただけである。これまでの喜び一杯の表情と少し様子が異なる。そこで治療者は二人の傍に腰掛け、黙って母親と花子の語らいに耳を傾けることにした。

花子「（絵を指で示し）これ、誰なの?」
母親「××（主人公）のお母さんよ」
花子「どうして、いるの?」

母親「お母さんだから、傍にいるの」

花子「どうしてお母さんだから、傍にいるの？」……既に絵本の終末あたりである。

花子はこのところ、来所するたびに『小公女』を母親に読ませ、聞き入っている。花子は時々母親に上記のように質問するのであるが、その質問はほとんど絵本の中の人間関係、殊に親子関係についてである。待合室で治療者と母親との話が始まった。

〔**母親面接**〕　幼稚園へはあいかわらず母親と一緒に行っている。幼稚園での母子分離は比較的容易にできるようになったが、時々母親の許に戻って来る。今日は「当番さん」を勤めることができた（傍で話を聞いている花子が、うれしそうに当番としてやった〝拭き掃除〟を実演してくれる）。しかし、園児一同で行う運動会の練習や図画の時間などになると動けなくなる。傍で見ていても花子の緊張がありありと肌で感じられるほどだ。運動会でする遊戯など家では上手に演じられるのに。給食は比較的よく食べるようになった。が、パンをどうしても残してしまう。(5)

以上のような話を母親から聞いていると、花子は「こんな話、つまんない。遊びたい」と言い出した。治療者と花子は遊戯療法室にむかった。

廊下を行く時、花子が「おぶってあげる」と言うので、治療者は花子に負ぶわれる格好で遊戯療法室に入っていった。部屋には治療者があらかじめ人形遊びセットを床の上に用意しておいてあったが、花子は手を触れようとせず、オルガンの前に坐り、「名演奏家」のような手振り身振りで弾き始めた。この日の花子の遊びは多彩であった。砂遊び（カレー作り）、ボーリング、自由画、三輪車と移行し、三輪車は室内や廊下を自由関連に乗りまわした。ハンドルから両手を離し、足だけで三輪車をこぎまわす花子の姿は実にのびのびとしていた（第一〇回）。

次の回は妹同伴の来所であった。この日も花子はパンをかじりながら、母親に『小公女』を読んでもらっていた。遊戯療法室では、治療者が試みに「お人形さんで遊ぼうか」とさそっても人形セットには手も触れようとしない。オルガン遊び、自由画、身体接触を中心とした遊び、ママゴト遊びと展開してゆく。ママゴト遊びでは、治療者が「お兄さん」役、花子は「子供」役を演じた。一方で花子は赤ちゃんを入浴させたり、料理を作ったりもした。そのママゴト遊びの中で、花子は「お母さん、赤ちゃんできるよ」と発言したりもした。そして最後に花子は大きな砂山をこしらえた。自由画では、大きなお姫様（自分）と太陽の光を浴びて一杯に花をひろげた〝ひまわり〟を描き、そして申し分け程度に〝ブスの妹〟を小さく描き加えた。明るいのびのびした自由画であった（図3-3）（第一一回）。

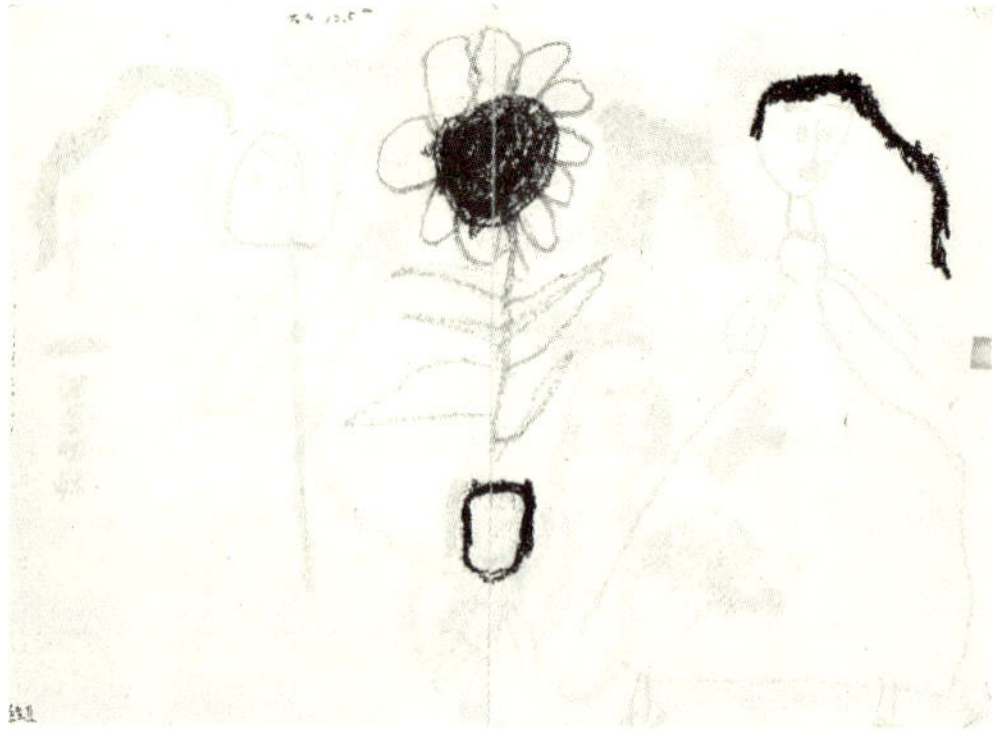

図3-3　**「お姫様」**（10.4 第十一回）

次の回も妹同伴による来所であった。既に花子が来談・通所治療を始めてから約三ヶ月が過ぎ、四ヶ月目に入った時分である。花子ははじめて相談所の建物から出て、庭に出て遊んだ。その庭は遊戯療法室の前にあり、窓から見えるのである。花子はジャングルジムやボール遊びを約二〇分間活発に楽しんだ。遊戯療法室では、治療者が人形遊びのセットを用意していても手を触れることなく、砂場に入って砂遊びを始めた。そして、治療者にも手伝わせて大きな砂山を築き上げ、かわりに出来た穴に入り、治療者にも入ることを要求した。一緒に入ると、ちょうどオフロで入浴しているような感じになる。そして最後に、花子は大型積み木を用いて「お姫様の住むお城」を造った。そしてオルガンを少し弾いてから遊戯療法室を退出した。（この回、一緒に来所した妹を何故か花子は絶対遊戯療法室に入れようとしなかった。しかし、プレイ終了まぎわに妹が入室して来てしまった。花子はその妹を仲間に入れようとはせず、妹に対する競争意識を露骨にあらわしたのである。)

〔**母親面接**〕　幼稚園での花子の態度はずいぶん変化して来ている。母親との分離時に泣くことは無くなり、母親の許に戻って来ることも少なくなった。運動会にも参加でき、集団遊戯こそできなかったものの、「ボール入れ」「徒競争」には喜んで参加できた。他の園児達からさそわれれば一緒に遊ぶようになった。家では母親と「赤ちゃんごっこ」をすることを好み、母親に甘える。母親はこの甘えを許容している。この「赤ちゃんごっこ」の時に、花子は妹に「姉さん」役をさせ、自分は「赤ちゃん」になりたがる。そのくせ、他の場面ではやっぱり「お姉さん」でいたいらしい。第一一回目の面接のとき、母親は「妹に比べ、花子には早くから姉の役割をさせすぎ、花子をつっぱねてしまったことが一つの原因ではあるまいか」と反省している。

幼稚園における花子の態度は日に日に変化していっている。登園を大変楽しみにするようになった。他の園児と一緒に行動するようになった。オヤツもよく食べる。緊張することもなくなってきた様子である。しかし、母親との分離がしにくいこともあり、母親の許へ戻って来る時もある。分離については、担任教師の意見で段階的に少しづつ行ってゆく方針であり、母親として自信もついてきた。(なおこの日、治療者は花子の担任教師と電話連絡をとってみた。担任教師から得た情報では、花子は入園時から緊張しており、既に二日目から外に飛び出す行動があったそうである。又、九月に入って花子の態度は著しく変化して来ているとのことでもあった。)

次の来所予定当日の朝、母親から電話があり「花子が来所をしぶっている。理由を聞いてみると、Oちゃん(花子の仲良しだった男友達)と遊ぶ約束をしてあるからと言っている。どうしたものか」という内容であった。治療者は「花子ちゃんの気持を尊重してあげて、今回は休みにしましょう。そのかわり次週には必ず一緒に来所して下さい」と母親に伝えた。治療者は治療終結の時が近づいて来たことを悟り、次回の花子の様子を見ての上で治療終結にする方針を立てた。

次の週に花子は妹同伴でニコニコしながら来所した。「今日はTちゃん（妹）も一緒に遊ぼう」と治療者が提案した。結局、花子は妹が同室することに対しては明確に拒否しなかったので、妹も同室することになった。

花子は遊戯療法室に入っても人形遊びセットには見向きもせず、オルガン遊びを始めた。オルガン遊びが一段落すると、自由画が始まり、「先生（治療者）と私」「運動会と私」などを多彩色でのびのびと描いた（図3-4、図3-5）。

図 3-4　「**先生と私**」（10.25 第十三回）

図 3-5　「**運動会**」（10.25 第十三回）

〔**母親面接**〕　幼稚園における母子分離時、花子は自分から「バイバイ」をして別れるようになった。集団遊戯はまだ皆と一緒に出来ないが、他のことは園児にまじって一生懸命やっている。朝とお別れの挨拶などが出来るようになった。近所の家へ遊びに行った時なども、オヤツもよく食べ、自由に遊びまわっている（以前は出されたオヤツも〝お母さんに叱られるから〟と言って、決して食べなかったそうである）。近所の人達も「花子ちゃん、この頃変ったね」と言ってくれる。近所の子供達（幼稚園の同級生）ともよく遊ぶようになり、今日もその子供と遊ぶことを理由に来所をしぶったほどである。家では、花子が思い切り甘えられるようにしている。入浴も母親と一緒にするようにした。近頃は父親と入浴するよりも、母親と入浴することを好むようになった。就寝は妹と花子が一緒に寝るようにしたが、花子は寝入る前に枕元で母親が本を読んでくれることを求める。母親はその求めに応じて本を読んであげる。花子は「昔話」が好きである。母親として、もう何も心配することが無くなった。この頃は幼稚園への母親の出迎えを出来るだけ遅くしてほしいと花子自身が母親にたのむほどである。「反省してみて、母親として思いあたることが多々あるが、これらの点でも家族全体が変わってきたと思う」と母親は語る。

第Ⅳ期のまとめと考察

この期は第Ⅲ期において修復された花子の本来の自我が、大きく成長し安定していった時期である。幼稚園への登園が続き、運動会にも参加できる。他の園児達との交流が可能になり、友情も復活する。既にこの年齢の子供と少しも変るところのない花子の姿である。

このような花子の変化・成長の姿は遊戯療法場面においてもつぶさに観察された。かってあれほど熱中した人形遊びに見向きもしなくなり、「お姫様の住むお城」や砂山を築きあげる。ジャングルジム等の戸外での遊びが加わり、オルガン遊びが主流となる。治療者との身体接触を媒介とした遊びも減り、ママゴト遊びでは、治療者の役割が「赤ちゃん」から「お兄さん」へ、花子自身の面を反映し花子の役割は「お母さん」から「子供」へと、本来の自然な姿へ転換してゆく。第一一回に描かれた絵は、この花子の自我状態の変化を象徴するかのように、太陽の光に向って大きく花を開いた「ひまわり」と、その傍にのびやかに立つ「お姫様（自分）」の絵であり、画面の色彩は極めて明るい。又、終結時に描いた「運動会と私」（図3-5）では、万国旗はためく秋空の下で、花子自身も小旗を両手にして、しっかりと大地の上に立っているのである。

花子が『小公女』の絵本に強くひかれていったことはまことに自然な過程であり、象徴的なことであった。花子自身は何も語らなかったが、花子が『小公女』の主人公に自らを同一視していたことは間違いない。そして『小公女』の主人公と同じように、花子は自分の力によって暗い不安の世界、愛と憎しみの渦巻く葛藤の世界から脱出して、年齢相応の幸福な生活の中へ歩み入ってゆくことができたのである。

4　考察

1　症状形成機制論上における「分離不安説」の検討

本症例は登園拒否が症状の前景に現れた四歳になる女児であるので、広く学校恐怖症（schoolphobia）の範疇に含めた視点から問題点の考察を進めてゆきたい。

学校恐怖症形成機制に関しては、周知のようにジョンソンほか（Johnson, A. M. et al. 1941）の「分離不安説」とレーベンタールほか（Leventhal, T. & Sills, M. 1964）の「自己万能感脅威説」の二つが対照的な学説として存在し、わが国におけるこの分野の研究者に多大な影響を与えて来ている。そこで、まずこの二つの学説の対立点を明確にしたい。

分離不安説がまず注目するのは、症児における急激な不安感情の存在である。それは学校場面における症児の極度の緊張、家へのひきこもり、登校刺激への極端に過敏な反応などを通して観察される。ジョンソンらはそれを母子間における強い依存関係から説明しようとした。すなわち、症児における〝強く抑圧されたうらみ（resentment）を伴った母親への依存[6]〟と母親自身の不安があり、相互に分離されることに対する不安（分離不安：separation anxiety）をかもし出す結果、症児は家から離れられなくなると説明するのである。

カナー（Kanner, L. 1957）はこの分離不安説を継承し、学校恐怖症を「その障害の根底に存在する真の本態というよりは、むしろその表面的な現れである症状の方ばかりを強調している。実際には、この障害は、ただ単に学校に行くのがこわ

いという以上の理由、すなわち、母親の許を離れることと結びついた不安に由来している」と説明し、
①拒否的で完全主義的な母親に対する執着。
②自分が学校に行っている間中、学齢期前の同胞が母親を完全に独占することへの抵抗。
③自分がいない間に恐しい出来事（両親の入院、離婚など）が家で起りはしないかとの恐れ。
という三つの特徴的状態像を挙げている。

分離不安説はこのような母子関係の歪みを強調するのであるが、タルボット（Talbot, M., 1957）はさらにこのような症児をめぐる家族全体の力動的関係を問題にし、
①家族布置（family constallation）のありかた。
②母親による家族の神経症的まき込み。
③父親による家族の神経症的まき込み。
④結婚生活への未成熟な適応。
⑤死に対する神経症的まき込まれ。
⑥母子間における神経症的まき込み関係。
という六つの角度から検討をくわえ、特に母子関係内部に存在する葛藤を、かかる〝まき込み（involvment）〟と症児における母親からの不充分なる離脱（emancipation）をこそ重視すべきであると主張している。

わが国では河合（一九七四、一九七六）が分離不安説を肯定しながらも治療論の視点から「学校恐怖症という症状を、クライエントの自我が、太母的な存在から独立してゆく、自立の動きとして、目的論的に把握すること」を指摘している。太母とは氏によれば「ウロボロス的な全体性（新生児の原初的な未分化性）のなかに、自我がその萌芽を現わすとき、世界は太母（グレートマザー）の姿をとつて顕現する。太母の像は……それは全てを生み出し、弱い自我を養い育てる面と、逆に、出現し始めた自我を呑みこみ、もとの混沌へと逆行せしめる恐ろしい母としての面との両面性をそな

えている」存在であり、「登校拒否症の子供たちは、このグレートマザーの呑みこむ力、肉の渦の中に足をとられている」と指摘している。タルボットも河合も学校恐怖症の中に、未解決の課題として存在する〝母親からの離脱過程〟を重視している点で共通している。

レーベンタールらによる自己万能感脅威説（Self-image theory）はこの分離不安説を批判するものとして提出されたものである。彼らは母子関係における歪みよりも、症児自身が内的に形成している、自己愛的・非現実的自己万能感の存在を指摘する。そして、このような自己像（self image）が脅やかされる場所（学校）から逃避し家に逃げ込むことによってかかる自己像を守ろうとする機制が登校拒否症の中核的機制になっているのだとするのである。彼らは分離不安説を一元的に学校恐怖症に適用すべきでないという批判の根拠として、学校恐怖症が低年齢段階に限らず広い年齢範囲にわたって出現していることや、学校恐怖症児における明確な分離不安はほとんど学校場面に限定されてしか観察されていないという自己の経験を挙げている。わが国においては高木（一九五九、一九七七）の「場面回避説」や鑪（一九六三）の自己概念と経験の不一致説などほ、ほぼレーベンタールの自己万能感脅威説に近い理論であるとみなすことができる。

このように、学校恐怖症に関する「分離不安説」と「自己万能感脅威説」は極めて対照的な視点を提出するものとなっており、どちらの立場をとるかによって学校恐怖症に対する治療的接近の方法もやや異なってくる。

平井（一九六六）の「自我未成熟説」はこれら二つの立場のほぼ中間に位置するものであろう。氏は学校要因（学習、友人関係、師弟関係）、成育歴（出生順位、乳幼児期での養育態度、両親の性格特徴）などの諸要因のからみあいを指摘、母親自身の潜在的不安からくる抱き込み（engulfment）・父親不在などによって形成される症児自身の「つらさを乗り越える気持の不足・自我の未成熟」を問題の中心と考えている。

学校恐怖症形成機制に関する学説は以上のように統合されていないのが現状である。そして近年では、単一理論による一元的説明を放棄して、症例個々について自由な立場でみてゆくことから再出発すべきだという意見もみられるようになった（氏原、一九七四）。しかし問題をもっと一般化して考えれば、鑪（一九六三）の学校恐怖症発達モデル[7]が示唆しているように、低学年・低年齢においての学校恐怖症には未分化な分離不安がめだち、高学年・高年齢になるほど自我確立（ego identity）の問題が治療上の核となって来るという事実は認めてよいことだと思われる。

生越（一九七七）は「学校恐怖症に関する一貫した統合的視点は、学校恐怖柾を「第一次的生活基盤としての家庭から離れ、社会環境に適応していく過程における門出（出立）の挫折」とみる視点に立つ時はじめてその姿をあらわしてくる。すなわち学校恐怖症の病理の裡には、大かれ少なかれ〈分離―個性化〉の過程における障害がかくされている」と指摘した。そして「症例の年齢が低いほどプリミティブな母親への依存感情と不安（分離不安）が症状の前景にでるであろうし、高年齢・高学年になるほど自我の問題とその混乱が前景にでてくる」とも述べた。

本症例は四歳という幼児期にあり、生育歴・現症歴から判断して、一応「分離不安」の存在を指摘できる。しかしそのことを指摘しただけでは、何ら本事例を理解したことにはならない。又、「分離不安」の本質的な意味の把握にもならない。そこで、得られた資料にもとづいて、さらに一歩進めた本症例の分析をおこなってゆきたい。

本症例の心理力動を臨床的に分析すると、以下の諸点が指摘できる。

①花子の内面には抑圧された依存欲求（甘え）が存在した。その抑圧の起源はおそらく二歳前後の時期までさかのぼることができる。この依存欲求の抑圧は症状形成（四歳）まで存続しており、おそらく症状（分離不安）形成において基本的役割を果たした。

②花子の依存欲求（甘え）の対象である母親はもっぱら次女の養育に専念し、花子の願望を拒否あるいは無視しつづけ、花子は早期から姉（長子）としての役割を強制的に取らされつづけていた。そのような花子にとって、母に甘えることのできる妹は、母を奪った存在であり、茨望、嫉妬、敵意を向けるべき存在であった。ここに同胞葛藤（Cain Complex）が形成された。

③役割遂行をしない花子に対し、母親は厳罰主義でのぞみ、花子の内部に根深い不安感情をうえつけた。花子にとっ

ての母親像(母なるもの)は同胞誕生を契機として、次第に否定的側面を強くしていった。不安は直接的恐怖体験によって強められ、「見捨てられる不安」という性質を強くしていった。

④花子は治療経過の中で「腹痛」「腕痛」などの心気症状を訴えているが、これは単なる合理化機制以上の、いわばヒステリーにおける転換症状といった様相を呈している。

二歳前後からの依存欲求（甘え）の抑圧はエディプス（Oedipus）期に入ってからのエディプス葛藤の病的高揚と挫折につながってゆくものである。これは花子の実生活上の父親への密着、同胞（妹）に対する羨望・嫉妬・敵意などに現れており、遊戯療法過程においてもさまざまな角度から観察されている。エディプス期における挫折は、心理・社会的発達（Erikson, E. H.）の視点から見れば、自発性対罪悪感（Initiative vs. Guilt）の発達課題の達成を困難にする。[8]花子の場合、それが幼稚園という社会生活への不適応という形となって顕在化したとみなすことができよう。

以上のように、本症例は二歳前後からつづく依存欲求（甘え）の抑圧がエディプス期に持ち込まれ、否定的母親像と直面する過程において症児の内面に「見捨てられる不安」を形成、正常な自我発達を遅らせることになった。そして、それが社会生活への適応（門出）という場面での分離不安と登園拒否という現象になっていったと解することができる。

2　本症例の遊戯療法にあらわれた象徴化の意味するもの

治療経過に明らかなように、本症例の遊戯療法には二つの構成要素が認められる。すなわち空想的傾向の強い遊びとそれ以外の遊びという二種類の構成要素から遊戯療法過程は成り立っている。さらに、空想的傾向の強い遊びは人形遊びとそれ以外の素材による遊びに分けて考えることができる。人形遊びとそれ以外の遊びとは、ちょうど図と地の関係のようになったものとして把握することができる。人形遊びは第Ⅰ期（「初めての出会い」）に2回、第Ⅱ期（「受容と身体化」）に一回、第Ⅲ期（「自我の修復と症状の転換」）に三回、都合六回ほど観察され、第Ⅳ期（「自我の成長と安定」）では人形遊びは姿を消し、他の遊びが中心となる。

表3-1　遊戯療法における表象の変化過程

〔第Ⅰ期〕 初めての出会い	1) 少年が女子にいじめられる——二人は仲良くなる——女子が魔女になる——女子と少年は「結婚」するが、次第に女子は少年を嫌うようになる——女子が「おばけ」によって病気にされる。女子は助力を得られず、独力で病気をなおし、家に戻る——女子と少年は再び仲良くなる（初回）。 2) 男の子と女の子（それは兄妹であり、治療者と症児でもある）が「結婚」し、平和に暮らす（第二回）。
〔第Ⅱ期〕 受容と具体化	3) 男（夫？）が入浴している。女（妻）が傍で赤ん坊の世話をしている——平和な家庭風景（第三回）。
〔第Ⅲ期〕 自我の修復と症状の転換	4) “母を失った少女”が「おばけ」の虜にされ「おばけの子」にされてしまう。助けに来てくれた男の子も「おばけ」に殺されてしまう——結局二人は助かって「結婚」する（第六回）。 5) 少女が二人の男（子）に愛されている。「おばけ」が出現する——少女は縛られ、サルグツワをはめられる。縛られた少女は別の女の子を足蹴にし、踏みつけ、激しく攻撃する（第七回）。 6)「おばけ」が出現する——少女（お姫様）が縛られる。縛られた少女（お姫様）が男の子を足蹴にし、踏みつけ、攻撃する。2人は結婚する（第八回）。
〔第Ⅳ期〕 自我の成長と安定	人形遊びはされなくなり、代って「お姫様の住むお城」が次第に大きく築かれるようになり、砂山も築かれるようになる。 自由画「ひまわりと私」（第十一回）、「先生と私」「運動会と私」（第十三回）が描かれる。

人形遊びの内容の要点を整理したものが表3-1である。

遊戯療法過程における人形遊びのもつ意義を本症例の場合に即して考察してゆくにあたって、まず注目しなければならないことは、人形遊びに登場する人物像の性格、ことに主人公の性格であろう。初回人形遊びにおいては、主人公は魔女であり、少年をいじめる存在であるとともに、おばけのために病気にされ、自力回復した後に少年と仲良くなる存在でもある。第二回目の人形遊びではほ、主人公は症児自身となり、少年は兄および後で治療者の役割が付与される。第三回目のそれでは男女二体の人形は夫と妻の間柄という役割が与えられる。第六回目の人形遊び（すなわち人形遊びとしては四度目のもの）において、主人公には「母を失った少女」という規定がなされる。次の人形遊びにおいては主人公は縛られた少女となり、他の女の子人形に激しい攻撃行動を加える。最後の人形遊び（第八回）においても主人公は縛られるが、お姫様という役づけがなされ、男子人形を攻撃し、攻撃の後に縄がとけると二人は結婚する。このように主人公および副主人公としその男子人形の役柄は回をおって微妙に変化するのであるが、そこに一貫する筋は〝おばけの虜になりひどいしうちを受け殺されそうになった少女（魔女から自分へ、そしてお姫様へと役柄が移ってゆく）が自力で助かり、一人の異性と再会し結婚する〟というものである。この筋が反復されて示されるわけであるが、主人公のさまざまの姿をかりて表現されていったものは、他ならぬ症児自身のおかれていた姿であり、症児の体験世界そのものであったことが回を追って明瞭になっている。初回人形遊びの主人公は魔女であるとともに自分であり、このような役柄の混淆は、治療経過の中でふれたように症児の不安の質の高さと精神的混乱の深さを如実に示したものと解することができる。症児の不安体験の核ともいうべきものが人形遊びに示された回（第七・八回）において、他の女の子人形には母親の、そして男の子人形には父親の否定的側面が投影されて示された。しかもそれらは「おばけ」とも関係が深いものであることが人形遊びのもつ全体的な雰囲気から想像することができる。このようにみてくると、人形遊びの後半ではじめてあらわにされた否定的母親像が初回人形遊びの主人公には混入されていたのであろうと想像せられて来る。すなわち「魔女」という役柄がそれである。

初回人形遊びの中には、その後反復して示される筋と主題のすべてが凝縮されて現れている点も見逃せないところである。本症例の人形遊びの中にはおおよそ三つの主題の出現を認めることができる。それは「おばけ（魔女）の主題」「死と再生の主題」そして「結婚の主題」である。以下、これらの主題それぞれについて、さらに一歩踏み込んだ検討をこころみてみよう。

A　おばけと魔女の主題

花子のイメージの世界で主人公の女性は魔女となり、屋根をかけのぼり空を飛んだ。四歳の女児の抱く魔女のイメージとはどのようなものであろうか。魔女はヨーロッパ世界における民間伝説上の人物である。しかし東洋の幼児・児童にとっても魔女は既に童話絵本やテレビを通じて馴み深いものとなっている。花子もそれらを通じて魔女というものに関して何らかの知識を有し、一定のイメージを形成していても不思議ではないし、彼女の遊び（ことに空想遊び）のあり方からそれは充分に想像できることである。

幼児を対象とした童話絵本にみられる魔女のイメージは、おおかたが黒い頭巾と外套をまとい、腰をまげて杖にすがって歩く醜い老婆の姿であり、人々に奸計を図り、呪術を使い、病気をはやらせたり不幸をもたらす存在である。しかし、かかる否定的な側面をとりのぞいて別の角度から見れば、魔女は人間の能力を超えた能力を持ち、四次元の世界に住むことができる超能力者でもあり、そこに幼児・児童のこころをとらえて離さない不思議な魅力を有した存在でもある。(9)すくなくともわれわれ日本人にとっての魔女は、その恐ろしい側面よりも超能力者の側面が強く印象づけられる存在である。花子の人形遊びの中の魔女も、その恐ろしい側面よりもむしろ空を飛ぶという超能力的側面が強調されたものであった。しかし、花子の人形遊びの主人公がまず魔女として姿を現わした点は注意深く考えてゆく必要がある。なぜなら、魔女というイメージは善悪両面をそなえた超能力者として、われわれのこころに普遍的・元型的イメージとして影響力をもって存在しているからである。ことに幼児のこころにおいてかかる側面は重視せざるを得ない。

河合（一九七六）は人間のこころの内部にはたらく対立原理として、母性原理と父性原理を挙げ、母性原理として「その肯定的な面においては、生み育てるものであり、否定的には、呑みこみ、しがみつきして、死に到らしめる面をもっている」ことを指摘し、さらにユング（Jung, C. G.）の母性の本質的側面に関する三点「慈しみ育てること」「狂宴的情動性」「暗黒の深さ」を引用しつつ説明を加えている。氏によって指摘されている「生み育てるもの（肯定的側面）」と「呑みこみ、しがみつきして、死に到らしめる面（否定的側面）」という母性原理の二側面は、既に述べた魔女の善悪二側面のありかたとくらべて、本質的に共通する部分がある。

フォーダム（Fordham, M., 1968）は五歳になる夜尿と発作的胃痛を主症状とする男児の夢分析を通して、「魔女は母の暗い『悪い』側面を適切な形で具体的にあらわしたものである。母は自分の厳格さを魔術的な変容の力の表現で補償しようとした」(訳書、七五頁）と述べ、症児の見た魔女の夢は「母が善い時あるいは悪い時の部分対象の時期に由来している」と分析している。このように魔女のイメージは母親の全体像のある暗い一面を反映しているのであり、その先には元型的な太母像さえうかびあがってみえるのである。

初回人形遊びにおいて、平和な生活に異変が起こるのは、魔女（女性）が化粧のために鏡にむかう時である。彼女は鏡の世界の中の自分を見て、そこに「怪獣」と「ウルトラセブン」を見る。怪獣は幼児・児童にとって恐ろしげな、あらあらしい、力に満ちた、そしてわれわれ人間に災いをもたらす存在である。一方ウルトラセブンはかかる怪獣に立ちむかう正義の力の象徴であり、人間救済の英雄である。これら二様の存在が自分をうつし出す鏡の世界に見えたということは、とりもなおさず、自己の仮象の世界に、症児は邪悪な力と正義（救済）の力のせめぎあいを見ていたことにならないであろうか。そして、その直後に「おばけ」が出現する。魔女は「おばけ」の虜にされ、砂を食べさせられ病気にされる。女子人形は魔女から、より自我像に近いイメージになり、「おばけ」という具体化された不安表象が現れる。砂を食べさせられ病気にさせられるという筋には、症児の幼稚園における拒食行動の裏側に秘められた症児の不安体験、もっと具体的に言えば、幼稚園における〝砂を食む〟ような日々の生活体験がイメージ化されていたと思われる。ここで人形遊びは次の主題に移行する。

B　死と再生の主題

死と再生の主題は大人の心理療法過程で、夢の象徴化の中に多く出現する主題であり、幼児・児童の遊戯療法中にも時に出現する主題である。筆者自身、幼児・児童の遊戯療法において幾度かこの主題に出会っている。特に人形遊びの中で多くみられる。この主題は「病気（死）」「永遠の眠り」によって砂の中に埋められた人形が息をふきかえしてふたたび蘇生するという、ほぼ定型的パタンをとる場合が多い。症児によっては、「夜（眠り）——朝（めざめ）」というパタンで多数回繰返されて行われる場合もある。

死と再生の主題は分析心理学において、治療機転に深くかかわった通過儀礼（Initiation）の元型的様式とされている(Jung, 1952, Henderson, J. L., 1967)。治癒し自己実現に向けて歩み出す症者(クライエント)の内部変容の過程において「不安からの脱出」「治癒への願望」「内的に生まれて来た統合的・建設的力」などの象徴として能動的〈死〉がイメージの中で体験せられ、再生（変容）が体験せられるのである。

イニシエーションとしての死と再生の主題はこのように内的な能動的・積極的動きを伴うものであり、幼児・児童の遊びの中に示される死と再生の主題に適用する場合には充分慎重な考慮がなされねばならないし、西村（一九七五）が指摘しているように、イニシエーションの概念を拡張して考えねばならないと思われる。本症例の場合、死は自ら望んでくぐりぬけるものではなく、圧倒的力をもった不安表象である「おばけ」によってもたらされる災禍であり、主人公(魔女、自分、お姫様などの症児の自我表象である）はその圧倒的な力の前にまったくなすすべを知らない受動的存在であり、変容は児童から大人への変容ではなく、後述する結婚の主題に明らかなように、幼児的願望に満ちたファンタジーの中での大人への変容であり、症児の内的体験世界においては、赤ん坊から児童への変容といってよいほどのものであるからである。ともあれ、死と再生の主題は、幼児・児童の心理療法過程に現れる場合には、そのあり方によって、症児の内的治癒力をおしはかる指標となり得るのではないかと筆者は考えている。本症例の場合、死からの再生は誰の力でもない、自分自身の力によって独力でなされている。症児の内的治癒力（健康にむかう潜在力）のたくましさが感じとれるのである。

C　結婚の主題

結婚の主題は本症例の人形遊びのほとんどに一貫してみられる。それも死と再生の主題のあとにつづいて物語の結末として示されている（例外は二回目と三回目の人形遊びである。そこではおばけという不安表象と死の象徴化はみられず、平和な結婚と家庭生活のみが物語られる）。このように繰返され示された結婚の主題は本症例の象徴化過程においてどのような意味を有しているのであろうか。

症児の人形遊びの幕開きは、必ずといってよいほど男女二人の愛しあう姿から始まる。そして「おばけ」が出現し、二人の間には憎しみが生まれ、離別し、女性（それは症児自身の姿であった）が死の体験、あるいはそれと同等の体験をし、再生（解放）され、そして二人は再会し、結婚して人形の世界の物語はその幕を閉じる。人形の世界の物語のエピローグは、このように、死の体験をあいだにはさんでの、愛と憎しみの葛藤の彼岸、不安の世界の彼岸において成就されるところの、愛と合体の世界として現れている。

ここでまず注目すべき点は、初回人形遊びに現れ、第Ⅰ期（「受容と身体化の時期」）まで三回の人形遊びに繰り返されて示された結婚の主題が極めて性的なイメージとしてあらわされている点である。それは精神分析でいう原光景（primal scene）ともいうべきものであった。原光景のもつ心理学的意味はいまだ明確なものとなっていない。本症例の場合、注目すべき点は、原光景が四歳の女児の遊戯療法の中で人形遊びという象徴化を通して現れた点である。分析心理学においては、原光景はそれほど重視されていないように思われるが、原光景の象徴化という治療上の意義について考える上で、フォーダム（1969）の指摘するところは示唆的である。

> ユングによれば、個性化によって生ずる対立物の結合は、抽象的な、元型的な、性的な、ほとんど際限のない表現なのである。子どもにとっては、原光景は、両親が、現実であれ、空想的であれ、たがいに他を極端に独占し、子どもを排除するような場面を意味するのである。子どもはこの場面に適応していくために、両親を攻撃したり、引き離そうとしたり、あるいは、遊びであれ、空想であれ、両親のいずれかまたはその両方の立場に、自分自身を押し込もうと試みるのである。（訳書、一五四頁）

フォーダムの指摘するところに従えば、つまり原光景は〝個性化によって生ずる対立物の結合〟という役割をになった元型的イメージということになろう。しかし、このような考えをそのまま本症例の人形遊びにみられる性的イメージにあてはめて解釈するのは危険であるようにも思われる。かかる性的イメージを生み出した症児の体験的背景に関する情報は得られていない。又、今日のわが国の幼児・児童はテレビ番組や映画広告などを通してかかる性的情景に出会う機会はいくらでもあるであろうし、もしそうであるならば、原光景の幼児・児童に関しての心理学的意味あいもそこから考えなおしてゆく必要があるからである。ここでは、かかる性的イメージ化が四歳の女児の遊戯療法で示されたという事実を指摘することに止めたい。

性的イメージは初回、二、三、五回それぞれの人形遊びで強く示され、四、六回の人形遊びでは示されなかった。つまり遊戯療法の前半で示され、後半になるに従って示されなくなっている。そして、このような性的イメージの現れ方の中に、本症例における結婚の主題のもつ意味を解く鍵があるように思われる。治療状況と実生活の中で症児の依存欲求（甘え）が充足され、甘えのより直接的表現である身体接触（body contact）が享受されるに従って、結婚の主題の中から性的イメージが消失し、より抽象的・精神的な内容にと結婚の主題が変化していっているようにみえるからである。

筆者は本症例の症状形成機制を論ずるにあたって、二歳前後から続いたとみられる依存欲求（甘え）の抑圧の存在を指摘した。依存欲求（甘え）の抑圧という視点から本症例におけるかかる象徴化を考察するなら、結婚の主題のもつ意味は一層よく理解されて来る。

土居（一九七二）は甘えの心理的起源を、乳児期における（胎児期の延長としての）「母子の渾然とした一体感」「母子未分化の状態での一体感」に求めている。甘えがそのような母子の一体感幻想に由来するものとすると、本症例の象徴化過程における結婚の主題は、とりもなおさず、症児の内面深く抑圧され、塞き止められていた依存欲求（甘え）の象徴化された表現であり解放であったということができる。[10]結婚の主題にこめられたものは愛と優しさに満ちた世界であった。症児が現実に体験していたものは、甘えることのできない、怒る、厳しく折檻する母との直面である。怒る母親の姿はすさまじくも恐ろしいものである。その姿の中には厳しい父親的機能をも見ることができるが、それ以上のものである。それは幼児・児童にとって地の反乱（地震）に比せられるほどのものであり、まさに芽ぶいたものを一挙におしつぶし呑みこむほどの圧倒的力として体験させられるのである。初回人形遊びにはおばけ（魔女）のイメージとして太母像に呑みこまれる不安の影が混入していたことは既に指摘した通りである。一方、依存欲求（甘え）の抑圧は「見捨てられる不安」を幼児・児童の内部に形成すると解せられる。この二側面をあわせ考えるとき、症児の遭遇していた分離不安の本質は「見捨てられ、呑みこまれる不安」であったという解釈が導き出されてくる。ここでいう「見捨てられる不安」と「呑みこまれる不安」とは、ある一つの不安体験を構成する二つの不安要素であり、一つの不安体験を構成する上で表裏の関係になっているものと筆者には考えられる。そしてかかる不安体験を、母子の共生的段階（Mahler, M. S., 1952）から次の発達段階に移行しつつある幼児、つまり自我形成の重要な段階にある三歳頃の幼児は多かれ少なかれ体験しなければならないのである。かかる段階にあるものは、母の否定的側面に直面しながらも、母子一体感の幻想をなお強く抱きながら、反抗しつつ、一方では限りなく母の「優しさ」を求めつづける存在である。人形遊びの中の愛の世界を通して本症例花子が体験しようとしたことは、このような意味で、母のもつ良き母（good mother）としての一面の同一化（identification）を通して「優しさ」を摂取し、内面化し、自らも優しい少女になろうとする動きではなかったろうか。そして、かかる同一化と内面化を通して愛－合体のファンタジーの世界にひたることこそが、症児を「見捨てられ、呑みこまれる不安」から解放し救済してくれる唯一の方途であったということができるように思われる。恐ろしい太母像が人形遊びの愛―合体の世界を体験するなかでやわらげられ、自我状態が修復されてゆき、人形遊びの終局的段階（五、六回）において、症児が遭遇した直接的恐怖体験（それは文字通りの見捨てられる不安の体験であった）が明瞭なイメージの中で、強い攻撃性を伴って一挙に表出され、症児の人形遊びもここに至って終息するのである。

3　治療的人間関係の推移と自我

結婚の主題には、治療者と症児との治療的人間関係が何らかの影響をおよぼしていたことが考えられる。すなわち、第二回目の人形遊びにおいて、主人公の愛する対象（Love object）として治療者が選ばれている。治療経過にみられるように、初回遊戯療法の前半においては、症児は治療者に対して防衛的態度を示したが、それは人形遊びの中で氷解し、回を重ねるに従って治療者に対する陽性感情転移が強まり、全治療経過を通して、陰性感情転移や抵抗的現象は起らなかった。治療者に対して、症児はさまざまな人物像を投影した。赤ん坊、兄、お婿さん（Love object）などである。かかる緊密な感情関係は、治療後半になるに従って、症児の自我の修復と共に、またもとの自然な関係へと変わっていったと思われる。

第Ⅳ期（「自我の成長と安定」）に入ると、人形遊びによる象徴化は影をひそめ、かわって「お姫様の住むお城」や「砂山」が築かれるようになる。「お姫様の住むお城」では塔の建設はみられず、かわりに厚い防壁が築かれた。エリクソン（Erikson, 1963）によれば、女児の空間表象は壁に囲まれた空間であり、取り入れ－保持様式（incorporative-retentive mode）が示されるという。[11] このような空間表象が示されたということは、「見捨てられ、呑みこまれる不安」という多分に前エディプス的危機を含んだ状況を乗り越え得た少女が到達したところの、健康な自我状態を思わせるものである。事実、第Ⅳ期に措かれた症児花子の自画像は、大きく、明るく、のびのびとしたものである（図3-3、図3-5）。そこには既に不安の影や自我の断片化は少しも認めることができない。むしろそこには安定し、成長しつつある女児の姿が生き生きと描き出されているのである。

4　症児をめぐる家族力動とその変遷

二歳前後から発症時期に至る本症例の家族内人間関係を図示すると図3-6のようなものが描ける。この家族には、花子から見れば、母親と妹との強い情緒的関係を中心として、母親－妹－父親の家族連鎖があって、花子はやや疎外された存在になっている。花子と父親との関係は本来の父－子関係とはいいがたいものであり、いわば愛情対象の代理としての役割を父親はになわされていたとみるべきであろう。花子にとって、父親との依存関係は〝にせの依存関係〟であり、母親への依存、母親による「甘え」欲求の充足こそ本来の願望であり、疎外された自己の状況を解消する唯一の道であったと推察される。図3‐6の家族関係の中で花子は「甘え」たくとも甘えられない存在であり、内心深くひがみを秘めたすねる子供であった[12]。しかし、かかる家族力動は通所治療開始以後、急速に変わってゆく。治療経過から得られた資料、特に終結期における母親の発言を基に構成した「変化した家族人間関係」を図にしたものが図3‐7である。ここには母親－妹－父親の連鎖は消失し、代理の母親（sub-stitutive mother）としての父親－花子関係も消失、自然な親子関係がとりもどされている。そしてこのような人間関係になる過程で、症児花子の母親に対する〝べたべたの甘え〟が生じている点も興味深い点である。症児花子は母親との赤ちゃんごっこを好んだという。彼女は健康な四歳児になる過程で、一度は赤ちゃん体験を繰返さねばならなかったのであろう。それは健康をとりもどす過程で必然的にもたらされた〝さらなる発達のための退行〟であったということができる。又、それを受け止めていった母親の適切な対処のし方があってはじめて、さらなる発達のための退行も可能になったということができる。さらにいえば、この退行過程と人形遊びにおける死と再生の主題とは密接な

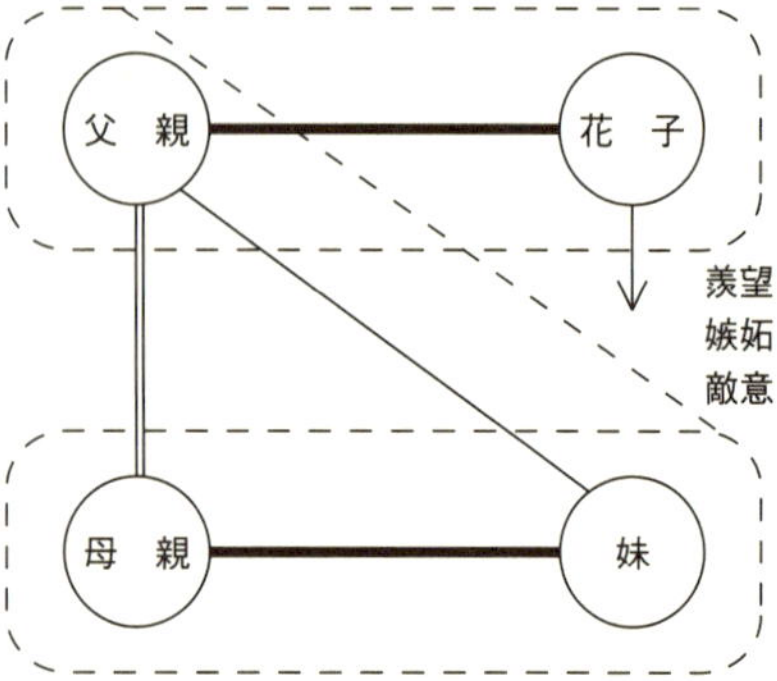

図 3‐6　花子の家族の人間関係
（症状発症時まで）

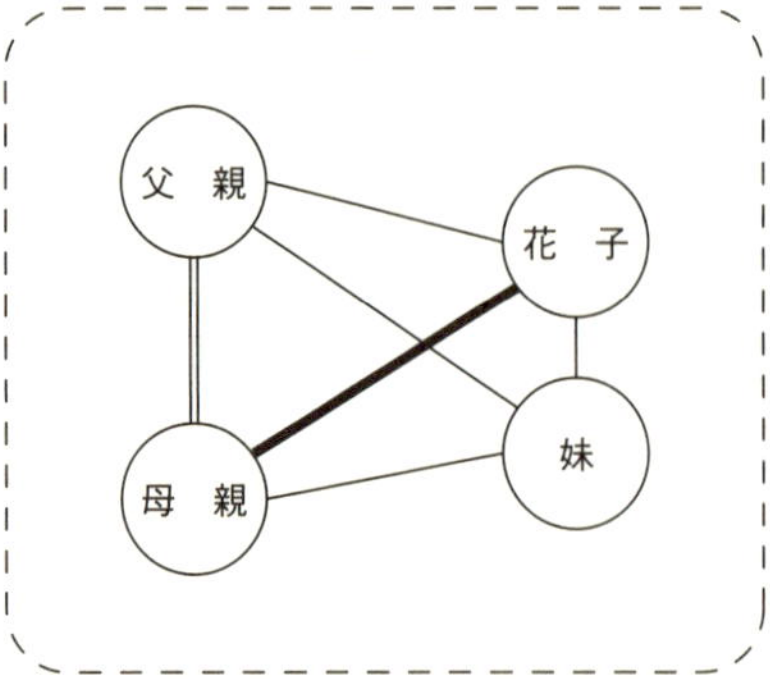

図 3‐7　終末期までに変化した
花子の家族の人間関係

S.47.7.19　母親記入
(治療第1回)

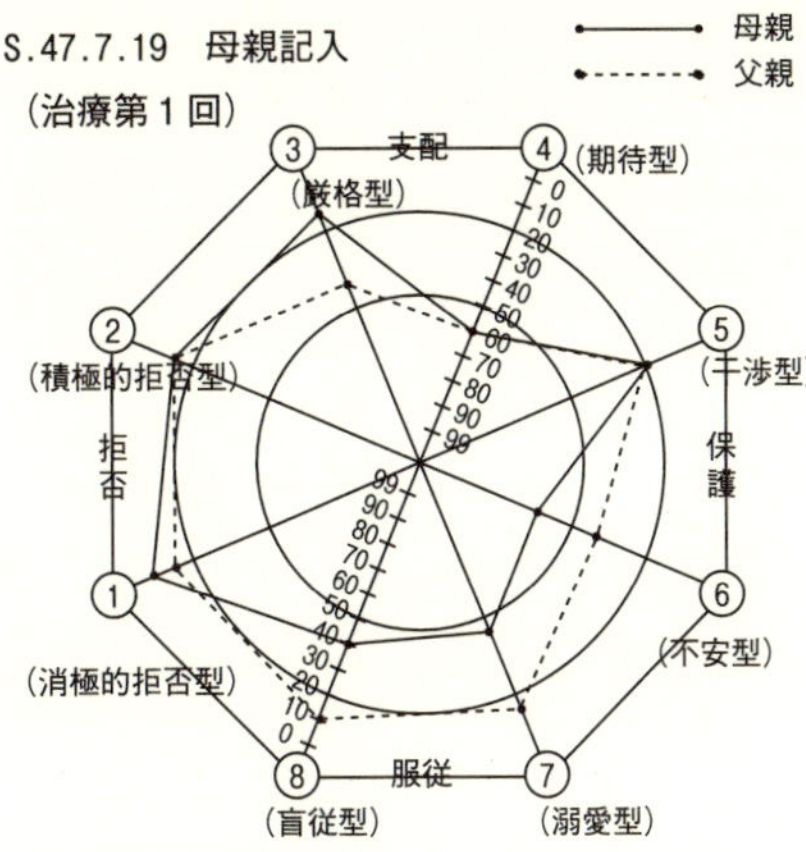

型	父	母
9.矛盾型	15	20
10.不一致型	5	10

図 3-8　治療開始時における親子関係診断検査ダイアグラム

S.47.10.11　母親記入

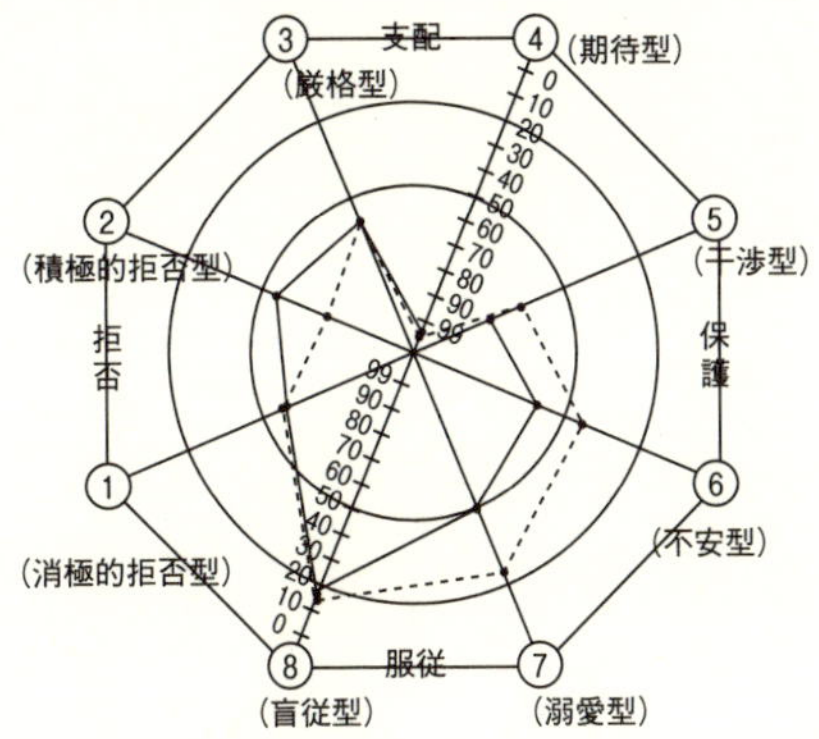

型	父	母
9.矛盾型	99	99
10.不一致型	35	35

図 3-9　治療終結時における親子関係診断検査ダイアグラム

関係にあったこともうなずけることであろう。症児の実生活上の退行現象はこのような意味から、生まれ変るために必要な退行であったということができる。

治療開始時と治療終結期に施行した親子関係診断調査(田研式)に以上述べた家族力動の変化がよくとらえられていると思うので、最後にその結果をかかげ考察してみようと思う(図3-8、図3-9)。

治療開始時における母親の花子に対する養育態度は、検査結果では、「拒否」「干渉」「厳格」が顕著になっており、父親のそれは「拒否」「盲従」「溺愛」「干渉」が顕著である。

一方治療終結期においては、両親の「拒否」「干渉」は弱まり、両親の「矛盾」「不一致」な養育態度もなくなり、やや「盲従」が高得点になっているものの、ほとんど理想型に近いものとなっている。この場合の「盲従」は花子に対する両親の受容的態度の現れとして肯定的に評価してゆくべきであろう。われわれ心理療法に従事する者にとって大切なことは、心理検査の結果に示される反応のあり方やこの場合の養育態度の型そのものを「客観的」に把握することばかりに興味関心を向けることにあるのではなく、それら客観テストに対する反応パタンやこの場合の養育態度の型の変化の裏側に流れている被験者のこころの変化、この場合には親の子供に対する感情的態度の変化（拒否から受容への変化）、家族的布置の変化の実体がいかなるものであり、いかなる方向に向っていっているのかを把握し洞察することにあるのであり、そのために客観テストを道具的に使用することにあると思われる。本症例の場合、客観的心理テストがわれわれに教えてくれることは、花子の内面への母親の理解の深まりと、家族全体の受容的方向への変化そのものなのである。

5　要約と結論

本稿において追究した課題は、四歳になる女児の登園拒否症状の治療過程、特にそこにみられた象徴化過程を分析し、その作業を通して、学校恐怖症形成機制のうちで特に低年齢段階にみられる「分離不安」の内包する心理学的問題（分離不安の底に流れる本質的力動的問題）の一端を解明してゆくことであった。そして、以下の諸点が明らかにされた。

1　本症例の場合、その症状形成機制の中心には依存欲求（甘え）の抑圧が存在していることが指摘された。その依存欲求（甘え）の抑圧はエディプス期に持ち込まれ、エディプス葛藤の病的高揚と挫折を生じさせ、母親の厳格な養育態度の影響のもとで〈見捨てられ、呑みこまれる不安〉を結実させた。この不安が「分離不安」の本質的側面となって、実生活上の「門出の病い」としての本症例における登園拒否症状につらなっていった。

2　本症例におけるかかる中核的問題は、遊戯療法中の人形遊びによる象徴化過程、特に「おばけ（魔女）の主題」「死と再生の主題」「結婚の主題」の中に明示されていった。そして、かかる象徴化を通して症児の自我状態は修復・改善され、ほぼ平行して改善されていった家族力動（母子関係）に助けられて、中核問題としての〈見捨てられ、呑みこまれる不安〉は解消してゆき、かわって症児の自我の成長（健康をとりもどした自己像）の姿が「お姫様の住むお城」「砂山」「自画像」などの表象化や象徴化の中に示されていった。

3　本症例の象徴化過程に認められるように、心理療法上（個性化過程上）出現する「原光景」は治療において効果的に作用するものであることが示唆された。幼児・児童による原光景の自発的再現は、治療者によって受容され、肯定的に解釈される必要がある。その場合、原光景の底に流れる依存欲求（甘え）の存在を治療者は的確に洞察しなければならない。

4　本症例を幼少期における学校恐怖症（schoolphobia）に一般化して適用すれば、幼少期における学校恐怖症には、この依存欲求（甘え）の抑圧に端を発する〈見捨てられ・呑み込まれる不安〉が存在するということになる。

5　したがって、幼少期における分離不安に基づく学校恐怖症を治療する場合、この分離不安の本質となっている〈見捨てられ、呑みこまれる不安〉が治療者によって洞察され、さらに、その底に流れる症児の依存欲求（甘え）の抑圧過程が洞察されていなければならない。治療上の重点はこの〈見捨てられ、呑みこまれる不安〉とその底に流れる依存欲求（甘え）の抑圧をとりのぞくことにまず向けられねばならないことが示唆された。

6　依存欲求（甘え）の抑圧過程と〈見捨てられ、呑みこまれる不安〉は、夜驚、夜尿、その他の神経症性習癖を含む児童期神経症の中に、大なり小なり存していると思われる。

註

（1）花子の幼稚園での所属学級の名前。

（2）治療担当者は一貫して筆者自身である。当然のことであるが、かかる診断と治療方針を立てるに際しては、症児の行動観察（初回遊戯療法）もあわせ考えた上のことである。本論文の構成の便宜上、初回遊戯療法は治療経過の部分に後まわしにしたのである。

（3）第二回目の来談を前にして、治療者は花子の為に新しい人形遊びのセットを用意しておいた。それは家模型（リカちゃんセットのハウス）ソファー、テーブル、テレビ、男子人形二体、女子人形二体、子供人形二体（男女それぞれ一体ずつ）からなるセットである。以後の人形遊びはこのセットを中心に行われることになる。

（4）バーネット著。母を死によって失くした少女が、意地悪な校長のいる寄宿学校での生活の中で、次第に幸福をつかんでゆく物語。相談所にはこの有名な児童文学の幼年用絵本版があった。

（5）残したパンだろうか、花子は相談所に来てパンをかじっていた。見ると、パンの耳は残して中味だけ少しづつかじっている。

（6）"Dependency relationship to their mother with intense repressed resentment". Johnson et al. 1941, p.705.

（7）鑪（一九六三）は学校恐怖症を四類型に分けている。第Ⅰ段階「単純な反応性の段階」（幼稚園から小学校低学年）、第Ⅰ段階「合理化・理由づけの段階」（主として小学校期）、第Ⅱ段階「強迫的不安の段階」（小学校中学年から中学校期）、第Ⅳ段階「高度の合理化・理由づけの段階」（中学校期以上に多くみられる）。

（8）Erikson（1963）はこの点に関して「あらゆるものに対する新しい希望と新たな責任の自覚……それこそ自発性の感覚であり、その広い一般的特質である」と述べている（訳書、三三七頁）。

（9）広辞苑によると、魔女はヨーロッパ中世以後の民間伝説に現れる女性的怪人であり、悪魔と性関係を結び、その力を借りて神秘の呪法を行うもの、とされている。しかし、かかる魔女の否定的イメージは中世キリスト教世界以後のものであり、魔女の歴史的起源はそれよりずっと古いものであることが歴史学者によって指摘されている。森島（一九七〇）は魔女の史的起源に関して次のように述べている。「〝魔女〟の歴史は人間の歴史とともに古く、すでに旧石器時代の洞窟の壁画にその姿を現わしており……（中略）……魔女の歴史を子細に辿れば、それは人類学や民俗学の長い別の物語となる」（一〇-一一頁）。そして氏は魔女は古代においては、その呪術によって病気をなおしたり、農作物を防護するなどの、人間にとって善となり益となる能力を備えた、いわば善悪両面を持った超能力者であった事実を指摘している。魔女における善と益の側面が切り捨てられ、その悪の側面のみが強調され始めたのはヨーロッパ中世以後である。ヨーロッパ中世以後近世まで続いた魔女裁判の歴史を通して、魔女のイメージは大きく変貌したわけである。そして童話の中の魔女のイメージが彫琢されてゆく。

（10）このような抑圧された依存欲求の代理的対象として父親がえらばれていたわけである。そして、かかる代理対象としての父親との関係は、かえってエディプス的衝動を強めていたかもしれない。症児の食物に対する好み（彼女は大人が好むような類の食物を好んだ）や〝およめさん〟に対する強い憧れなどに大人の世界への過剰同一化（over identification）の存在がうかがわれる。又、このような側面が人形遊びにも認められる。

(11) Erikson (1963) では、この女児における空間表象に対応する男児の空間表象として、高い塔やロケットなどの、男根－浸入的様式（phallic-intrusive mode）が示されている。

(12) 土居（一九六五、一九七一）の「甘え」理論においては、神経症においては「甘えたくても甘えられない」葛藤の存することが指摘されている。又、「ひがむ」「ひねくれる」「すねる」「うらむ」などの心理状態はいずれも「甘え」の葛藤の現れであり、「甘え」の心理の病態化したものであるとされる。

参考文献

Bettelheim, B. 1967 *The empty Fortress-Infantile Autism and the Birth of the Self.* （黒丸正四郎他訳 一九七三『自閉症・うつろな砦』みすず書房）。

土居健郎 一九六五『精神分析と精神病理』医学書院。

土居健郎 一九七一『「甘え」の構造』弘文堂。

Erikson, E. H. 1963 *Childhood and Society* (2nd ed.). Norton, New York. （仁科弥生訳 一九七七『幼児期と社会（1）』みすず書房）。

Fordham, M. 1968 *Children as Individuals.* Hodder and Stoughton Limited. （浪花 博・岡田康伸訳 一九七六『子どもの成長とイメージ』誠信書房）。

Henderson, J. L. 1967 *Thresholds of Initiation.* Wesleya Unniversity Press. （河合隼雄・浪花 博訳 一九七四『夢と神話の世界』新泉社）。

平井信義 一九六六「School phobia あるいは登校拒否の諸類型と原因的考察ならびに治療について」『臨床心理学の進歩』日本臨床心理学会編、八〇-九〇頁。

Johson, A. M. et. al. 1941 School phobia. *Amer. J. Orthopsychiat.* **11**, 702-711.

Jung, C. G. 1964 *Man and his Symbols.* Aldus Books. （河合隼雄監訳 一九七五『人間と象徴』河出書房新社）。

Kanner, L. 1957 *Child Psychiatry.* C. Thomas, Illinois. （黒丸正四郎・牧田清志訳 一九七四『カナー児童精神医学（第二版）』

医学書院。
河合隼雄　一九七四　「夢分析による学校恐怖症高校生の治療例」『臨床心理事例研究1（京都大学教育学部心理教育相談室紀要）』三-一二頁。
河合隼雄　一九七六　『母性社会日本の病理』中央公論社。
Leventhal, T. & Sills, M.　1964　Self-image in school phobia. *Amer. J. Orthopsychiat.*, **34**, 685-695.
Mahler, M. S.　1952　On child psychosis and Schizophrenia-Autistic and Symbiotic infantile psychoses. *Psychoanalytic study of the child*, **7**, 286-305.
森島恒雄　一九七〇　『魔女狩り』岩波書店。
村山正治　一九七二「登校拒否児」『講座情緒障害児（内山喜久雄監修）第四巻』黎明書房。
西村洲衛男　一九七五　「森谷・桐畑論文に対するコメント」『臨床心理事例研究2（京都大学教育学部心理教育相談室紀要）』一一六-一一九頁。
小此木啓吾他　一九六三　「思春期精神発達における identifications conflict, negative identity, identity resistance――いわゆる登校拒否児童の自我発達をめぐって」『精神分析研究』一〇号、一五-二四頁。
生越達美　一九七五　「青年期の精神健康に関する一考察（2）――登校拒否・非行傾向を示した一高校生の治療過程の分析」『日本教育心理学会第一七回総会発表論文集』。
生越達美　一九七七　「一学校恐怖症生徒の心理療法過程」『日本教育心理学会第一九回総会発表論文集』。
高木隆郎　一九七七　「登校拒否の心理と病理」『季刊精神療法』**3**（3）、二-一九頁、金剛出版。
Talbot, M.　1957　School phobia――Workshop, 1955. Panic in school phobia. *Amer. J. Orthopsychiat.* **27**, 286-295.
鑪　幹八郎　一九六三　「学校恐怖症の研究（Ⅰ）――症状形成に関する分析的考察」『児童精神医学とその近接領域』四号、二二一-二三五頁。
鑪　幹八郎　一九六四　「学校恐怖症の研究（Ⅱ）――心理治療の結果の分析」『児童精神医学とその近接領域』五号、七九-八九頁。
氏原　寛　一九七四　「登校拒否女子中学生（二年）のケースについて」『日本教育心理学会第一六回総会発表論文集』五九八-五九九頁。

第4章　人形と砂によって作られたこころの世界

——強迫症状と不登校傾向を示した一少女の遊戯療法をとおして——

この事例は「第三回心理臨床家の集い」、いわゆる一九八一年の琵琶湖大会の折に発表、また、一九八三年に筆者がチューリッヒのユング研究所に留学のおりに、いまは亡きドラ・M・カルフ女史の主催するセミナーにおいて、"A world made up of Doll and Sand; A case of Japanese Girl with acute Schoolphobia"と題して発表、ともに好評を博したもので、その折の発表資料を基に新たに書きおろしたものである。出会いからすでに三〇年以上たっているが、文字にする意義は十分あると思えるのでここに載せることとした。

1　はじめに

幼児や児童との遊戯療法は言葉による相互関係（インターラクション）よりも、むしろクライアントである幼児・児童が遊びの中で繰り広げる空想遊び（ファンタジーやイメージ）をカウンセラー（以下Thと略す）が——共感や受容をとおして——共にしてゆくことによって効果的に（つまり援助的・治癒的に）展開してゆく。

幼児・児童の遊戯療法に関し、いまではさまざまな学派のさまざまな理論が構築されつつあるが、そこでもっとも重要なことは、Thがよき心理理解者（significant person）として共にそこに存在し、遊戯療法室の中でクライアントである幼児児童たちが高い自発性とともに「遊べる」こと、にある。Thがこのような基本的態度を維持しつつ、感受性に富んだ参加観察者（participant observer）としてそこにあるならば、子ども達は、遊戯療法の場において、一層自由に・自発的にふるまうことができるのである。

いわゆる情緒障害児のセラピストとして、われわれはしばしば興味深い場面に遭遇する。例えば遊戯療法室のコーナーを特別の場所に見立てて使い、それがクライアントのこころにとって意味深い重要ななにかと深いつながりをもっていることがわかったりする。

本事例の遊戯療法の過程においてもそのような現象の典型的な例をみることができるであろう。事例の眠りの家七喜子（仮名）は三層からなる空間次元の中に空想の世界を繰り広げていったのであるが、その空想遊びの内容とともに、それらが心の層の次元（意識レベルから無意識レベルへ）に対応していると考えられ、強く印象づけられるものであった。

2　登校拒否女児の人形と砂の世界――象徴化過程にみられる多層性――

児童の遊戯療法において時として経験されることであるが、治療の場としての遊戯療法室が、空間的にみて、いくつかの意味深い領域に分化しつつ使用されてゆくことがある。本症例では、遊戯療法の中心的流れとなった象徴化の過程の中に、あたかもこころの層構造に対応するかのような、多層性をおびたイメージ空間が表現されていったと治療者は考える。

事例　眠りの家七喜子(1)　来所時年齢七歳　小学一年女児

主訴　学校へ行きたがらない。

現症歴　眠りの家七喜子は二人姉妹の長女である。小学校入学は本人も期待していた。当初は喜んで登校していたが、まず国語でつまずいた。家の方針で、書字は教えていなかったが、ほとんどの生徒がひらがなの書字ができ、先生もそれを前提として授業をしていたが、七喜子はできないのである。「どうしたらいいの？　字が書けないけどどうするの？」と心配したり、夜中に突然起き上って「『そ』の字が書けないけど、これでいいの？」と寝ぼけたりするようになった。七喜子は学校に関することは極度に几帳面で、宿題など出されると、緊張のあまり書ける字も書けなくなってしまうことがある。五月初旬ごろから「学校は嫌い。幼稚園へ行きたい」というようになった。朝の目覚めはもともと悪い方だが、登校の朝はとてもぐずるようになった。夜は元気だが、翌朝になると涙がポロポロでてくる。「自分でとめようと思ってもとまらないの」と七喜子はいう。それでも学校へはどうしても行かねばと思うらしく、時間がせまってくるとどうにか身仕度する。「おなかが痛い」「身体がかゆい」「耳が痛い」「鼻が痛い」などいろいろと身体の不調を訴える。しかし登校してしまえば普通の状態に戻るらしく、五月下旬に祖母が学校を訪れて担任に話したところ「学校ではそんなところはみられませんでした」と担任は驚いていた。

性格特徴・性癖　養育者からみると甘ったれである。真正直で融通のきかないところがある。どちらかというと陰気で内気である。人の好き嫌いが激しい。勝ち気である一方、強い子がにがてである。親等の禁止は守らない時があるが、担任教師の禁止した事は絶対厳守する。寝入る前の指しゃぶり、布団の感触を楽しみながら寝る癖、乳児期以来つづいている身体に力をいれて身体を硬直させる行為などが時々みられる。慢性化したアトピー性皮膚炎が認められる。

家族構成

祖母：五九歳。若くして夫に先立たれる。勝ち気な人である。

父親：三四歳、教師。症児が乳幼児の頃は極力症児の相手をしていた。症児発症のころから帰宅の遅い日が多い。

母親：三四歳、教師。何事にも全力を尽くす性で、高校時代にはクラブも勉強も頑張りつづけ、「一日が二四時間では足りない」と悩み始め、ノイローゼ状態になって精神科を受診したことがある。今は教師の仕事に全力を傾けている状態。子ども達の養育はほとんど祖母にまかせた状態である。

妹：三歳。幼稚園通園中で、明るい普通の女児といった印象を受ける。母親の言によると、この次女は症児七喜子と

図 4-1　幼稚園で描く（お母さん）

は対照的といってよいほど順調に育っているという。

生育歴　妊娠初期には切迫流産の症状が出、出産時には早期破水が生じた。家族は本児誕生後しばらく祖母の家に同居し、母親は三ヶ月の産休の後に勤務に復帰する。約六ヶ月間は当時同居中の独身の叔母（母の実妹）が主として症児の養育をうけもつ。八ヶ月以後約二年の間は母親の知人の家に昼間あずけられる。そこでは初老の女性から〝眼に入れても痛くないほど〟可愛がられた。妹誕生後母親は一年間ほど産休をとり、そのころから症児は近所の幼児教室に往う。母親の産休明けごろから祖母が同居。祖母が子ども達の養育の中心となる。症児は五歳で幼健園に入園する。

1　治療の経過

初回

祖母、症児、妹、母の四人が来所。祖母を先頭に、子ども達が連れ立って、母親は少し遅れて来る。祖母は年齢より若々しい人で、筆者は一瞬子ども達の母親と見まちがいそうになったほどである。頭が低く世馴れた物腰で、外見はたいへん優しい人物という印象を受ける。母親には祖母のような物腰は見られず、外見したところ祖母とは似ていない。やゝ太めの中背の女性で、教師らしい地味な服装をしている。症児七喜子は外貌、骨格は母親とよく似ている。症児は顔色や肌に色つやがなく、荒れ気味。眼つきがやや暗い。腕や足のあちこちに炎症の跡がみられる。症児は横をむいたまま話す癖があるようで、治療者と視線が合いにくい。話す時も顔を横にむけたままだったり、こちらを見ないのである。妹は健康そうな血色の良い女児である。

この時点までに治療者が考えていたことは次のような点である。つまり、七喜子の症状はこれまでに得られたデータから推察して、低年令児にみられる登校拒否症の初期症状とみなされること、直接の結実因子は学校生活での不適応といえようが、準備因子としては①主たる養育者が誕生以後たびたび変っていて、今では祖母が前面に出て母親は背景にしりぞいた形となっている、そういった家族力動に問題がありそうだ。②症児の性格特徴に完全癖的傾向と、それから来る過緊張が認められている。さらにそのことを考える場合、母親自身の性格（完全主義）も何らかの影響をしていると考えられる。などの二点を挙げることができる。治療方針としては、母親がなかなか動きそうもないし、現時点で主たる養育者となっている祖母を通じて家族へはたらきかけつつ症児の遊戯療法を進めてゆく、そういった平行治療方式を採用しよう、などの諸点であった。このような治療方針が一番自然であると思われた。

さて遊戯療法室へさそうと、妹もついて来てしまい、七喜子もその方がいいというので二人の入室をゆるした。七喜子は部屋の遊具類に興味をもち、治療者に色々と質問してくる。自分では決して遊具にさわらない。頃合をみて箱庭に誘ってみると、妹はすぐそれで遊び始め、七喜子もつられて遊び始める。[2] 妹が黒砂（箱）を使い、七喜子は白砂（箱）を使ってゆく。

〔二重の門〕　広い庭のある家。庭には主人公らしい少女と母親。それに他の娘などがいる。少女は眠いらしく、ベッドに横になっている。庭と外部の境界とが二重の門でしきられているところが印象的である。少女が起きると、入れ替ってお父さんがベッドに横になる。しばらくしてお父さんは起き、皆でドライブにでかける。箱庭が終ると七喜子は鉄棒ポパイを手に取って遊び始める。この鉄棒ポパイを七喜子は気に入ったらしい。

（「七喜子はおばあちゃんにそっくりの子です。私もちいさな頃、似たようなことがありました。この子は親の言うことはよくきくし、反抗したことがありません」と母親は話す。プレイルームを出たあと治療者が「この次も来る？」と訊ねると七喜子はうなずく。そこで「男の先生と女の先生とどちらが良い？」と重ねてきくと、七喜子は黙ったまま恥ずかしそうに治療者の方を指さした。この七喜子を見て筆者は七喜子担当を決意する。実に四～五年ぶりの児童担当である。うまくいくかなという疑念も頭を少しかすめる。）

二回

今回から妹は祖母と一諸に居てもらうことにする。

〔**怪獣と蛇**〕　鉄棒ポパイで少し遊んだあと、人形類を使う遊びに移行。黒砂に山が築かれ始めるが未完成に終り、白砂の方にガソリンスタンド、テーブル、お父さん、お母さん、そして子ども達が置かれる。人に向い合うように二台の戦車。七喜子はそこで砂箱を離れ、床の上の籠に近づき、蛇をとり出すと床の上で蛇同志を戦わせ始める。蛇同志の戦いのなかに蛇を呑み込む怪獣が現れる。怪獣と蛇の戦い。「恐い恐い」と言いながら遊ぶのであるが七喜子の表情は動かず、声も抑揚がなく単調である。視線はほとんど合わない。箱庭に続くテーブルの上に移り人形遊びを始める。八人分のベッドが用意され、六人の子ども達が寝ている。庭には樹。庭と外部との境界には二重の門と塀。お母さん人形の衣服を脱がし、自分のハンカチを出して衣服のようにお母さん人形に巻きつける。お母さんは腕にしっかりと赤ちゃんを抱いている。衣服に使ったハンカチをプレイルームに残しておくという七喜子。

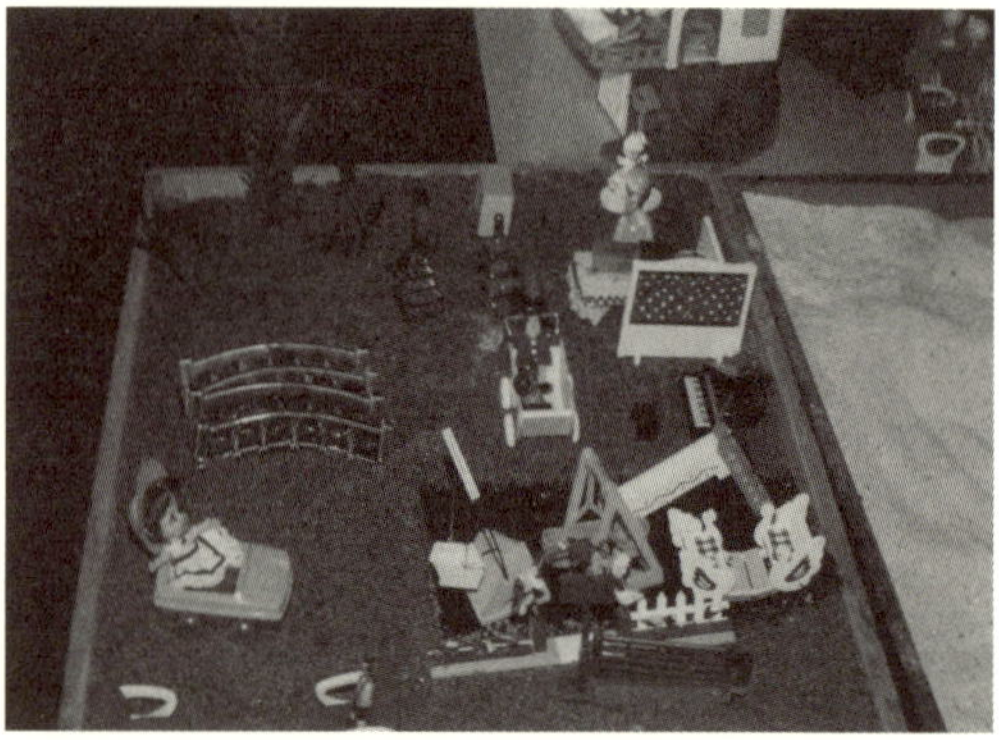

図 4-2　二重の門〔第1回〕

（遊戯療法が軌道に乗り始めたと治療者は感じる。二重の門と塀は七喜子の防衛のあり方や不安の強さを示していると治療者は考える。それにしても呑み込む蛇や怪獣達が今回突然示されたことに治療者は少し驚かされた。自分のハンカチをお母さん人形の衣服に用い、そのお母さんの腕に赤ちゃんを抱かせた点も印象に残った。）

三回

〔オッパイ怪獣の登場〕　人形遊びと箱庭が中心の遊び。人形の家。庭には芝生。裏に自動車。門は一重になる。ハンカチ服のお母さん。赤ちゃんと子ども達。砂箱には池がつくられ、他の四方に塔が立てられる。池の中などに小動物（鳥、蛙、魚）、そして蛇がいる。右上隅に鳥居。鳥居のそばに二組の母子。そこで七喜子は床の遊びに移る。小さな蛇が怪獣に呑み込まれる。二匹の蛇が怪獣に立ちむかい噛みつく。そこに黒い怪獣（恐竜）が現れるが、七喜子は「オッパイがついている！」と言う。怪獣同志の戦いになるが、大きな鮫が蛇や怪獣をみな呑み込んでしまい、最後に生き残る。

床の遊びはそこで終り、七喜子はまた砂箱に戻り、同じ種類の動物を二、三匹ひと組みにして、時計まわりに並べてゆく。中央に池。池の中には小動物。動物園だという。池のあたりに見物に来た人達。七喜子は動物達の上に白砂を雪のように降らせる。それが一段落すると、七喜子は黒板に向って何やら描き始める。七喜子「白い毛、白い眼、だれのこと?」「さあ」「おじさん（治療者）よ」。いつもは大人びたませた口調の七喜子であるが、プレイ終了時ではかなり幼児的な発音をするようになる。

（夏休みに入って、七喜子は元気になった。ラジオ体操も自分から出てゆくようになった。七喜子は同年令の子はにがてで、年下の子とならよく交流している。家では大人が多いので大人からの口出しが多い。）

治療の方も夏休みに入る。

図4-3　門は一重になる〔第3回〕

四回

あいかわらず顔色のすぐれない七喜子である。

〔怪獣の侵入。救助者も現れる〕　遊具棚をひとあたり眺め、鉄棒ポパイで遊んだあと、夏休み前まで使った人形類を確認整理するかのように床上に並べる。新しいものとしてウルトラマンなどが混っている。治療者に命じて籠から蛇や怪獣を取りださせ、蛇を呑み込む怪獣を再演する。「こうやって呑んじゃうの。蛇や怪獣恐いね恐いね」といいながら七喜子はそれらを籠に戻す。そして遊戯療法室を点検するかのように眺めつつ、夏休み前と違っている箇所を一つ一つかなり正確に指摘する。そして人形遊びと箱庭を開始。広い庭のある家。庭の先に海（砂箱）がある。家の奥には五人の少女達と双子の赤ちゃんが寝ている。庭には食器と燭台の置かれたテーブル。庭の奥には森。遊びつつこんなやりとりが七喜子と治療者の間で交わされてゆく。

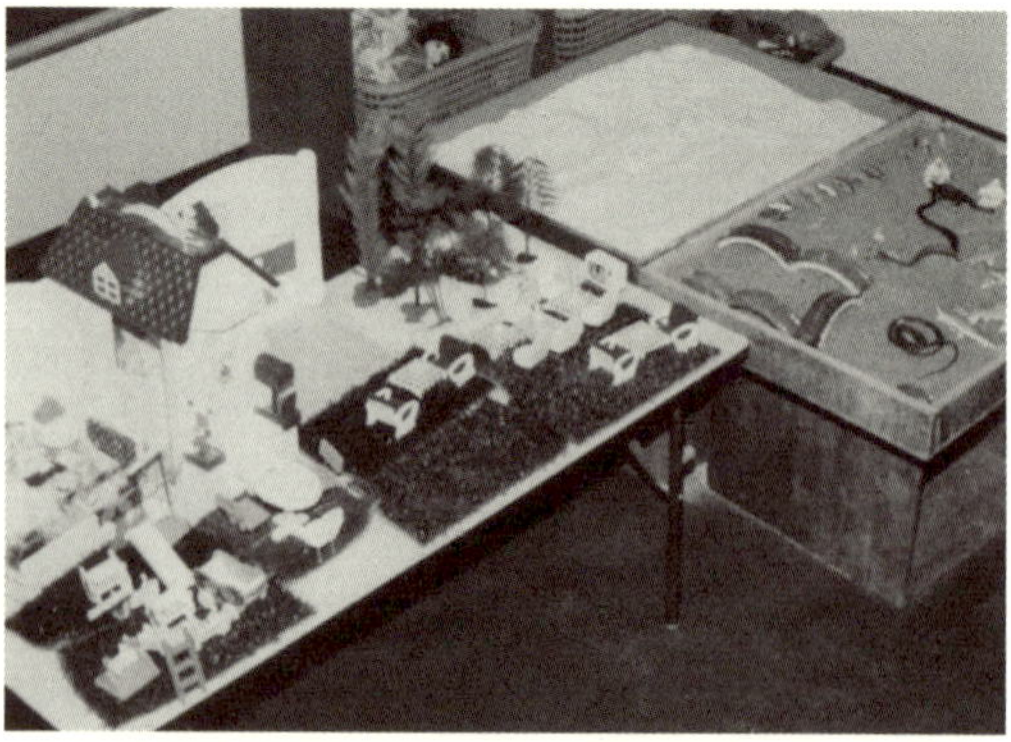

図4-4　ハワイの海　怪獣といい人（助ける人）との戦い〔第4回〕

「ここハワイなの。ハワイは恐い所よ。水飲まされるけど毒が入ってるの。私ハワイに行きたくない。ハワイは恐い所だって、お母さんいってたよ」

「七喜子ちゃんしか知らないの？　皆にいってあげたら？」

「私、行きたくない」

「七喜子ちゃん、行きたくないのに行かされそうなの」

「（アラビア人二体を手に取る）ここハワイなの。みんな寝ているの。ハワイの樹、ハワイの樹。いい動物（ウサギ達）がいるの。子ども達は寝ている。お母さんは生まれた時死んじゃったの」

「ふうん。お母さんいないの。……赤ん坊の名前は？」

「ピッピとナイスケ」（ふうん、と治療者）「今ね、この人、良い人（アラビア人）水に毒が入ってることを知らせて助けてくれるの」

「魔法使い？」

「魔法使いじゃなくて、良い人」

良い人は海岸の波打ち際にやや深く置かれる。小動物のそばに悪い怪獣（鮫と大蛇）が置かれ、小さな蛇やトカゲも置かれる。それらの小さい蛇類は良い優しい蛇なのだそうだ。悪い怪獣と大蛇は小動物を呑み込んでしまう。しかし良い蛇達が大蛇の尾に噛みつき、良い人のそばまで引っぱってくる。海と陸の間には橋とボートが防波堤のようにならんでいる。終了時間が来ても七喜子はプレイを止めず、治療者にウルトラセブンの男女を捜させ、それらを子ども達の枕もとに立たせる。「強いお父さんとお母さんが守ってるの」と七喜子。彼女は「まだ続きがある」と言うが、治療者は「助ける人も来てくれたし、強いお父さんやお母さんも守ってくれてるし、よかったね。二人で覚えておこうね」といって、二人ならんで箱庭をじっと見入る。こんどはすなおにプレイルームを出る。

〔「九月中は例の調子がつづくと思ってましたが、九月一日から元気に登校してます。ありがとうございました」と語る祖母。夏休み中は母親も色々と七喜子の相手をした由。自転車を教えたり、水泳に往ったり。特に七喜子は水泳にはげみ、一級が取れたという。同じ棟に同級生の女の子が引越して来たので友達になったらしい。この日、祖母担当者から、祖母が

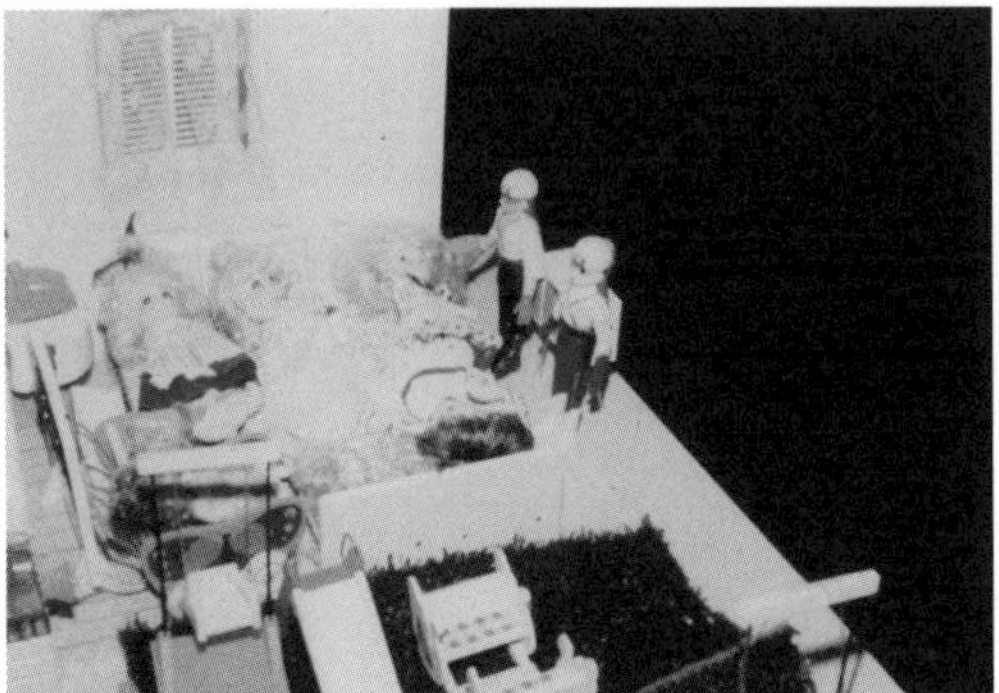

図４-５　ウルトラマンに守られて眠る子どもたち〔第４回〕

「調子よく登校しているし、終りにしたい」と話していたことを聞かされる。筆者はこのとき二つの気持をあじわった。一つは、〝そういえば七喜子は登校拒否で来ていたんだ〟ということで、つまり治療者は七喜子の主訴症状を忘れかけていたのである。いま一つは〝こんなすごい空想を展開し始めている子が、いまの段階で終結することは考えられない〟ということである。七喜子の今の状態は一種の転移性治癒ではないか。ここで中断すれば七喜子は症状が再発する、という考えが確信となって治療者にひらめいた。そこで相談室から電話を入れ、特別に時間を取って母親面接を行い、家族にテコ入れする方針を立てる。）

五回

〔恐い人と助ける人とのにらみ合い〕　家と庭、人形達、箱庭の場面設定は前回のそれらとほぼ同じである。双子の姉妹〝ない子〟がいる。彼女達は海へ連れて行かれ、殺されてしまい、砂のなかに埋められてしまう。呑み込む怪獣達は現れず、かわって〝恐い人（お化け）〟が森の樹立の中に現れる（黒人らしき人形）。それらのそばに〝良い人〟（アラビア人形で白衣をまとっている）が移動してきて、恐い人を見張っているかのように立てられる。庭と海の間には柵が設けられる。寝ていた七人の少女達は起きてドライブにでかける。砂に埋められていた「ない子」達も生きかえって（七喜子は「海で泳いでいたの」と表現）、一行に合流する。七喜子は黒板の前へ行き、何か描き始める。治療者がそばで見ていると、七喜子は「おじさんも描いて」と求める。治療者は仕方なく黒板の左端に赤いチョークでニコニコマークのような太陽を描いてみた。すると七喜子は右端から寄ってきて、治療者の描いた太陽の下に少女の姿を描いた。かくして出来上った黒板画が「変な

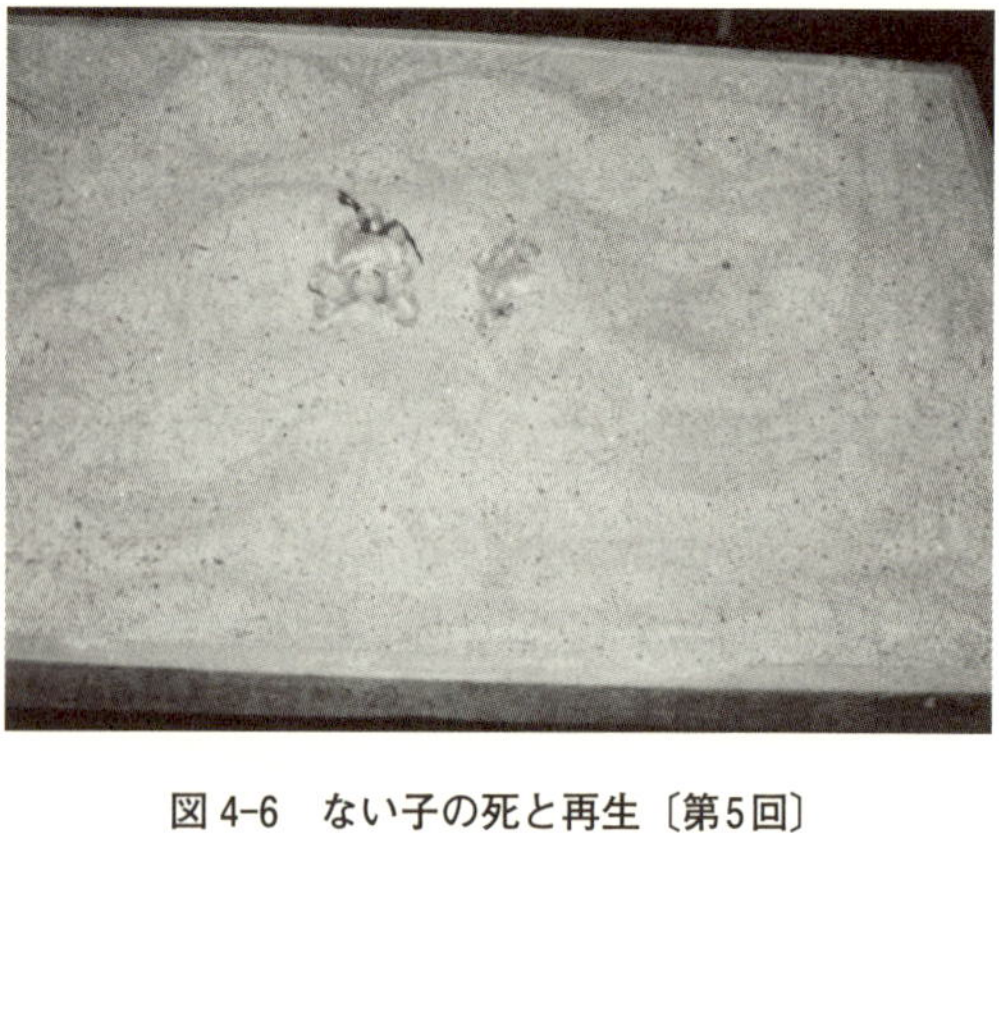

図 4-6　ない子の死と再生〔第5回〕

天気」と題された絵である。絵では、太陽が輝いているのに月が出、雪が降り、雨が降り、少女は傘をさしている。少女の周囲には台風の風が吹いている。治療者の描いた太陽を除いたら、陰惨な夜の嵐といった内容である。絵の中に黄色の円盤様のものが描かれる。「宇宙人」と話す七喜子。「私、宇宙人を見たことあるよ。山に行った時」。

（祖母が早朝マラソンを始めたら、七喜子も一緒にやるようになった。七喜子は外でよく遊ぶようになったが、あいかわらず年下の子と遊ぶことが多い。母親は仕事を家へ持って帰るので、夕食後も忙しい。食事準備中は子ども達は台所に入れない。「私（祖母）がいなかったらどうなっているでしょう」——夕方、治療者達は七喜子の母親と面接を行う。母親は次のようなことを語る。「七喜子はうまれつきこころを押えてしまうところがあった。祖母と私とでは叱り方がまるでちがう。祖母は〝眼には眼を〟の厳しい叱り方。私は色々な道徳的な話などをして良いことと悪いことを教え込んでいけばよいと思っている。私は仕事と家事の切りかえができない」。治療者からは母親に対して二、三助言を行う。「道徳心を教える以前のこととして、いまの七喜子ちゃんにしてあげることがあるのではないか。現在七喜子ちゃんのこころの中ではすごい苦しい戦いが行われている」などである。また、来所可能なら母親とも面接してゆく用意があるが、とも話すが、母親にはその気持がほとんど無いようであった。「とにかく養育を母親中心にしてゆくべきだ」と強調して母親面接を終る。）

六回

〔ほっとひと休み〕　天使などの人形を同じもの同志二体ひと組みにして八体、さらに人間達などを床に一列に並べる。卓上ピアノ、スマート

図 4-7　今日は変な天気〔第5回〕

ボールなどで遊んで次に人形遊びと箱庭を始める。六人の双子の天使に見守られながら眠る少女。「お母さん、死んじゃったの。この家良いね。私、今の七喜子の家嫌い」と七喜子は語る。砂箱の他にはたくさんの小動物が憩っている。七喜子は怪獣を手にするが「恐いから止めよう」と言ってプレイを終了する。

七回

〔誕生パーティ〕　遊戯療法室の汚れた遊具（ままごと道具や哺乳瓶）をきれいに洗って整理する。黒板は黒板消しで拭き清める。プラスチック容器に白砂と黒砂を交互に入れ、表面の黒砂に白砂で円をつくり、ロウソクを二本立てる。それをテーブルの上に置き、前に女の子の人形を坐らせる。その作業にずいぶん時間をとるが、大急ぎで別の容器に同じように砂をつめ、表面が白砂になるようにして中に黒砂で円を描き、同じように二本ローソクを立てる。出来たものをテーブルに置き、前に男の子を坐らせる。つくったものはケーキで二歳の誕生祝いなのだそうである。……「こんど雨がすごく降ってたら休んでもいい？」と七喜子はきく。「その時は電話で連絡してね」と答えるが、今回のプレイ内容から、いよいよ終結の局面になったのか、あるいは新しい局面への移行の現れなのか、等考えてみる。

（男の子五人の中に女子では七喜子一人入って帰って来た。「どうして男の子と一緒なの？」ときくと「○ちゃん（ワンパク少年らしい）といるといいんだもん。七喜子を助けてくれるんだもん」と答えた由。彼女は年上の子や年下の子と馬が合うらしい。彼女は依存できる子や支配できる子ならいいが、同程度の子だとうまくいかないらしいのである。

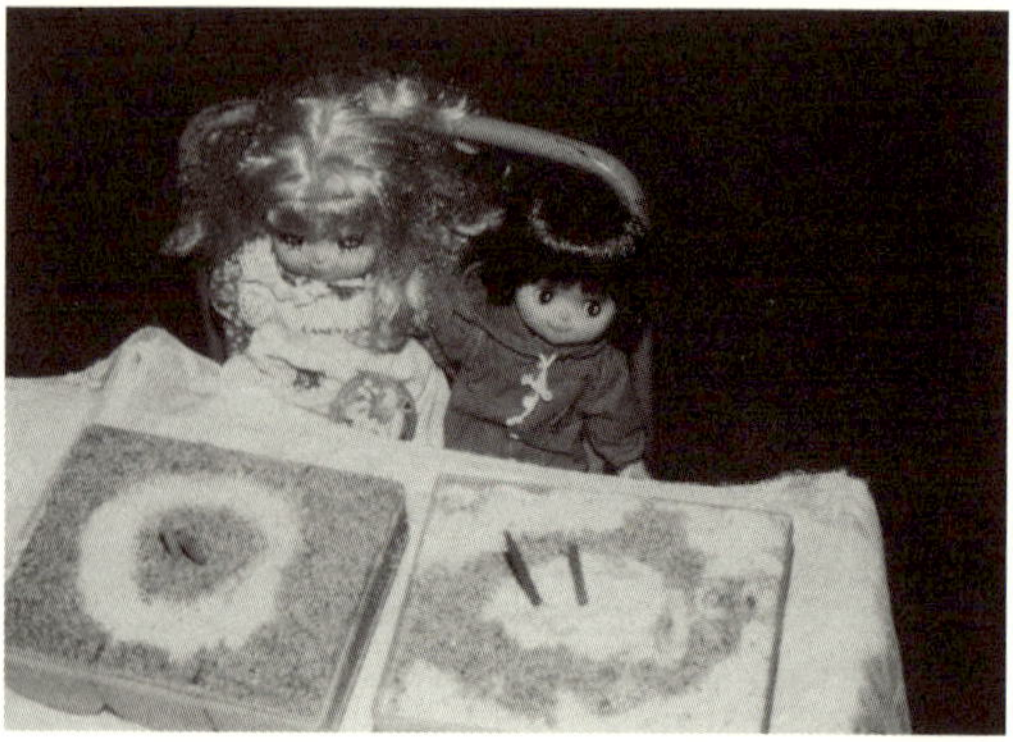

図 4-8　二歳の誕生日〔第7回〕

祖母自身の生い立ちが語られる。甘えっ子として何不自由なく育ったが、年若くして夫に先立たれ、勤めに出るようになった。「社会の荒波にもまれても、びくともしないような強いものをもつことが必要だと痛感した。七喜子達にも、今から強い意志をうえつけておかねばと思っている」など祖母は語る。また、「どうしても一緒に住んで子どもの面倒を見てほしいと娘（七喜子の母親）に言われ、一大決心をして勤めをやめたんです」とも祖母は語る）。

次回予定日だった日に祖母から電話が入る。七喜子が「△ちゃんと遊びたいので今日は行きたくない」と言っているが、との内容。七喜子が電話口に出てくる。「いい？」「いいよ。来週は？」「行く、行く！」「じゃ、待ってるね」。

八回

〔お母さんはバクダンで死んじゃった〕　定刻に来所。しかし今回もはじめのうち「お友達と約束したから今日は行きたくない」と少しぐずった由。しかし七喜子はニコニコしており、「遊びたい」という。リカちゃん人形などの衣服をさかんに着せ替えさせる。その遊びの中でキューピーの腕がモゲると、さらに首なども取ってバラバラにしてしまい、けたけたと笑う七喜子。いつもの家にピアノ四台とベッドを並べる。双子の子ども〝ププちゃんとララちゃん〟がいる。「お母さん、戦争でバクダンで死んじゃったの」――しかし二人はお姉さんとめぐり会い、三人はベッドで眠る。少し寒いためか七喜子の顔色はすぐれない。肌も荒れ気味。治療者は「ここへ来るの終りにしてもいいよ」と七喜子に言うが、七喜子は迷っている。一応次回を予定すると七喜子は安心したように帰ってゆく。

（家では七喜子は治療者のことを〝七喜子の機嫌をなおしてくれた先生〟

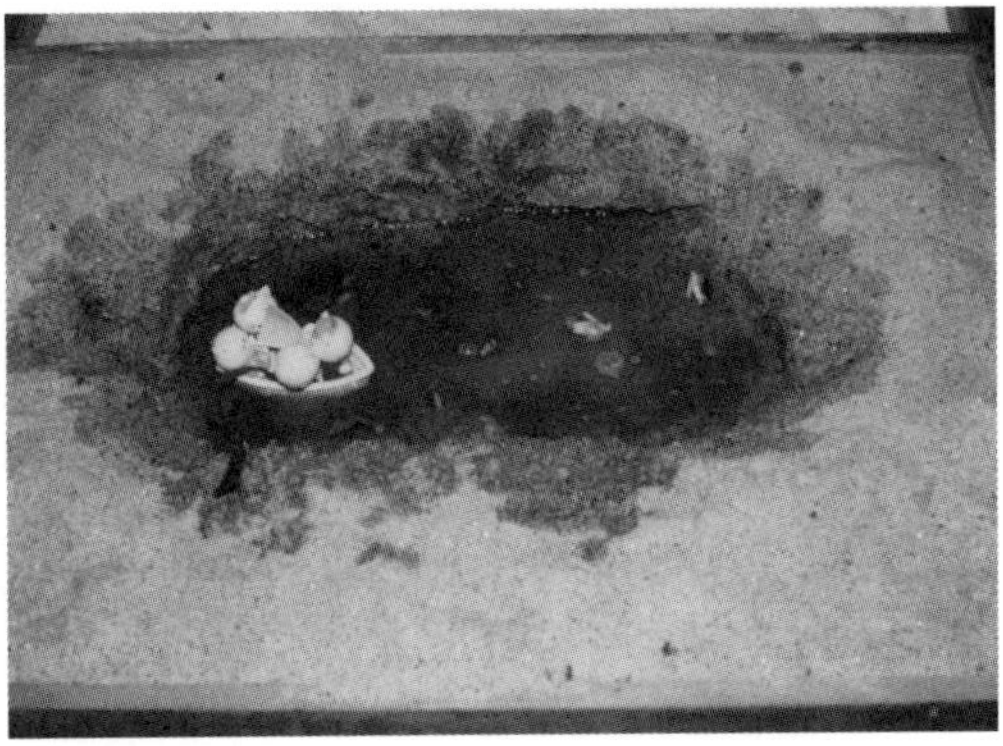

図 4-9　キティたちの冒険〔第8回〕

と言っているそうである。「他人に甘く、自分に厳しくをしつけのモットーにして教えている」と祖母は語る。）

九回〔オバケとママの対決〕　定刻になっても来ないので、今日は休みかなと思っていると少し遅れて来談。今朝になって急に「行く」と七喜子からいいだしたとのこと。七喜子の顔色はあまり良くない。「小枝ちゃんと緑の島」を使っての遊び。水も使う。小枝ちゃん達は船に乗って航海にでかける。この遊びだけで今日は終りかなと治療者は考えていたが、七喜子はいつもの人形の家をもち出し、「緑の島」と並べて床の上に置いた。リカちゃん人形（母親役に用いていたもの）の衣服を脱がし、衣服を玄関の間《ま》に立てかける。奥の部屋には小枝ちゃん達七、八体が二体づつベッドで寝ている。その周囲にはケロヨン、ドラエモンなどが立ち、枕元にはお地蔵さんが、あたかも寝ている少女達を守っているかのように立っている。顔の汚れたリカちゃん人形（これまでお母さん役に使われたことがある）の髪をほぐし、髪で顔を隠す。その髪に蛇を巻きつかせる。七喜子は「お化け」と言う。その裸のお化けは小枝ちゃん達の寝ている家にやって来て、玄関のブザーを鳴らす。実際に低い音でブザーが鳴るのである（少し無気味）。もう一つのリ

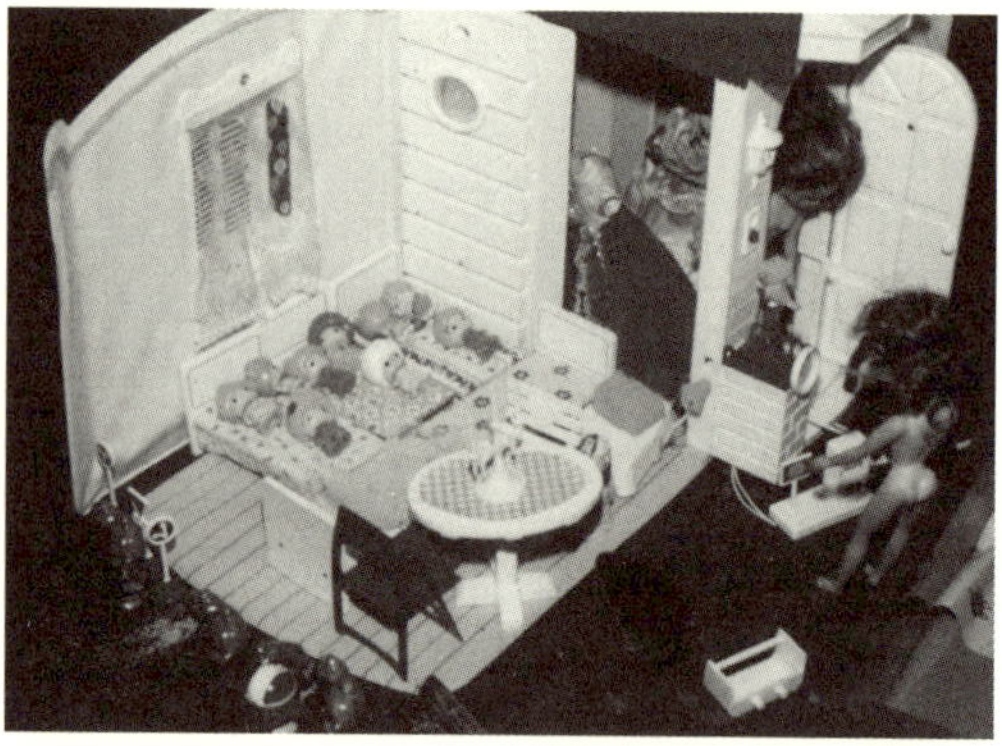

図 4-10　オバケとママの見合〔第9回〕

図 4-11　オバケとママの対決〔第9回〕

カちゃん人形（どうもお母さんらしい）は玄関へ出る。お化けとママは無言で見つめ合う。と、お化けは顔を現し、ツノ（道路標識）を生やし、蛇を首に巻きつけなおして海（？　砂箱）へ向う。五匹の猛獣が後に従う。ママも手さげ籠を下げて小枝ちゃん達をつれて後からついてゆく。双方砂の中でにらみ合い。お化けの手下の猛獣が向きをかえ、ママや子ども達に襲いかかる。あぶない！　危機一髪のところで猛獣達はひきかえし、砂中深く姿を消す。場所は黒砂であるが七喜子は白砂を手ですくい、幾度も幾度も、ママやお化けの上、さらに黒砂の上にふりかける。雪のようである。——七喜子は「私、宇宙へ行ったことあるよ。お母さんのおなかにいた時に、一緒に飛行機に乗って宇宙へ行ったことあるよ」とも語るが、この時はじめて七喜子は治療者の眼をじっとのぞき込むように見つめたのが大変印象に残った。

図 4-12　ママと子どもたち〔第9回〕

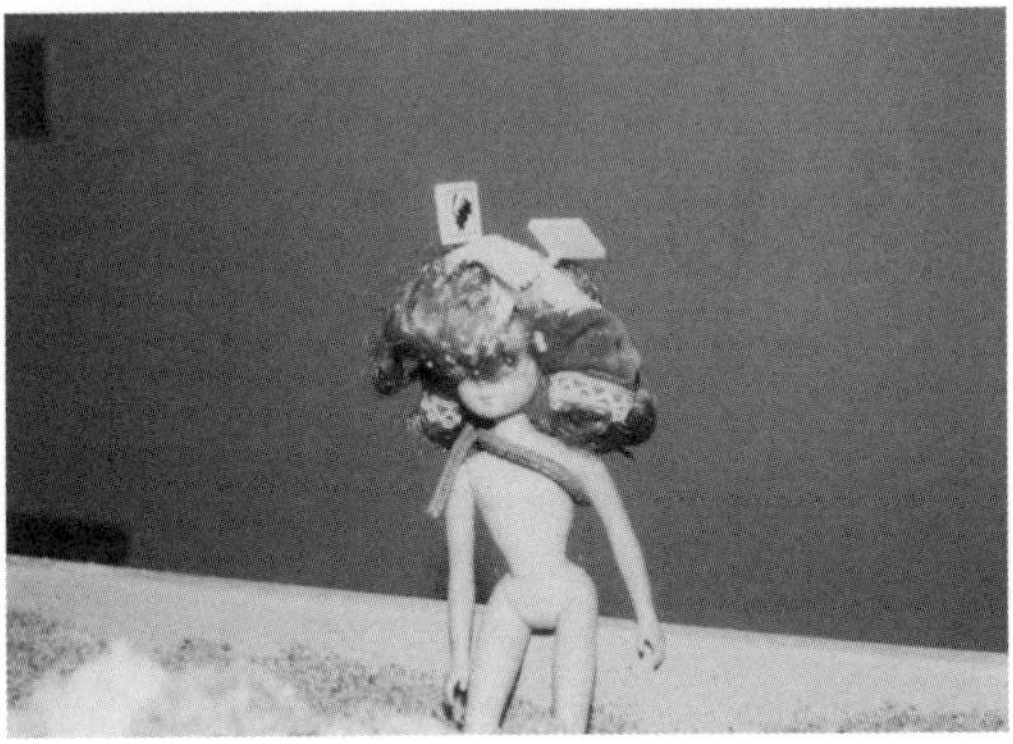

図 4-13　オバケ〔第9回〕

（七喜子は調子良く学校へ行っている。普段も元気だ。担任の先生との間もだいぶ緊張がほぐれて来たようだ、と語る祖母。）

これまでの七喜子のプレイをふりかえりつつ、殊に今回のプレイ内容から、治療者は「七喜子に欠けているもの、そして彼女が心の底で求めているものは、いわば〝根元的な母体験〟なのではないか」という確信をもつようになった。さらに彼女のこころの奥底には、クライン（Klein, M.）的にいえば、分裂（splitting）

といってよいような防衛機制がはたらいているのではないだろうかとも考えるようになった。そこで、祖母担当セラピストとも話し合い、「七喜子ちゃんには肌のぬくもりが欠けているのではないか。もしそうなら、極力肌のぬくもりを七喜子ちゃんに与えてほしい」と祖母に助言するよう、要請する。

一〇回

〔お化けは追放される〕　玩具の冷蔵庫にアメ玉（オハジキ）、タマゴ（スマートボール）、さらに小人形のカツラやクロヨン達をぎっしりとつめ込む。ついで七喜子は人形の家と「緑の島」をテーブルの上に並べて置き、人形達の衣服の着せ替えを始める。かなり執拗にその遊びを繰返す。脱がした衣服を玄関の部屋に立てかけるので、治療者が「この部屋どんな部屋なの？」ときくと、七喜子はあわてて衣服を「緑の島」の穴ぐらのような一室にまるめて押し込み、蓋をして「どうして？　あたためる所。どうしてそんなこと聞くの？」と言う。先回お化けに使用した、顔の汚れた人形を丸裸にし「お父さん。これきらいな人」と言う。その人形を遊具棚の上のピアノフォンのねぐら（？）に寝かせてしまう。さらにこの人形の股のところにピアノフォンのたたき棒を置き、小声で男性器の陰語を言う。人形達のいる子ども達の寝室はロボコンとお地蔵さんによって守られている。子ども達の中に男の子と女の子の双子の兄妹が含まれているが、二人とも捨てられた子。――捨てられた子は男の子の方で、女の子の方は〝お姉さんが結婚前に生んだ子〟という来歴である。お母さんとお姉さん、そしてこの二人の赤ちゃんは一緒にドライブにでかける。

七喜子「おばあちゃん、本当は恐い人。ここでは優しそうだけど」
治療者「ふうん。本当」
七喜子「おにばばあ。私、あんな人とひっつきたくない」
治療者「そうなの」

七喜子「（治療者の耳元に口を寄せて）でもこれ秘密。ないしょよ」

いささかドキリとさせられる会話だった。

（祖母のいる面接室にもどると、七喜子を抱きとめるかのように迎える祖母。七喜子は遊戯療法室での発言を忘れたかのように祖母に甘える。ちょっぴり恥かしそうでもある。治療者は「七喜子ちゃんが通いたがっている間は、何か未解決の事があるとも考えられますので、連れて来て下さい」と祖母に話す。

この回、祖母担当者から祖母へ予定の助言をする。祖母は「それ（肌のぬくもり）こそ七喜子に欠けていたことです。今まではまったく逆で、拒否と干渉だった。三人大人の頭があるため、三人三様色んな事をいう。七喜子には逃げ場が無い。私の経験から、苦労がどんとのしかかってきても、それを受け止めてゆけるような人間になって欲しいと思っていた。強く言いすぎてきたかもしれない」と語ったということである。）

一一回

〔あのお化け、お母さんだった〕　この日、いつも使われる人形達が別室に消えていた。七喜子が気づき、どうしてもさがしてくるというので、治療者と七喜子の二人で大急ぎでさがしまわり、見つけてくる。黒砂にタイルを半分ほど敷きつめる。後方に人形の家が置かれる。リカちゃん人形二体は裸にされ、衣服は玄関の部屋に例のように置かれる。顔のきれいな人形の方は「お姉さん」と呼ばれる。「お姉さん」の髪をほど

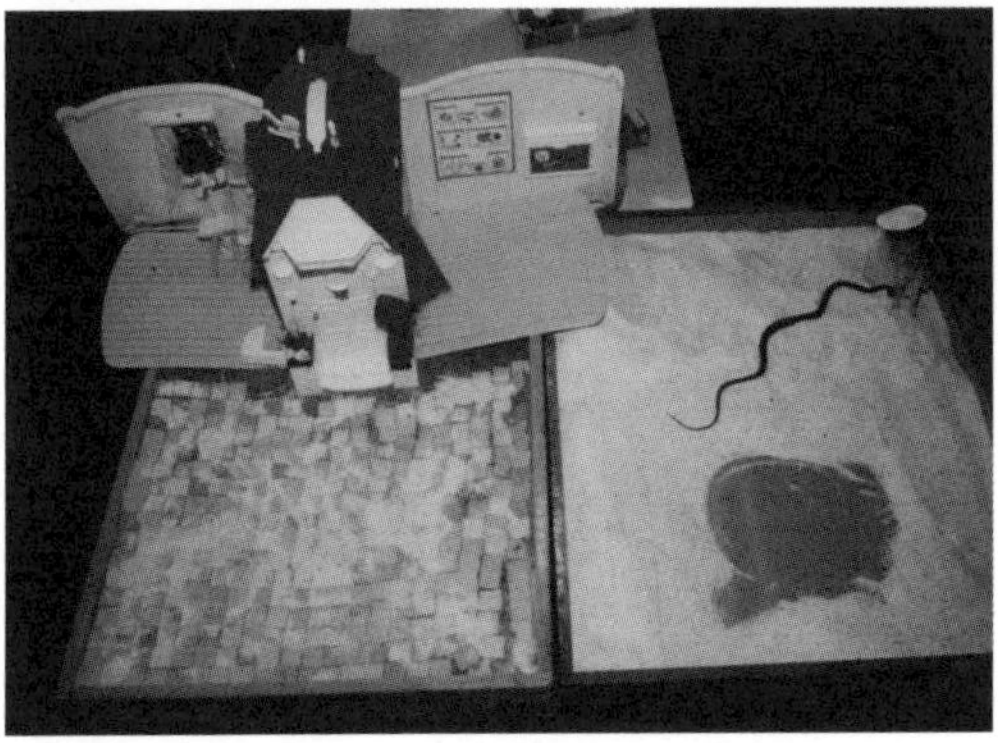

図4-14　オバケ、死す〔第11回〕

図 4-15　オバケに噛みつく蛇〔第11回〕

き、色々な髪型を工夫する七喜子。この遊びにかなり時間をついやす。その中でこんな会話がかわされた。「私がここではじめて?」「どうだったかな」「おじちゃん、他の学校へも行ってるの?」「うん、まあね」「そこでどんな人に会ってるの?」「――」……。お母さんの子とお姉さんの子とが奥の部屋で寝ている。お姉さんは薄着で窓から外を眺めている。白砂（箱）の方は海と海岸。そこに顔の汚れた人形が裸で頭に奇妙な容器をかぶって立っている。「お母さん」と七喜子は呼ぶ。そこで終了時間が来る。七喜子は退出しようとするが、治療者は何かこころが残り、「終りかな。もう他のものは使わなくていいの?」と言ってみた。すると七喜子は「お母さん」の方を指さし、「この人ここへ行って（樹木の入った籠）、それからここへ行って（蛇や怪獣の入った籠）、死んでしまうの」といいながら、大きな蛇を持って来て人形の足に噛みつかせる。治療者（救いを願う気持になる）「お母さん、助からないの?」七喜子「死んじゃうの!」七喜子は白砂を手にすくって家やタイル、そして〝お母さん〟の上に降らせつづける。七喜子はその白砂を雪とも塩とも表現した。

一二回

〔大団円。悪者は裁きを受け、優しい大いなる母が子ども達を迎え入れる〕　七喜子は黒砂の中に二匹ずつ蛙と亀を埋め込む。「これ、守り」という。前方に鳥居を二つ、左上隅に五重塔、後方には二匹の白と黒のまねき猫を配置。中央に池。池の上に橋。橋の一端は白砂（箱）へ渡される。白砂（箱）には数軒の家。人形の家は使われない。橋の近くに二体のお地蔵様。「一人は男でもう一人は女のお地蔵さん」と七喜子は言う。顔の汚れた人形は、今回は〝お姉さん〟と呼ばれる。「嫌いな恐い人。おじいさん、おばあさん、おとうさん、おかあさん、そして私を殺す人なの」さらに、その〝おねえさん〟にとって〝お手伝いで妹〟という女の子もいて、その子は「おとうさんとおかあさんを殺そうとする」――悪人の〝おねえさん〟と妹は裸のまま追放され、罰を受ける（二体の人形は床上に投げすてられる）。しかし妹の方は改心して救われる。その時、〝良いお母さん〟が現れる。七喜子は大きなミルク飲み人形をテーブルの上に置く。その〝良いお母さん〟はまったく優しい大いなる母という感じに、よいおねえさん、ミミちゃん、ララちゃんとククくん、など名づけられた人形達を胸に抱き止める。皆のいるところは暖かな家なのだという。七喜子は幼児用の椅子をひっくり返し、「これお家なの」といい、そこに人形達をねかしつける。中央に良いお母さんとお姉さん、右上にララちゃん、右下にククくん、左上にミミちゃん、そして左下に改心して助けられた〝悪いお姉さんの妹〟が眠る配置となる。……七喜子は四～五日前から風邪気味だということだったが、たしかに鼻水なども出し、顔色はすぐれない。次回はおじさんの絵を描くと予告して今回のプレイを終える。

一三回

予告通り自由画がはじまるが、〝おじさんの絵〟は描かれず、画

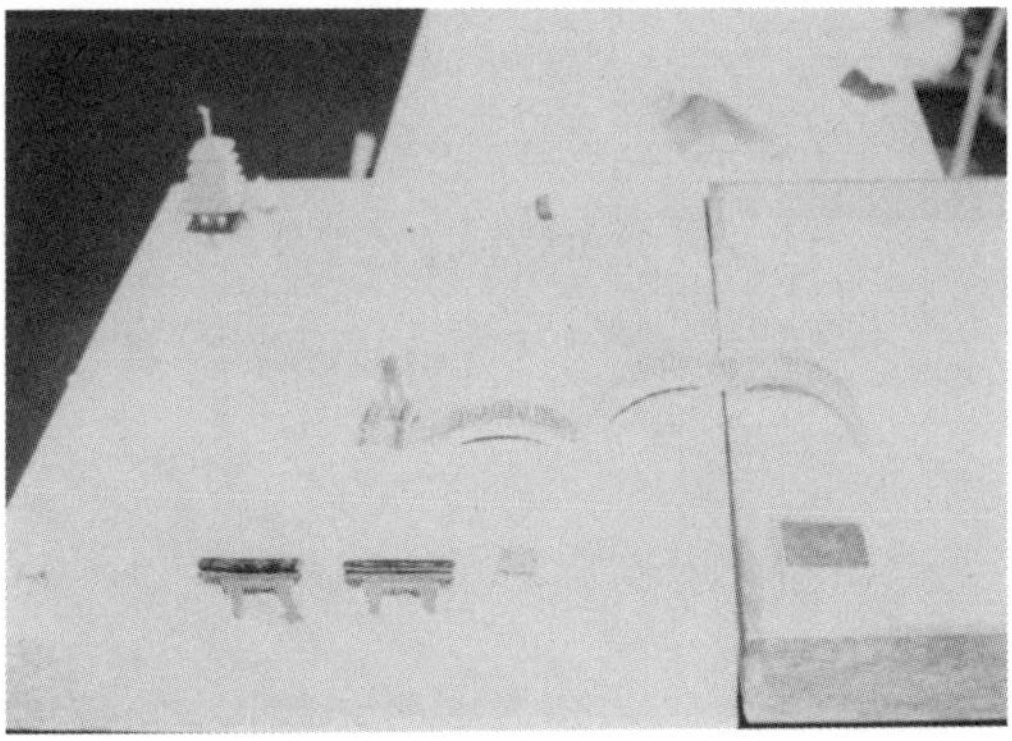

図4-16　日常と聖なるものに橋がかかる〔第12回〕

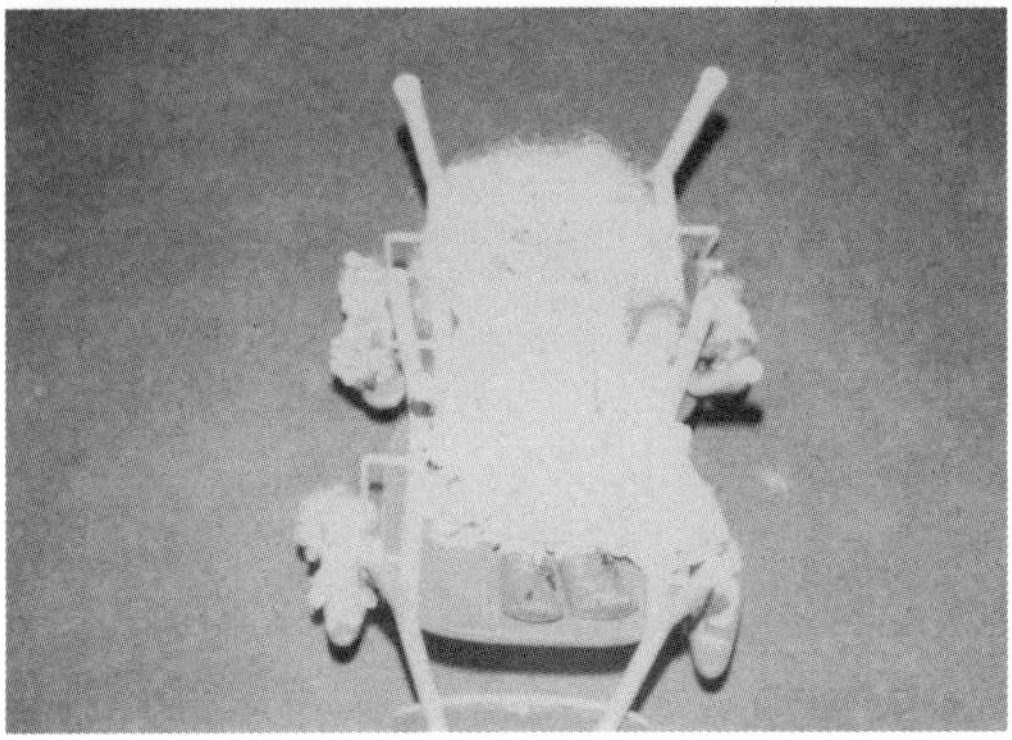

図4-17　大いなるお母さんと子どもたち〔第12回〕

用紙の左半分に暗い色で少女が描かれ、右半分に枯れた色で楓が描かれる。そして楓からの連想か、画用紙の裏に自分の手型を幾つか押す。「パパ、あとかたずけさせてくれない。私、あとかたずけしたいの」と言いながら、七喜子は絵具のついたパレットや絵筆をきれいに洗ってかたずける。絵は「家へ持ってかえる」と強くいうので、治療者は七喜子の希望を受け入れる。風邪気味ということであったが、あいかわらず顔色のすぐれない七喜子である。しかし、視線は合うようになったと感じられる。

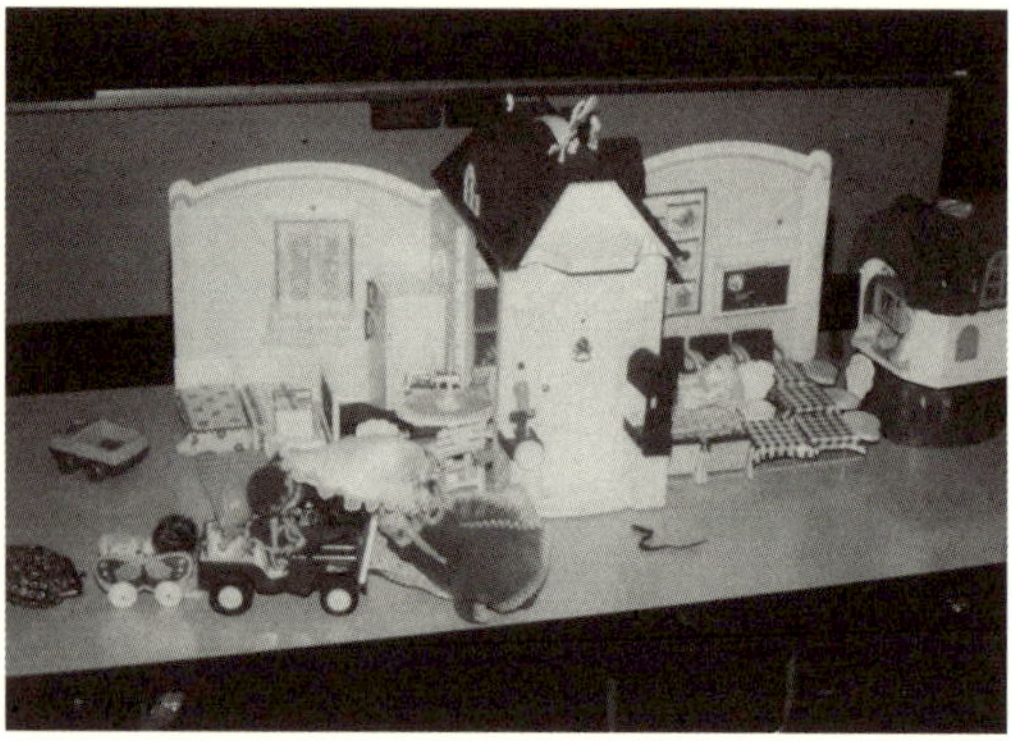
図 4-18　また日常性へ〔第14回〕

一四回

アトミック・ピンボール、ボーリングなどでかなりの時間をついやす。それから「いつものおうちの遊びをする」といって、人形の家をテーブルの上にセット。奥の部屋には燭台と水さしなどの乗ったテーブルを置き、左側の部屋にベッド。人形から脱がせた衣服（外出着だという）をその脇に置く。ベッドには〝おねえさん〟と赤ちゃんが寝ている。赤ちゃんのお母さんはいないのだという。「この家良いね。クリスマスのおじさんにたのんどいたのに持って来てくれなかった」と七喜子。次回について治療者がきくと、七喜子は「どうしよう」と迷っている様子である。治療者は「もう止めてもいいよ」と言うが、七喜子は「止めたくない」と言う。「一応時間をとって待っているけど、来ない時は連絡してね」と治療者は言っておく。

一五回

かなり遅れて来所。アトミック・ピンボールを交互にやるが、見違えるばかりに上達した七喜子である。治療者が負けてしまう。ごはんつくり（水、タイル、マーブルなどが使われ砂は使われない）。出来たものは空想の冷蔵庫に入れられ、冷凍保存される。七喜子「あした何ができるかな」。次回治療者の都合で休みにすると伝えると、七喜子は休みたくないようであった。その次には「来る」という七喜子。
ところが予定の日に祖母から電話があり、七喜子は水泳教室へ行ってしまったとの連絡が入る。終結の時だと治療者は直感するが、念のために次回を予定し、その回では母親面接も行いたい旨、祖母に伝える。

一六回

祖母から電話が入る。七喜子が来所をしぶっているという。理由は友達と遊ぶため。七喜子が電話口に出てくる。「もう行かないよ」治療者「もういいね。終りにしようね。また気がむいたら遊びにいらっしゃい」「ウン」――夕方、母親が勤務の帰りに立ち寄る。母親は次のようなことについて語った。「七喜子はおなかに入った時から不順だった。切迫流産の徴候、早期破水など、これまでのことを含めても妹とはまったく対照的だった。私（母親）が養育の中心になるようにいわれて、仕事を家へもって来ることをやめた。七喜子の相手をするように努めている。いまでは夕食時など、七喜子と妹とどちらが母親の横にすわるかで大変。このまま甘えさせつづけていていいものでしょうか。（このことについては、治療者は大丈夫であると請け合う。）……本当にありがとうございました」。母親は何度も何度も深く頭を下げ、帰っていった。

2　フォローアップ

春のある日突然（予告なしに）祖母が七喜子と妹をつれて来所してくる。菓子折をもちお礼に来たのだという。治療者もうれしくなる。「七喜子はずっと水泳教室へ行っています。見違えるほど元気になりました。家族皆喜んでおります。友達ともよく遊ぶようになって」と語る祖母。

治療者から見て、七喜子は時に眼をそらして話すこともあるが、以前と比べると、ずっとこちらを見ながら話すことが多くなった。また、幾分太って顔色も見違えるほど良い。アトピー性皮膚炎はまだ残っている。「思考の柔軟性に欠ける点がありますが」と祖母は語るが、治療者は「七喜子ちゃんの素朴な疑問に対して充分耳をかたむけてあげること。柔軟性はむしろこれからの友達との交流の中で育ってゆくことが期待される」など助言する。「先生が（大学に来る）曜日が変る時や学校変る時は言ってね」と言って七喜子は帰っていった。

表 4-1　空想の物語（ファンタジー）の展開と表象空間

	主題	テーブルの上	砂箱の中に	床の上で
1	二重の門	家、眠る少女 二重の門		
2	怪獣の登場	家 眠る子ども達 二重の門	ガソリンスタンド 戦車	怪獣達の登場
3	おっぱい怪獣の登場	家　眠る子ども達 門は一重になる	鳥居、五重の塔	怪獣達 呑みこむ怪獣（鮫）
4	怪獣の侵入、救助者も現れる	家　眠る子ども達 スーパーマン （男女；良い父母？）	海と怪獣達 白い良い人 檻の無い動物園	
5	白い良い人と悪い人との対決	家　眠る子ども達 良い人 vs. 悪い人 （白）　（黒）	ハワイの海（怖いところ）	
6	ひとやすみ	家 眠る少女たち （エンジェル達に守られて）		
7	誕生パーティー	バースディーケーキ		
8	子ども達航海へ			
9	お母さん爆弾で死んじゃった	家 母の無い眠る子ども達と 優しいお姉さん		
10	女のお化けと母の対決	小枝ちゃんと緑の島 家　眠る子ども達 お化けが家へ！ 地蔵、守り厚く	母 vs. 女のお化け お化けの手下の 猛獣たち、地下へ	
11	悪い、女死す			
12	大団円	優しい巨きなお母さん顕れ 眠る子ども達 悪い女は罰せられ追放される	 砂の世界はしっかりと舗装され その中に家が建つ	

3　考察

眠りの家七喜子（仮名）の遊戯療法の過程をみてきた。まず眠りの家七喜子の遊戯療法過程における空想の物語（ファンタジー）の展開を、空間的表象の変遷という点からみてゆこう（表4-1・図4-19）。

1　遊戯療法過程において生じていったものはなにか

眠りの家七喜子の遊戯療法過程は大きく二つの時期に分けてみてゆくことができる。つまり、この遊戯療法過程には二つの山場があったということができるが、それは初回から第七回までの前半部分と、第八回から最終回までの後半部分である。

1　前半期（初回〜第七回）

初回から「眠る少女（こども）達」の主題が登場しているが、この主題は以後最後のセッションまで毎回のように繰返されてゆく。しかもそこにおける「眠り」は「塀や二重の門」（初回〜第三回）、「ペアのウルトラセブン（第四回）」「白い良い人（第四回〜第五回）」「お地蔵さん（第九回、第一二回など）」等、さまざまな強力な守り手が存在することではじめて可能となっているように見える。しっかりとした守りのもとで眠る少女（子ども）達。この家を「眠りの家」と呼ぶことにするが、この「眠りの家」こそ、症例七喜子がこころの底で願っていたものであろう。

「二重の門」は初回と第二回において用いられ、第三回には門は一重になるが、このことは七喜子のこころに、遊戯療法へ入ることによって、〝守り〟が生み出されたことを意味するものと思われる。そして怪獣たちが登場するが、その場所はテーブルの上でもなく、箱庭の砂箱の中でもなく、床の上であった。七喜子は遊戯療法室の空間を見事に使い分けているのである。この場合「床の上」は意識（テーブルの上）からは遠いむこうの（つまり無意識の）世界を意味しているのであろうか。

次の回ではいよいよ怖ろしい怪獣たちは子ども達の眠る家の庭・森のむこう、「怖いハワイの海」の中にあらわれて戦いを繰り広げる。それは恐ろしい怪獣たちが「床の上」において表現された場所よりもさらに意識に近いところへと侵入してきたことを意味している。そこでの怪獣たちの戦いの勝者は「呑み込む怪獣・鮫」であり、さらに次の回では眠りの家の庭先・森の中において「白い良い人」と「黒い悪い人」が睨みあう。

第四回の「お話」のなかに登場する（母のいない）「ピッピとナイスケ」、第五回に登場する「ない子」（いったん殺されて砂の中に埋められ、再生

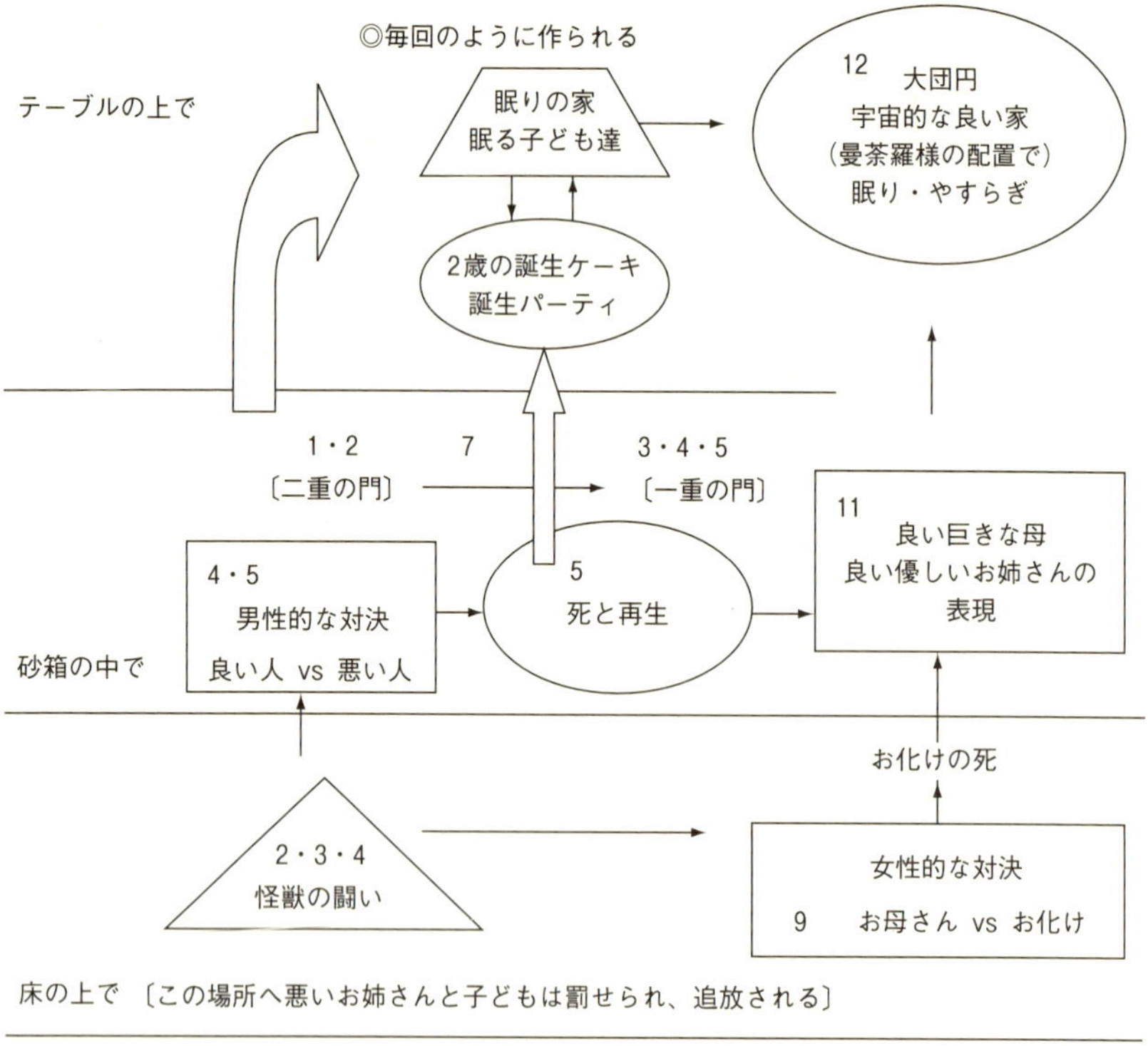

図 4-19　眠りの家七喜子の空想遊びにおける空間表象とその展開
（図の中の数字は回数をあらわす）

する）などの姿は印象的であった。〝ない〟は〝無い〟に通じる。この世では定かではない（「無い」）けれども確かに「存在する」もの、謎かけのような話であり、不思議なことではあるが、七喜子はそのようなことを感じ取っていたに違いない。そしてこれらの形象の意味するものは、症例七喜子にとって、おそらく意識的な自我よりもさらにその奥、こころの深層に存在する「大切な自己像」といってよいものだったように思われる。また「ない子」はいったん死んで砂に埋められそこから再生するが、まさに変容の過程において生じる「死と再生」の主題でもあったと思われる。

第五回において七喜子が黒板に描いた情景（「今日は変な天気」）と彼女が語った「お話」は奇妙な内容であった。雨が降り雪が降り強い風も吹いている。その嵐のなかに少女が傘をさしてたたずんでいるが、七喜子自身の姿であるとThは感じた。絵の左側は月や星が出た夜の世界。絵の右側は太陽が輝く昼の世界である。（この太陽は七喜子の求めにしたがってThが描いた〝ニコニコマーク〟が元になっている）。もし絵の右側の太陽が無かったら、非常に陰惨な絵になったことだろう。絵の中の（雲の中の）黄色の円盤様のものをさして七喜子は「宇宙人」といい「私、宇宙人を見たことあるよ。山へ行ったとき」とも言っているが、この幻想めいた体験は何を意味しているのであろうか。それはともかく、このころ祖母は早朝マラソンを始め、七喜子もそれに参加しはじめたということであり、よく外で遊ぶようになったということである。日常生活のうえで七喜子は変化しはじめた！

第六回「ほっとひと休み」・第七回「誕生パーティ」の二回を間にはさんで後半へと続くが、第六回では天使たちに見守られながら眠る少女が示され、七喜子は怪獣を手にするものの「怖いからやめる」と言って手から離した。それはこのころの彼女にとって、意識レベルにおける不安は弱まり、恐怖表象を用いて表現しなければならない必要性がなくなった、ということであるとおもわれる。第七回も印象に残る回であった。七喜子は遊戯療法室の遊具類をきれいに洗って整えたが、これは遊戯療法終結の時を示す場合であることが多く、時々観察されることである。しかも七喜子は丁寧に誕生ケーキを作り、男の子と女の子の人形の前に置いた。二歳の誕生日なのだそうであるが、その誕生ケーキには緑と青の蝋燭（男の子の前のケーキ）、黄色と赤の蝋燭（女の子のケーキ）をそれぞれ一本づつ立てた。そして彼女は「こんど（雨がすごく降っていたら）休んでもいい？」とThに聞いたのである。その予定日に祖母から電話が入って休みになったことは経過の中に書いたとおりである。

Thは経過と七喜子の状態からみて、いわゆる「ひと山超え」、終結の時を迎えている、と判断していた。しかし、彼女の遊戯療法は次の山場を迎えるのである。

2　後半期（第八回〜終結まで）

第九回「お母さんとお化けとの対決」から第一二回の「大団円」へと続く山場である。ことに「お母さんとお化けとの対決」の場面は言いようのないほどの迫力があった。ことに「お化け」が大蛇を首に巻き、頭に角をはやして子どもたちが眠る「眠りの家」――そこはさまざまなキャラクターによって厚く守られているが――へやってきて玄関のブザーを鳴らす。新しい（良い？）お母さんが玄関へ出てきて「お化け」と相対する。まさにその場面、Thは七喜子の傍らにいて、思わず背筋に冷たいものを感じたほどであった。この場面（そしてこのあとお化けや悪い女が登場するとき）それらの「お化け」はそれまで「母」役で使われていた「顔の汚れた（リカちゃん）人形」が使われ、代わって汚れていない新しい人形が「お母さん」役として使われたのであるが、「良い母」と「悪い母（お化け）」との分離と対決がおこなわれたのである。Thはそこに対象関係論でいう「分裂」（Splitting）の機制を如実にみる思いであった。

第一二回は大団円にふさわしい回であった。「良い巨きなお母さん」が現われ、五人の子供たちを胸に抱き、〝宇宙的な〟とも思える「暖かい・よい家（と七喜子は表現した）」の中で「眠りにつく（？）」のである。つまりこの「家」は床でもなく砂箱でもなくテーブルでも無い、第四の空間的な場所（ひっくり返した椅子の足の上）を使って表現されたのである。Thには人形によって表現されたこの世ならぬ、宇宙的な「よい家」が出現したように思えた。あるいはこの時の人形の配置から胎蔵界曼荼羅をそこに観ることも可能かもしれない（図4-20・4-21）。

第一三回では七喜子は「手形」を押して遺した。「手形」は古来アイデンティティ証明という意味をもっている。七

図 4-20　胎蔵界曼荼羅（中台八葉院・遍智院　部分　教王護国寺）

図 4-21　優しい大いなるお母さんと5人の少女たち

喜子は自分をとりもどし、そのことを遊戯療法の中で、確認したかったのであろうか。第一四回においても「眠りの家」が表現されているが、表現されている家はいままでよりも一層日常的なものになっている。そして第一五回では「ご飯」が作られ、作られたものはすべて冷蔵庫に貯蔵された。命の元になるものがこうして作り出され、秘蔵されたのである。

２　男性的な対決・女性的な対決と家族力動の変遷

事例眠りの家七喜子をめぐる家族のありかたにはさまざまな問題があったであろうこと、そして遊戯療法をふくむ心理的援助によってその多くが改善していったであろうことは経過から明らかであろうと思われる。

七喜子の家庭は両親が教育関係の仕事につき、しかも有能な人たちであった。父親は仕事のため家では不在のことが多く、帰りも遅かった。そのようなことから、いわゆる「父親機能の弱い」家族力動が生じていたのであろう。母親は頑張り屋で、学生のころには勉学とクラブ活動とを両立させるために頑張りすぎて〝ノイローゼ〟のような状態になり、病院通いを余儀なくされたというエピソードの持ち主である。家へ仕事を持ち込むようなところがあり、見かねた実母（七喜子にとっては祖母）が同居して子ども達の養育の中心となり、家事を手伝っている。その祖母自身、女手一つで娘（七喜子の母親）を育てた苦労人で気丈な人であり、「社会の荒波にも立ち向かってゆける女性」を理想に娘を育て、七喜子達孫に対して〝スパルタ的〟な養育態度で臨んでいる。この祖母の養育上のパワーをもろに受けたのが長女である七喜子だったと思われる。七喜子はこの祖母のことを「鬼婆」と（こっそりとではあるが）呼んだ。このことから明らかなように七喜子の不安体験の根っこの部分にこの祖母の養育のあり方があったと思われる。さらにいえば、人形たちの家には（時間をかけて、いささか脅迫的にきちんとしつらえられた）学校の教室のような部屋がたびたび作られたが、このことには教育一家である七喜子の家庭のありのままが反映されていたと思われる。そしてそのことが彼女の強迫的傾向を形成した要因でもあったであろう。

助言指導も含めて、このような家族に対する心理的援助を、ほぼ的確に行うことができたとおもう。第四・五回などがそうであり、とりわけ第一〇回のそれは〝つぼにはまった〟ものとなった。祖母に対して「肌のぬくもりが欠けているのではないか。もしそうであるならば、七喜子ちゃんには極力肌のぬくもりをあたえてほしい」というアドバイスが行われた折に祖母は「それこそ七喜子に欠けたものでした。いままではその逆で、拒否と干渉でした」と応えている（第一〇回）。

七喜子自身の内なる不安との戦いは図4-19に示すように「男性的対決（第四・五回）」と「女性的対決（第九・一〇・一一回）」という二つの山場を通じて成し遂げられていったと思われる。そこで人形の世界に繰り広げられた「男性的対決」と「女性的対決」の意味するもとを考えてみよう。

男性的対決①「白い良い人＝救助者と怪獣との戦い」（第四回）、②「白い良い人と黒い悪い人とのにらみ合い」（第五回）には、明らかに転移感情を核とした遊戯療法という状況が第一の要因として、そして七喜子の内なる男性機能（アニムス）の側面が第二の要因としてはたらいていると思われる。おそらく不安や恐怖との戦いは（幾多の神話・伝説・昔話にみられるように）こころの男性的な側面によって行われてゆくのであろう。そして不安・恐怖をもたらす怪物の正体（本質）が否定的・破壊的な「悪い母・悪い太母」（Negative great mother）である場合、かかる否定的な太母像と対決するのは回復された「良い母・良い太母」（Positive great mother）なのであろう。そしてクライアントが女性である場合はとりわけそのような女性的対決の象徴化が生じるのであり、七喜子の場合にまさにこのことが生起したと考えられるのである。

3　七喜子の状態像をめぐって

七喜子の不安の底は深く、他にみられる強迫的症状を含めてみるなら、彼女の精神状態は強迫神経症の水準に匹敵するものであったと思われる。心理療法によって神経症から治癒してゆくときに、クライアントは（その病態水準よりも深い）水準、つまり「精神病様の」水準を経験するということがしばしば生じるが、七喜子の遊戯療法の過程においても同様のことが生じていったと推察されるのである（第一〇・一一回「お母さんとお化けの対決」など）。

さらに付け加えるならば、七喜子の箱庭の世界には初期から「天使」「鳥居」「五重塔」「地蔵」など宗教的イメージが登場するとともに、「（幸せをよぶ）招き猫」や「（大地を守るものとしての）蛙」などが繰返し登場する。あるいは「清めの雪（塩？）」も表現された（第八・九・一一回）。これらは明らかに宗教的な象徴であるが、このような〝強く〟〝深い〟救済イメージがたびたび表現されたことも、七喜子の不安の質の深さを――つまり彼女の神経症レベルの深さを――示唆するものであるということができる。

事例の七喜子とその家族は以上のような遊戯療法を核とする心理的援助を経て立ち直っていった。七喜子の変容には目覚しいものがあったが、「七喜子の目がうるおってきました」というフォローアップ時における祖母の言葉にそのすべてが集約して示されていると思われる。

註

（1）本症例の遊戯療法の中で、くりかえし出現したイメージからこの名前を構成した。

（2）この play room は、小プレイルームと呼んでいる部屋で、白砂・黒砂の二種の箱庭を主体としたプレイルームである。箱庭とテーブル、流し台、遊具棚、椅子などから構成されている狭い部屋である。

参考文献

Bettelheim, B. 1976 *The Uses of Enchantment : Meaning and Importance of Fairy Tales.* Raines & Raines, New York.

Ellenberger, H. F. 1970 *The Discovery of the Unconscious : The History and Evolution of Dynamic Psychotherapy.* Basic Books, New York.
Erikson, E. H. 1950 *Childhood and Society* (2nd ed.). Norton, New York.
Fordham, M. 1968 *Children as Individual.* Hodder & Stoughton Limited, London.
von Franz, M.-L. 1977 *Das Weibliche im Mërchen.* Bonz Verlag, Stuttgart.
Guggenbühl-Craig. A., 1979 *Power in the Helping Professions* (Fifth Printing). Spring Publication Inc. Box One Universe. of Dallas.
Jonson, A. M. et al. 1941 School Phobia. *Amer. J. Orthopsychiat.* **11**, 702-711.
Jung, C. G. & Willhelm, R. 1931 *The Secret of the Golden Flower.* Routedge & Kegan Paul.
Jung, C. G. 1964 The Structure of The Psyche, in *The Structure and Dynamics of the Psyche* (Coll. Works, Vol.8). New York & London.
Jung, C. G. 1964 *Memories, Dreams, Reflections.* Pantheon Books, London.
Jung, C. G. 1964 *Man and His Symbol.* Aldus Books, London.
Kalff, D. M. 1966 *Sandspiel : Seine Therapeuthische Wirkung auf die Psyche.* Rascher Verlag, Zürich & Stuttgart.
河合隼雄他　一九六九　『箱庭療法入門』誠信書房。
河合隼雄　一九七七　『昔話の深層』福音館書店。
Klein, M. 1932 *The Psycho-analysis of Children.* The International Psycho-analytical Library, No.22., The Hogath Press, London.
生越達美　一九七八　「一恐怖症的登園拒否児の治療例――人形遊びに表現されたおばけ・死と再生・結婚の主題の意味するもの」『名古屋学院大学論集』一四巻、一・二号、一二三-一六八頁(英文)。
生越達美　一九八一　「青年期の不安」『現代青年の心理(田中鉄也他編著)』建泉社、七章、一一一-一三一頁。

第5章　自閉傾向児のCollaborative psychotherapy
——或る母と子の歩み——

1　はじめに

いわゆる自閉傾向児（autistic child）の病因論としてはカナー（Kanner, L., 1943）以来、両親（殊に母親）の特異な人格像と養育態度（たとえば冷たい、暖かさに欠ける、強迫的である、その養育は機械的で感情的交流に欠ける、など）がとりあげられて論じられてきた。しかし自閉傾向の形成要因を両親像とその特異性、あるいは養育態度の特異性に一元的に集約してゆく考え方に対しては批判も根強くあり（たとえばCreak, I. 1960, Mahler, M. S., 1950）、近年では両親像や養育態度の特異性は否定せずとも一応留保しておき、むしろ母子関係における相互の影響のし合いに注目する考え方が多くとられるようになってきた。カナーらも諸家の批判をふまえたうえで、〝わけのわからぬ自閉児の行動がかかる両親の性格特徴や養育態度を強め、形成するのかもしれない〟と述べ、自分達の主張を一部修正している（Eisenberg,L. & Kanner, L.1956）。母子間の失調を母子間の相互性の中にとらえようとするこの立場は、近年の精神分析学の諸潮流、たとえばアメリカ合衆国における自我心理学（Erikson, E. H., 1950）イギリスにおける対象関係論（Klein, M., 1932）などの考え方に共通するものであるし、スピッツ（Spitz, R., 1962）の立場や霊長類を用いて情緒発達に関して独自の研究をすすめているハーロウ（Harlow, H. F., 1971）などの主張にも通じるものとなっている[1]。

母子関係における相互性を重視する立場は、障害児の心理療法を行う者にとってはむしろ実際的な論点を提供しており、殊に母子平行治療（collaborative psychotherapy）の主眼はこの母子関係における相互性をよい方向へ方向転換することにあるといっても過言ではないのである。

しかし自閉傾向児の母子平行治療となるとこの「母子関係における相互性をよい方向に転換させてゆく」という課題はきわめて困難な課題となっている。というのは、自閉傾向児の特異な行動傾向や対象関係のありかたが〝豊かな母性性に欠ける〟と一般にいわれる母親や父親の性格や養育態度に混乱を生み出し、健康な母性愛の発現を阻害し、ひいてはそれが症児の状態像を悪化させるという悪順環が生じやすいからである。

母子平行治療における特殊な困難性について相馬（一九七七）は「その面接関係のあり方が日常的な人間関係との同質性と連続性の度合が高いために、個人面接とは違った難しさがあるといえる」と述べ、さらに「形式上はあくまで〈児童治療のための母親面接〉であるが、実質的には〈母親のための母親面接〉という方向づけが必要とされるところに並行母親面接の難しさがある」と指摘しているが、筆者もこの点に関してはまったく同感である。相馬（一九七七）の報告する事例は「児童治療のための母親面接」が「母親のための母親面接」にみごとに転換していった事例であるが、自閉傾向児の母子平行治療の場合には母子関係における上記の強い「悪順環」もあって、この治療構造の質的転換がきれいに進むということは極めてまれであり、「児童治療のための母親面接」と「母親のための母親面接」とはたがいに重複し合い、不透明にからまり合いながら進んでゆく場合が多いと筆者は日頃感じている。

以下に報告する事例はこれまで述べて来た「母子間の相互性」「自閉傾向児の母子平行治療における母親面接者の基本的態度」「自閉傾向形成要因」等に関して、筆者にとっては種々考えさせられた好事例である。

2　事例

クライエント　二七歳、主婦

家族構成　祖母：五九歳。祖父：治療開始二年目に死亡。夫：二七歳。長男：四歳、自閉傾向児。長女：三歳。

家業は兼業農家である。夫もクライエントも学歴は中卒である。なおクライエントの家族の住む場所に比較的近く本家筋の親戚が住んでいる。親戚は二家族であるが、その内の一家族は障害児をかかえた母子家庭であり、その家庭の母親（クライエントにとってイトコに当る）は生活力がほとんどない状態といってよい。なお、以上の点に加えてクライエントをめぐる血縁関係には特筆すべき点が多々あるが、それらについては必要に応じて、治療経過の中で述べてゆく。クライエントは長男出産前後から定職についてはいない。

治療経過

〔治療期間はだいたい三年間、週一回一時間のペースで面接を重ねた。治療回数は五〇回である。それを三つの時期に分けて報告する。この三つの時期はほぼ一年間隔で分けることができるように思われた。なお面接状況において母親が言及した長男（自閉傾向児）の状態像に関する情報も必要と思われる事柄については併記してゆくことにする。〕

一期（intake時から第一九回面接まで）

治療者の前にはじめて現れた時のクライエント（以下U子としておく）の印象は強くこころに残るものであった。彼女は頬がこけ、顔色は青白く、それに比較して西洋人のように染めた髪と大きな眼、その大きな眼をふちどる隈が印象的であり、多動な長男をヒステリックに叱るその姿は一種異様な雰囲気さえ感じられた。「自分の子が自閉的だと言われたがなおるものでしょうか。どうしたらいいでしょうか」と懸命にすがりつくかのように治療者に訴えつづける彼女に対して、「とにかくこの子が成長してゆくように、そのためには我々に何ができるか、お母さんと一緒に考えてゆきましょう」と治療者は語り、まずクライエント（U子）の不安を受けとめ、少しでもU子のこころを落ち着かせるべくこころがけた。来談頭初のU子は症児の将来に対する不安と養育上の不安やあせりが強く、了解し難い行動を繰返す子供をヒステリックに叱責しつづける一方、子供に対して強迫的なまでに話しかけ、返事を強要しつづけていた。しかしその中にも少しずつU子は母親としての落ち着きもとりもどしはじめ、症児の興味にあわせて（この頃症児は新聞に対する興味が強くさらに水遊びが好きであった）「新聞受け取り」「ふき掃除」などの家事に参加させ、そのような家事の中で症児とのこころの接点を確保すべく努力し始めていた。家族などU子をめぐる人間関係やU子の生活環境およびU子自身の生い立ちは並大抵でないだろうということが、彼女が断片的に物語った事柄からうすうすは感じられていたので、治療者は「いずれ彼女はそれらについて明確に語る時があるかもしれない。とにかく彼女が自発的に語り出すまで待っていよう。彼女の生活史を含めて家族全体を視野に入れつつ面接をすすめて行こう」と内心こころを決めていたのである。

症児はこの頃まで自発的な言語はほとんど消失していたが、まず反響言語（echolalia）が始まり、ついで若干の自発語がみられるようになった。同年齢の子ども達との遊びは平行遊びの段階ではあるがともかく遊び始め、友達の名前を覚えた。親の語りかけに対しては若干の返事・応答ができるようにもなる。しかしあいかわらず多動であり、興味のかたよりが激しい。

治療五回目になってU子は堰を切ったように自分の家庭の問題（それはまさに世間的には一家の秘密に属する事柄であった）について語り出した。強い情動に裏づけられた話しぶりで、まさに涙ながらの語らいであった。「自分の実家は貧乏ながらも明るい笑いの断えない家庭だった。(2) それにくらべて今の自分の家庭は何とも言いようのない家庭だ。祖父にも祖母にも生活力は無く、まったく変人といってよいほどに自己中心的な人達だ。祖父は子ども達を毛嫌いしている。夫と祖母との間には血のつながりが無い。祖母は何かというと嫁である自分につらく当る。この祖父と祖母は極めて仲が悪くいつも喧嘩はかりしている。夫にはひけめがあるのか、私のつらい立場を積極的にいたわるこころに欠けている。自分はさらに本家筋の親戚の家の面倒まで見なければならない。こんな家だから少しでもたくわえを増やしておかなければ、と自分は内職にはげんできた。収穫期には農作業などほとんど自分一人でやっていかねばならないのです」。

以上の内容を彼女は涙ながらに語ってくれたのであるが、治療者はU子の母として背負う荷の重みを痛感させられ、返すことばもなく、ただ終了時に「とにかくお母さんは今まで頑張ってこられたのですから、もう少し頑張ってみましょう。その力がまだ貴女の中にあるのですから」とのみ話し、はげまし、彼女を支えようとこころみたわけである。それに対してU子は「聞いていただけて少し気持がおさまりました」と言って帰っていった。

この頃からU子の母としての態度にはヒステリックな叱責の仕方は影をひそめ、落ち着きと時には笑みもみられるようになった。第八回目には「あせってはいない」「禁止はできるだけしないようにこころがけている」「よく子供をほめるようにしている」「生活に希望がもてるようになってきた」と語り、さらに第一〇回目には「一番大変な時期は乗り越えられたように思います」と語った。第一一回目には次のようなエピソードが語られた。法事で二・三日家を離れ、子供達とも離れてすごしたあと家に帰ったところ、症児が母親のいないことをとてもさびしがっていたことを知った。母親を認めた症児がニコニコ笑顔を見せながら近づいて来た時には本当に可愛らしく感じられたことなど語り、「自閉的といってもこころのうごきは普通の子と少しも変らない」「今まで子供ばかりせめていた自分が反省させられる」「今思えば長男が誕生してからの二年間は自分はノイローゼ気味だった。そして子供を叱ってばかりいた」と語り、「子供はきっと良くなってゆくと思う」とも語った。

このころ症児は保育園での母子分離時に泣くようになり、いわゆる分離不安が症児に観察されるようになる。それでしばらく幼稚園では母も教室の中に入って同席するようになるが、この分離不安は短期日に低下し、かえってそのころから、たとえばイタズラをする時に母親の顔色をうかがい見たり、担任教師の指示にも従える面が出て来ている。感情表出はまだとぼしいものがあるが返事ができるようになり、視線もかなり合うようになって来る。

数字、色、動物（殊に犬）等への興味が芽生え、時に二語文様の発語もみられるようになった。迷子になってしまうようなこともなくなり、このころから症児は母親のことを「オカアチャン」と呼ぶようになったとのことである。症児が五歳になるころであった。

二期（第二〇回から第三四回）

不安定の中にもゆとりが芽生えてくる。「もう一人子供が欲しい」と語り、気晴らし程度の内職を始めたことなどを報告する（症児は幼稚園に入園する。幼稚園の担任は症児を自閉児とはみなさず、やや知恵の遅い子とみなし、積極的にかかわっているとのことであった）。症児の衣服の着脱などはできるだけ症児一人で行うように、できるだけ自発性が育つようにとこころがけているとのことであった。症児の一風変った冗談めいた発言を冗談は冗談として肯定的に受け止めようとしている。症児の甘えを甘えとして受け止める一方、症児が怪我をしても痛がらないので「この子には感情が無いのかしら」といぶかりながらも、傷のあたりをわざと触ったりたたいたりして、「痛いでしょう、こういう時に痛いというのよ」と体を通して教えているという。又、症児と妹とが喧嘩を始めると、喧嘩しないのがむしろ子供として変だと考え、兄妹喧嘩をむしろ肯定的に受け止めている。「最近は体調がとても良い」という。顔色が良くなり、躰も少し太って来たようである。この点に関してはU子自身も「来談する前に内科を受診した時、医者から貴女の躰は四〇歳台の躰だといわれた。今年は低血圧の方も大分楽だ。体重も四、五キロ増加した。イライラすることもなくなり、ほがらかになれたような気がする」と語った。また外出時にも安心して症児から手を離していられるようになったし、症児も一人でどこかへ行ってしまうようなこともなくなったと語る。このころから、症児のことを話すあいまにおいて長女に関しての言及がめだつようになる。長女は普通児であるが、幼稚園では「お兄ちゃん」である症児の面倒をけなげに見てやっている。母親と症児が来所する日はこの長女は近所の家で留守番をして母と兄の帰りを待っている。今まで何かにつけ長女には我慢をさせて長男の養育に力を注いで来た。「長女がこのころ母親に甘え、すねたりひがんだりするようになった。今まで我慢していたのが芽をふいて来たのだろう。可哀想に思う」と彼女は語る。

症児は母親の話しぶりをオウム返し調ではあるが口真似するようになるとともに自発語も増加し、簡単な応答ならできるようになる。怪我をしても平気だった症児が、怪我すると「イタイイタイ」と言うようになり、特に血が出たりすると大騒ぎするように変わってくる。歌を覚えるようになる。母親が頭を撫ぜてやるとニコニコと嬉しそうな表情を見せるようになった。

この頃U子は妻として母として次第に開放的にもなる。症児を連れてよく外出するようにもなる。隣り近所との交際も積極的に行うようになった。他児を家へまねいたり、症児を連れて子供集団の中へ入ったりして、症児が同年令の子供と交流できる場を作るべく努力している。近所の人々もU子の謙虚な人柄を知り、症児が何かと問題を起こしても好意的である。又この頃、U子の家族の立ち直りを象徴するかのように、家族は全員である霊場として名高い山に登山をしている。

三期（第三五回から第五〇回）

U子には落ち着きとゆとりとが大きく生まれてきた様子である。面接の中での話しぶりもしみじみとした話し方になり、時には冗談めいた事柄も話すようになった。症児との対応も受容的・許容的であり、ヒステリックな叱責は既に影をひそめてしまっている。面接での話の内容も、症児の問題行動に関する訴えはほとんど無くなり、症児を肯定的に見る見方や態度がはっきりうかがえるようになった。自分の実家の話や娘時代のこと、今の家族のことなどについてしみじみと時にユーモアもまじえて語る。「自分には子供が七人いる」と彼女は語った。今の家族の五人（祖父、祖母、夫、長男、長女）と親戚の子２人の計７人である。親戚の家の長女が登校拒否を起しかけた時、行ってその子供に話をして登校させたのは彼女だったという。又同じ親戚の長男が或る障害児施設から脱園して来てしまった時も徹夜に近い状況で子供をさがしまわり、発見した子供に話し言いきかせて帰園させたのも彼女である。治療者はU子の話を聞きながら、彼女のたちなおりと強まった自我のあり方をあらためて知らされる思いだった。

彼女は夫と自分との関係についても語った。「以前は私が家のことについて不平不満をぐちると、夫は何も聞いてくれずにすぐ『出て行けっ！』と怒鳴るばかりだったが、最近は『本当にすまんな』と言って私をいたわってくれる。今までの夫は子供みたいだったし、ちっとも家のことを夫として考えてはくれなかった。今まで夫は私に甘えていたんですね。その夫が最近は夫らしく、父親らしくなってきた。今度は私が夫に甘える番です。うんとうんと甘えてやります」と彼女はいたずらっぽい表情をつくって話したりもした。祖父と祖母のことについても話した。祖父が（つまりU子の義父が）病院で死亡した。この祖父が死亡する前も、病院で看病をつづけたのは彼女だったらしい。祖母は何もしなかったとのことである。「おじいさんは息を引き取る直前になって自分の手を握りしめ、涙を流して感謝してくれた。元気の良い時にはあんな人ではなかった。おばあさんは病院の中でも葬式の日にもおじいさんの悪口を言いつづけていた。そのおばあさんが今では『仏壇からおじいさんが私をにらんでいる』とおびえている。そういうおばあさんに自分は色々さとしてみるが、考えてみればおじいさんもおばあさんも可哀想な人たちだと思う」としみじみと語るU子であった（第三九回）。夏には親子水いらずのキャンプなども行ったとのことである。

症児はこの期の頭初にある小学校の特殊学級に入学できた。学校生活の中で症児の偏食は大分改善され、給食も他児と一緒に食べるようになった。登校は通学団と一緒にするということで、時には脱線的行動（一人で興味をひかれた場所に行こうとするなど）もあるがともかく登校する。朝母親と別れる時には「バイバイ」をするようになったとのことである。死亡した祖父は病院に居ると思っている様だが、一方、見様見真似で仏壇におそなえをし、ムニャムニャムニャと自己流のお経をとなえたりもするらしい。短時間なら留守番もするようになり、長時間になると、近くに母がいれば、母を呼んだりし、近くに母が居ることが確かめられれば留守番をつづけられるという。学校の勉強では、数字を鉛筆でなぞって書くことができるようになる。

第三期の後半もU子の話の内容には家族の事柄が多かったが、微妙に肯定的な話が多くなって来た。例えば、祖母のひねくれた態度は強まりこそすれおさまる気配はみられないが、しかし子供にお菓子を買って来てくれるようなところもある点について感謝の気持を表現したり、症児を本気で叱れない、長女の方をつい叱ってしまうことが多いなどである。この長女と自分の幼少時のことなどを思い出話にまじえながら比較しつつ「長女が可哀想だ」と話すこともあった。症児の養育については、近所の母親達は自分のやり方について「少し甘やかしすぎでは」と忠告したりしてくれるが、自分はこれで良いと思う。普通のこと、あたり前のことを症児にも教えようとしていると語った。このころ父親は症児の授業参観なども自主的に出席するようになる。「皆様のおかげでここまで来ることができました」としみじみと話すU子であった。治療者がみるところではU子の母親としての行動は、症児の感情の動きをよく把握した適切な応対となっており、母親としてのゆとりと落ち着きが充分うかがわれる状態であった。

症児は学校の運動会練習にも参加し、普段の体育の授業も原級で行うようになる（原級の担任の先生は生徒に対して乱暴な口のきき方をする人だが生徒達には慕われている。「うちの子もビシビシやられています」とU子は楽しげに話した）。運動会にもどうやら参加できた。簡単な漢字は書字できるようになり、数字も一から一〇〇までは書けるようになった。話しことばの方では、三語文程度の自発的会話が可能となった。友人関係では、よく一緒に遊ぶ友達ができ、その子の模倣をするようになる。多動な動きもかなり低下して来たとみえ、妹と一緒にバスに乗って買物に行き無事家に帰って来ることができたそうである。「我慢」も多少ならできるようになって来た（たとえばそれまで大嫌いでめったにさせなかった注射も泣きながら我慢してやらせたとのことである）。母親が冗談半分に幼稚園時代の園服を着せようとしたら、「（幼稚園へは）モウイカナイ！」と怒った――などのエピソードも語られた。母親とつれだって買物や散歩にでかけた時など、互に右と左に分かれてまわり道をし、しばらく先に行った所でパッと出会うという一種の遊びを好んで母親求めるようになったということで、これは一種のイナイイナイバア遊びだと思われる。

面接第五〇回目のとき、治療者が終結の問題を出して話し合ったところ、U子自身も「私もそろそろと思っておりました」と語り、通所終結に対しては何らの不安も動揺も見せることはなかった。

3　考察

1　クライエントの変化過程

自閉傾向児と診断された子をもつ一母親の三年間の歩みの概略をこれまでみてきた。彼女の歩みは自閉性障害をもつ子の母親の歩みとして、決して著しくはやいものであったとはいえないまでも、その歩みは一歩一歩確固としたものとして「母としての自立」にむかっての歩みであったということができる。クライエントの母親としての安定と成長は自閉傾向児である長男の症状改善と成長、および症児をめぐる生活環境（教育環境）の変遷という社会的要因ともからみあった相互関係を形成していると思われる。その歩みの過程を治療経過に従って考察してゆきたい。

第一期

クライエント自身語っているように、来談頭初のクライエントの状態像は神経症様の状態を呈していたということができる。クライエントは複椎な家庭の主婦として、また自閉傾向児を子としてかかえて「低血圧」という身体症状が顕在化していた。彼女は身心共に疲弊した状態にあったのである。治療者はそこでまずクライエントのこころを落ち着かせることを治療目標の第一に考えたわけであるが、かかる意味での治療状況の設定が第一の、そして症児の幼稚園入園とそこでの幼稚園関係者の受容的配慮が第二の支えとなってこの期の前半を特徴づけていたと思われる。それがクライエントのこころの支えとなって、症児に対する母親としてのかかわりのあり方を改善することへとつながってゆく。すなわち「禁止的・処罰的態度」から「受容的・肯定的態度」への変化につながり、「大変な時期は乗り越えられた。去年はお先真暗だった」という自覚へ、さらに「希望」の確信へとつらなってゆく。その背景には「子供がとても可愛く感じられた」という母親としての根源的感情体験がある。この時のエピソードは母親にとってだけの意味ある出来事だったのではなく、症児も母親のことを「オカアチャン」と呼ぶようになっていることを見ればわかる。かかる母子関係にはエリクソン（1937）のいう満足な相互性（satisfactory mutuality）の新芽ともいうべき姿を認めることができよう。そういった意味からこの期は「不安の克服と相互的愛情の芽生え」の時期であるということができよう。

第二期

この期は第一期に芽生えた満足な相互性（satisfactory mutuality）をさらに確固としたものへと育てていった時期であろう。症児の甘えを「甘え」として自覚して受け止める一方、自分なりの養育の仕方をあれこれ模索しつつ次第に母親としての自覚・自信がもてるようになってくる。症児の対人関係が平行して発達してゆく。この期の前半は母親－症児－長女の三者関係が問題としてうかびあがってくる。つまり症児の「甘え」とそれに応える母親そしてこの二人のあり方に対して羨望し嫉妬し、甘えられないことから「ひがみ」「すねる」長女というみつどもえの三者関係である。しかしクライエントはこの難しい時期をなんとか切りぬけてゆく。長女も幼稚園で「兄の補佐役」を果してゆく。このような生活の中での安定が「気晴らしに内職でも。私は貧乏性で」というゆとりにつながり、見違えるように血色がよくなり体重も増加してゆくという身体の復調へと結びついてゆく。そして「外出したときにも症児の手を離していることができるようになった。心配でなくなった」とクライエント自身語るような「相互的愛情の確立」となるのである。そしてこの期の後半に行われた「家族皆による霊場登山」はこの家族の立ち直りを示す象徴的出来事となっており、一つのモニュメンタルな企図でもあったということができる。この時期は「身心の復調と相互的愛情の確立」の時期であっただろう。

第三期

この期は当初から困難な事件が種々もちあがるが，それらの事件を解決してゆく上でのクライエントのはたらきをみる時，強くなった彼女の姿をあらためてまた印象づけられる。すなわち本家筋の親戚の子が収容されている施設から脱園して来てしまった時など，徹夜に近い状態で子供をさがしつづけ，発見された子供とその親を説得して帰園させる。次にその親戚の長女が登校拒否を起した折も子供と話し合い諭したうえで復学させている。「私には子供が七人いる」とクライエントが語っているように，クライエントは自分の家庭と親戚の家との両方の家庭の実質的支柱となっている。義父が病床に伏して後はその義父の看病をしつづける。困難の多い生活のなかにあってクライエントはつぶれることもなく，むしろ積極的に立ち向ってゆき解決してゆくのである。家族力動も少しずつ変化していっている。クライエントの夫自身も一家の主人らしく役割機能を果すようになり，かかる夫に対してクライエントも「もっともっと夫に甘えたい」と述べるなど，クライエントは「妻として母としての本来の姿」をみせるようになる。それは女性としての喜びと幸せに目を向ける極くあたりまえの女性の姿である。彼女は長女にも目を向け始める。そこに見える長女は「甘えたくても母に甘えられない幼児」であり，自分の幼少時を思い出し，しみじみと可哀想に思うのである。この期に症児は小学校に入学する。特殊学級ではあるが症児の学校での生活は順調に適応的方向へむかっていっているようである。症児は対人関係の発達はいまだ充分ではなく多動傾向がかなり顕著であるが，自閉傾向児にみられがちな「冷淡さ」があまり前面に出ない性もあり，学級全体から可愛がられているようである。クライエントはひとことで表現すれば「感謝の人」である。それがまた対人関係を良いものにし，症児の社会適応を円滑にする要因となっている。この期はクライエントの「母としての自立の時期」ということができる。

2　治療構造について

カウンセリングの中では治療者はいわゆる助言的はたらきかけを最小限のものに止めた。治療者はただクライエントの発言に黙って耳をかたむけていただけであるといっても過言ではない。かかる面接状況の中でクライエント自身過度に依存的になることもなかったし，陰性感情転移なども起らず，治療者は適度な中立性をたもてていたと思う。一方，クライエントの謙虚な人柄と生活上の労苦にめげない生きる姿勢に触発された治療者の逆転移（陽性感情転移）を要素に含んだ肯定的態度が，彼女を支える上で言語的にも非言語的にもカウンセリングの中で効果的にはたらいていたことは事実である。しかしもっとよく考えてみれば，クライエントのこころの深いところでクライエントを支えていたものがあったのではと考えられる。それは彼女の内的母親イメージである。クライエントは「母の苦労にくらべたら私の苦労は……」という言い方を時々した。そして治療者には〝六人の子供を女手ひとつで育てあげたクライエントの実母〟と〝七人の子供をもつ「母」としてのクライエントの姿〟とが奇妙にオーバーラップして写っていたことも事実である。三年間の歩みを内側から支え今後の歩みにおいても一つの支えになるものとしてクライエントの内的母親イメージがあると治療者には思えるし，母子平行治療を行ってゆく場合，クライエントとしての母親自身のかかる内的母親イメージがどのようなものであるかを治療者は慎重に考慮してゆかねばならないのではないかと思われる。また母子平行治療を行う場合の基本的態度として「クライエント自身の生いたちを含めた人生」「家族人間関係」「子供の状態像」の三側面にわたって視野に入れながらカウンセリングを進めてゆく態度をもたねばならないことをあらためて本事例の治療経過が教えてくれたと思う。

３　自閉傾向形成要因に関する若干の考察

ここでは母親面接を通じて治療者が把握し得た情報にもとづいて自閉傾向形成要因に関する考察をこころみたい。本報告は障害児の母親のカウンセリング状況を通して見た歩みを浮きぼりにすることに主眼があったので本事例における症児の臨床像は必ずしも明確になってはいないと思われる。筆者は他の治療共同者達と三年にわたって本事例の通所治療をおこなってきたので，症児に関する情報はかなりの程度把握できていると考えている。症児の診断に関しては，以下の諸点から「自閉傾向児」であると思われる。

①症児は出産前後を通じて外傷的負因や代謝障害は認められない。血液型不適合も存在しない。

②数度にわたる脳波検査、脳レントゲン検査の結果異常所見が認められていない。

③身体発育および運動機能の発達はまったく正常である。いわゆる運動神経は正常児とくらべて優るとも劣らない状態である。

④対人関係の発達のあり方が特異である。三ヶ月微笑は観察されたものの弱く、八ヶ月不安は出現しなかった。母親との分離不安がみられるようになったのは四歳末頃であり、甘え行動がみられるようになったのは五歳を過ぎたころからである。対人関係の発達と共に多動傾向（hyper activity）の減少と言語面での発達改善がみられる。興味対象のかたよりがみられる（症児の場合には水、自動車のマーク商標、カレンダー、記号としての文字や数字、電話番号帳などである）。及び視線が合いにくいという点も忘れてはならない症児の特徴である。

⑤言語発達のあり方が特異である。自発語としては二歳後半の簡単な喃語（マンマ、ブーブー）などの他顕著な発達はみられず、三歳頃からはいわゆる反響言語（echolalia）が本児の言語行動の中心となった。

⑥興味対象に関する記憶力は良好である。

⑦文字・言語あるいは絵具等による表現意欲は極めて薄弱であった。

⑧厳密な意味での「鏡像段階」が観察されていない（四歳七ヶ月で母親を真似て鏡に向って化粧する行為が観察されている）。その意味である程度の自己イメージが形成され、自己と他者が分化し、身体を含めた自己領域が分化し始めたのは、「母親への甘え」「分離不安」「親しい人の真似」「妹との喧嘩などにみられる自己主張の芽生え」「怪我に対する過敏な態度」などの症児の変化をあわせ考えるなら、ほぼ五歳代になってからであろうと推定できる。

以上、本児を自閉傾向児と診断する立場に立って、本児の自閉傾向を形成した要因に関する若干の考察をこころみる。

自閉傾向形成に関して考慮すべき二つの要因

母親面接をすすめながら、治療者としての筆者の胸の中には、症児の自閉傾向を形成する上で決定的な役割を果した要因はいったい何だったのかという疑問が常に生起していた。そしてクライエントと面接を重ねる中で、二つのまったく異質の側面が自閉傾向形成要因としてうかびあがって来たのである。その第一は症児の誕生前後からの生活環境であり その中心となる母子関係である。第二は症児をめぐる血縁関係の中にうかがわれる遺伝的負因である。

a　症児の自閉傾向形成上の心理的要因

誕生後の症児をとりまく養育環境はかなり特異なものであったと思われる。祖父母の人格はかなりエキセントリック（eccentric）なものであり、息子夫婦に対しても孫である症児に対しても暖かさに欠けるものがある。症児の父はその出生の来歴からやや暗い陰をおびた人で、妻であるクライエントから見て「子供のような人」であり、「夫として父親としての役割を果さなかった人」であったらしい。かかる家庭にあって、家族をまとめ家庭の中心となってゆかねばならない立場にあったのがクライエントであったと思われる。症児誕生後クライエントはなお一層困難な立場に立たされたことは否定できない。彼女は極度に心身をすりへらし、低血圧という心身症を発症させてしまう。クライエントが二六、七歳の頃に診察した内科医が「貴女の身体は四〇歳代の身体だ」と驚くほどまでにクライエントの心身は衰弱するに至っている。彼女自身その当時をふりかえって「ノイローゼ状態だった」というほどで、とても正常な母親として充分に母性性を発揮できたとは思われない。

井村と川久保（一九七二）は「家族にまとまりがなく、家族成員は同じ屋根の下に同居しながら、相互のあいだにコミュニケーションが極めて乏しく、家庭の中で個人個人で勝手な行動をして家族内の役割もあいまいだし、またそれに努めようとしない」家族を「離散型家族」と呼び、精神分裂病（今日では統合失調症）発症の家族的要由として強調しているが、本事例における家族状況はこの「離散型家族」に類似した状態にあったということができるように思われる。そのような家庭環境の中に症児は誕生したのであり、症児誕生後はなお一層かかる側面がこの家族の中で強まったものと思われる。クライエントは症児誕生後も内職に没頭する。そのような状況にあってクライエントは安定した母性性を発揮することができず、母子間に満足な相互性（satisfactory mutuality）が形成されるはずはなく、事実母親による言及も無い。症児誕生後の二年間の症児に関する母親の記憶も内容乏しいものとなっている。母親が症児を〝しみじみ可愛く〟感ぜられるようになったのは通所治療を開始して約一年が過ぎたころであり、症児四歳末のころである。それまでの母親の養育態度は基本的にみて「禁止的・処罰的」であり過剰な社会的侵入（social intrusiveness; Erikson, E. H., 1950）を症児は人生の最早期から受けつづけていた一方、信頼できうる暖かな対象としての母親との出会いを欠き、そのような状況の中で育つ症児の内面には「安定した自己感情」も「基本的信頼」も育ちにくかったであろうことは充分考えられることである。症児にあって良い母（good motber）が悪い母（bad mother）に統合されていったのは四歳から五歳になってのころであると推定できる。それまでの彼の対象関係は部分的対象関係（partial object relation）の段階にあったともみることができる。

　自閉傾向児の示す病理的行動として以前から「固執傾向」「同一性保持」「常動行動」が挙げられてきているが、筆者はこれらの病理現象を単に自閉的世界での行動とのみ考えることには疑問をもっている。筆者はそれらを自閉傾向児が自我像（ego-image）喪失状態の中にあって無意識的に行っている自我像回復への懸命の努力と考えたいのである。そのように考えると症児が固執してとりくんだ興味対象が水であったことは興味深い。水の特性は「無型態の型態」「部分のない全体性」「融通無碍のありかた」「透明性」「無限性」「可遡性」「変化自在」などが挙げられる。このような性質をもつ水と症児は何故長い間懸命にとり組んだのか。筆者は次のように考えたい。水は症児にとってそうありたい「全体性」をもった対象であり、他の七つの特性から水は彼のこころに強いインパクトを与える外在物であった。症児の自我像が修復され、部分対象から全体対象（total object relation）へと外界とのかかわりの構造を飛躍させようとする症児のこころのうごきにとってまさにぴったりとくる対象であったのだと。しかしこれは想像の域を出ないものであるが。症児は四歳頃になって爪噛みと手の甲を噛むなどの一種の自体愛的（autoerotic）な自傷行為がみられるようになった。これは症状が部分的に神経症症状に移行してきたことの現れであり、治療的視点からは好ましい指標であると思われた。このように母親と症児との相互的愛情関係が成立すると共に症児の自我像の修復・改善の動きが始まってゆくのである。

b　遺伝的負因　症児の自閉傾向形成要因を考察する上で無視できないものとして症児をめぐる血縁関係上の遺伝的負因がある。そしてこの要因がどの程度症児の自閉傾向を形成する上で寄与した要因たり得たのかを考察してゆくことが、先に述べた本事例の症状形成要因としての心理的側面を浮きぼりにしてゆく上で欠かせぬ道筋であると考えられる。

症児と血のつながる家族はクライエントである母親を除けば、父親、祖父、伯母（父親の実姉）、従兄、従姉、妹の六人であるが、そのうちいわゆる普通の生活をしているのは父親（母親）従姉、妹の三人であり、他の人達は何らかの意味で問題をもっている。祖父は読み書きも充分できずかなり eccentric な人柄の人であったらしい。伯母も生活能力の低い人であり、従兄は施設収容されている（この従兄のことをクライエントは〝自閉症的〟と言っている）。このような血縁関係上の特質を見てくると、そこに自閉傾向を結実させる準備因子としての遺伝的負因（いわば自閉傾向をきたしやすい可能性の程度）がうかびあがってくるのである。

それではこの遺伝的負因はどの程度症児の自閉傾向形成に寄与したのであろうか。また先に述べた心理学的要因とどの程度影響しあっていたのだろうか。この点を考えるにはもう一度症児の自閉傾向そのものに戻ってみてゆかねばならないと思われる。

c　症児の自閉傾向の軽重と家族病理性の程度　自閉症状の程度は自閉傾向児の示す四つの病理現象（言語発達の病理、同一性保持、固執傾向、常同行動）そして対人関係・対物関係を含んだ対象関係のあり方等の諸側面を総合しながら判定してゆかねばならないと思われる。症児の場合、

①同一性保持の傾向が顕著ではない。
②言語発達が比較的順調である。
③対象関係の発達は「甘え」の発現状況からみて比較的早く始まっている。
④感情表現は比較的豊かである。

これらの点に立って症児の自閉傾向は軽度であったと判断できるが、自閉症状の程度とそこからの改善の遅速、その背景にある家族の立ち直りの速度は逆に自閉症状を形成する上での家族病理性の程度をはかる指標であるとも考えられる。単純に図式化していえば自閉症状の程度が重いほど、そこからの改善の速度が遅いほど、さらに家族病理性の改善が遅いほど環境要因としての家族の内包する病理性の根は深いとみなすことができる。もちろんこれは遺伝的負因の軽重とからみあわせて相対的かつ総合的に考慮されねばならない点ではあるが、このような視点に立つと、

①症児の自閉傾向は比較的軽度である。
②母親の立ち直りと養育態度の改善は治療開始後約一年という、自閉傾向児の母子平行治療としては比較的短期日にみられている。
③家族全体の力動とそこにおける病理性の改善は治療開始後二年ですでに兆がみられる。
④養育態度の改善、家族病理性の改善とほぼ平行して症児の症状の改善が始まっている。

以上の四つの角度からみて母子関係における失調の由来は母親自身の人格に深く根ざした病理性ではなく、かかる意味からも本児をめぐる家族力動の病理性は〝見えの姿〟ほど深刻なものではなかったか、あるいは母親の存在がある程度柔らげる役割をはたしていたといえるかもしれない。むしろ母子関係を障害したのは第一義的には母の人格特性ではなく「離散型家族」に近似した家族全体の力動的布置（dynamic configuration）であったと考えることができる（約三年間の母親の歩みはかかる家族の中で本来の母性性を取り戻してゆく歩みでもあっただろう）。

家族の内包する心理的病理性を以上のように考えてくると、相対的に遺伝的負因の役割がクローズアップされてくる。

遺伝的負因（自閉傾向形成上の準備因子）の影響性が重大な意味をおびてくるのである。しかしこの遺伝的負因のはたらきの内容についてこれ以上立ち入った論議はさけよう。とりわけ自閉症状にはたす遺伝的負因の役割は未だ不明確な点が多い。症児に関する追跡的研究と事例の集積をまつ他はない。

註

（1）Harlow, H. F.（1971）はアカゲザルを用いた一連の組織的研究のいわば総括的報告書といってよいものであるが、母性愛の発現に関して次のように述べている。

（i）母性愛は本来生得的なものである。それは母性的態度を学習した可能性のない、他のサルから隔離されて育てられたメスザル達は赤ん坊ザルに出会った時、そのほとんどが、「接触」「愛撫」「抱きしめる」という気持のよい反応を示したこと、一方同じ境遇で育ったオスザル達は赤ん坊ザルに対して「威嚇的で攻撃的な反応」を示したことから証明される。

（ii）しかしかかる生得的本能的母性愛の発現においては、母と子の相互関係が影響する。たとえば母ザルから子ザルを引きはなしてかわりに子ネコを与える。すると母ザルは子ネコを育てようとし乳を与えようとさえ努力するが、子ネコは動きまわってじっとしていない。すると約一、二日間もすると母ザルの母性愛はすっかりしぼんでしまい、ついには子ネコを完全に見捨ててしまう。別の実験では自閉的な行動傾向をもつ子ザルを与えられた母ザルは当初この子ザルをさかんに養育しようとするが、子ザルが一層金切り声をあげて自閉傾向を強めるので、ついにはこの母ザルは正常な母性反応を示すことができなくなってしまった。しかし自閉傾向のない子ザルをかわりに与えられると、たとえその子ザルが先天盲等の奇型をもっていたとしても、正常な母性行動を再び発揮するようになった（Harlow, H. F., 1971: 訳書、五一一三頁　第一章から引用）。

（2）彼女の育った実家は六人の子供からなる母子家庭であったという。この点については治療後期になって言及された。

参考文献

Bettelheim, B.　1967　*The empty Fortress-Infantile Autism and the Birth of the Self*. New York, Free Press.（黒丸正四郎他訳　一九七三『自閉症・うつろな砦一、二』みすず書房）。

Creak, M. & Ini, S.　1960　Families of psychotic children. *J. child psychol. psychiat.*, **1**, 156-175.

Eisenberg, L. & Kanner, L.　1956　Early infantile autism. 1943-1955 *Amer. J. Orthopsychiat*, **26**, 556-566.

Erikson, E. H.　1963　*Childhood and Society*（2nd ed.）. Norton, New York.

Harlow, H. F.　1971　*Learning to Love*. Alibion publishing Company.（浜田寿美男訳　一九七八『愛のなりたち』ミネルヴァ書房）。

平井信義　一九六八『小児自閉症』日本小児医事出版社。

Kanner, L.　1943　Autistic disturbances of affective contact. *New Child*. **2**, 217-250.

Klein, M.　1932　*The Psychoanalysis of Children*. London, The Hogarth Press.

Mahler, M. S.　1968　*On Human Symbiosis and the Vicissitudes of Individuation, Infantile Psychosis*. Internat. Univ. Press, Inc. New York.

Spitz, R. A.　1962　*Die Entstenhung der Ersten Objektbeziehungen*. Stuttgart, E. Klett.（古賀行義訳　一九六五『母子関係のなりたち』同文書院）。

相馬壽明　一九七七「ある母親の問題構造にみられた「甘え」の心理について――平行母親面接の初期過程から」『臨床心理事例研究（京都大学教育学部心理教育相談室紀要）』四号、一二七-一三四頁。

第３部　青年期の心理療法

第6章　青年期の宗教性とアイデンティティ

1　深化する葛藤——女子学生の手記より——

ここに紹介するのは「私の心の成長」というテーマで書かれた文章の一部である。作者は当時二〇歳、大学三回生の女性である。大学生活を健康に過ごしている適応性の良い人である。

「中学入学のころ、私は自分の部屋をもちたいと両親にたのみ込んだ。私は急に自分を大人として見るようになっていった。高校のころ、親のいうことがひとつひとつ気に入らず、反抗期になった。そのような行動は無益なことと意識しながらも、あたかもヤムニヤマレヌ力に引きずられているようで、どうしようもなかった。そんな私も大きな問題をかかえ込んだときなど、親に助けを求めにいった。半分成人半分児童、反抗と依存という相反する〝二重性〟をもっていたようである。また、自分は何だろうと、よく考えた。本当は私というものは存在しなくて、私の中の別の存在が私を動かしているのではないかと考えたりもした。私の内部にもまた別の世界があって、新たに見い出された世界は外界にくらべ、豊かで美しく、魅力ある世界に思えた。このような内面世界に視線を向けはじめた私は他人との交わりをさけたくなり、一人の時間を多くもつようになった。一人で考えていると、美しく魅力ある世界だったのが、次第にわけのわからぬ暗黒の世界へと変わっていった。私は私の内面の葛藤に直面していたが、それに直接こたえることはできなかった。私はなんとかして私の気持を表現しようとした。人に話すのではない。その結果思いついたのが日記である。日記の中の〝彼女〟（もうひとりの私）にせっせと自分を語ること。〝彼女〟は私にとって、大きな支えであった。

　大学に入ったころから、日記の内容は変化しだした。私の眼は私の目的、つまり自分の人生や将来のことに向かい始めたのである。」


　読んで明らかなように、青年期におけるこころの変容の様相が、短かな文章の中に簡潔に表現されている。いわば青春の鳥観図が、ここにある。青春の門をくぐった一少女が「私」を経験し始める。彼女は「反抗と依存」という矛盾する心理を抱きながら「私って、何だろう?」と考え始める。「ここにこうして存在する私とは何か」これは普遍的で根源的な疑問である。彼女の視線は次第に彼女自身の内面世界へと向かい始める。彼女の眼に映じる彼女自身のこころの世界、つまり内界は時に甘美に、そして時にどうしようもなく暗い世界へと変貌する。このようなこころの変幻の中で青年が体験するこころの葛藤には、強く、そして深いものがあると思われる。それを前にして、小さな自我はたじろがざるをえない。この女子学生も自分の葛藤に対して「直接こたえることはできなかった」と記している。

　われわれが青年期を歩む時、上に紹介したようなこころの過程を避けて通ることはなかなか難しいことである。もちろんそれまでの児童期においても、それ相応の悩みを経験する。が、青春の門のむこう側にある悩みがそれまでと大きくさま変わりするのは、そこにいままでには無かった異質のものが生じてくるためである。「個」としての自分自身との出会いが、それである。シュプランガー（Spranger, E.,1924）が「自我の発見」と呼び、個性化過程の根本体験として位置づけ、近くは西村（一九七八）が「自我体験」としてまとめた現象が、それに相当する。

　他の誰でもなく、あとにも先にもただ一回限りの存在である自分自身との出会いは、大人になっていく旅路において、避けては通れぬ道である。しかしそこで経験する「個」の感覚は「自分は路傍の一個の石にすぎない」といった無力感や孤独感を生じさせやすい。自我の発見（西村のいう自我体験）にひきつづいて個性化過程（Individuation procces）、つまり、かけがえのない真の「自分」という意識が深い感情を伴いつつ育っていくためには、そこに強力な何かが持続して加味され、経験されていかねばならないのではないだろうか。たとえば先の女子学生は、自分の分身としての仮構の〝彼女〟を設定して「日記」の中で対話しつづけている。それが「大きな支え」になったと彼女は記している。ここで彼女が求めていたことは、自分のあり様を自分を超えたところからみつめなおす作業であるとともに、内なる深みにおいて何らかの〝証し〟を得ることであったと思われる。このことは彼女にとって、おそらく重要な意味をもっていたことであろう。

安定し、まとまり、そして深い感情に裏づけられた自分意識が真に育って行くためには、個としての自分に対する痛切な自覚のあと、それにつづいて、さらに個を超えるものによって、内側から支えられていかなければならない。シュプランガー（1924）のいう「自己の確かな立脚地の発展」である。これは個性化過程が順調に進んでゆくための基本的条件の一つと思われるが、その端緒が青年期にやって来る。こころの内や外に心底から自分という存在を「証し」支えていってくれるものを見つけ出すこと、それは言い換えれば、真に自分のためのレーゾン・デートル（存在証明）を内的に保有するということではないであろうか。小さな存在にすぎないわれわれが、なおかつ意味をもち、真の自分でありつづけるためには、自我を超えた「大いなるもの」と触れ合い、つながり、交流していくことを通して、存在の〝証し〟を得ていくことが必要不可欠であることを、上の女子学生の手記は示唆していると思われる。これはいわばアイデンティティの逆説的性質であるということができる。

女子学生の手記に出発して、自我との出逢い、深化する葛藤、個性化と証しなどの問題に筆を進めて来た。はじめに述べたように、この手記を書いた学生は適応の良い健康な人である。青年期にこころの健康をそこねた人、換言すれば青年期においてもっと重い課題を精神的にになわされた人の場合、個性化の過程はいかなる様相を呈するのであろうか。次節では臨床事例の中にそれをみていきたい。

2　事例――二極化の狭間での苦悩――

集中力の低下を主訴に来談した学生・物部精二君（一九歳）　物部精二君は大学一回生である。主訴は「集中力の低下」ということで、彼の語るところでは「講義中三〇分もすると頭がボーッとしてきて、何も理解できなくなってしまう。そうなると先生の声もタダの音となって、耳の傍を通り過ぎていくだけで頭に入ってこない。家でも同じで、一日中ボンヤリと過ごしている毎日がつづいている」という状態であった。そのような状態が始まったのは中学一年生のころらしく、高校二年～三年生のころがいちばんひどかったという。

物部精二君は中背・色白の学生で比較的肉づきが良く、クレッチマー（Kretschmer, E., 1921）の肥満型に属する体型である。エネルギーは十分もっている感じで、本人も「意欲は人一倍ある方です」という。入学直後の自主来談である。他の特記事項として、彼には難発性の吃音が認められた。吃音がめだつようになったのは小学校入学のころで、小学校四年生のころにひどくなり、治療にも通うが完治しなかったとのことであった。

家族構成は父親（五八歳）母親（五〇歳）兄（二五歳）そして精二君の四人家族である。ただし、同じ敷地内の別棟に八〇歳代の祖父母が居住している。父親は婿養子で、母親はいわゆる家付きのお嬢さんというところである。

物部家は地方に代々つづいた素封家であったという。太平洋戦争後の農地解放によって財産を大巾に減らしたが、戦後精二君の祖父が会社を興して家の危機を乗り切るとともに、財産を増やしてきた。物部家に婿養子として入って祖父の経営する会社を引き継いだ精二君の父親は、戦後の教育を受け、新しい合理的な考え方を身につけた人物で、やや斜陽化してきていた養父の会社を合理化、新分野の事業へも進出することで立て直し、会社を大きくしてきた「手腕の人」である。精神力旺盛な人物らしい。精二君の兄はエンジニアとして、大企業に勤務している。母親は邦楽師範。外出することの多い婦人である。家宗は仏教。地元の大寺の有力な檀家の一つであるが、殊に信仰心の篤い家族というほどで

図6-1　箱庭作品「京都」

はない。

物部君との心理面接は、大体、一週間に一回のペースで継続していった。約三年間の心理面接を重ねていく中で、精二君の症状は軽快した。初回面接時には明瞭でなかったさまざまな事柄、例えば物部家の家族力動や精二君の幼少時からの体験など、症状形成にとってても重要な背景となった事柄が、まさに薄皮が一枚一枚はがれていくように明らかになっていくのであるが、その心理面接の過程の概略を、以下にみていくことにしよう（カウンセラーの発言についてはThとして表記）。

なお心理面接開始時におけるクライエント・精二君の状態像は主訴から見て軽鬱（Depression）の状態にあったと判断される。ただし悲哀感や罪責感情は一貫して訴えられてはおらず、テレンバッハ（Tellenbach, H., 1961）のいうメランコリー親和型性格がそれほど顕著であるとは思われなかった。

初回　主訴・来歴などを聴取したあと、治療者が箱庭について説明し、箱庭製作に誘ってみると、精二君はかなり積極的に作り始めた。「日本的な風景を作ります」と言って、精二君は人形類を次つぎに砂箱に置いていく。製作スピードは比較的速い方である。

砂箱の右上側に山が築かれ、山裾に城が置かれる。山の中腹に一本の樹。山頂にひとりの樵（きこり）の老人。左手に五重塔、鳥居、大仏、民家など。数人の僧侶。大勢の子供達。左上隅に墓も置かれた。城の周囲は堀。釣糸を

図 6-2　箱庭作品「結婚式」

垂れる老人が一人いる。（図6-1）。

「京都の景色です。子ども達は修学旅行の生徒達。以前おじいさんと一緒に京都へ旅行したことがあります」と精二君は語った。精二君にとってこの祖父はかなり重要な人物であるらしいと察せられたが、祖父と精二君との人間関係の詳解は語られなかった。吃音もかなり目立った。

二回　箱庭「結婚式」　ほぼ中央に教会、牧師、新郎新婦。右にマリア像と樹。天使もいる。左上隅に墓。そして黒マントの魔女など。（図6-2）。

「この前日本的風景を作りましたから、今日はできるだけ西洋風に作ってみました。幼稚園のころ、通っていた幼稚園がミッション系でしたので、毎日マリア様の前で十字を切らされました」と精二君は語る。

三回　箱庭「一家団欒」　おばあさん（祖母）が夕食の支度をしている。テーブルの前にはマリア像。家族の中心人物は少女。その少女は夕食後、犬を連れて散歩に出る。「僕も毎日飼犬をつれて、散歩に行きます」と精二君は語る。

四回　箱庭「天国と地獄」　精二君は入室するやいなや「今日は凝ったのを作ります」といって箱庭制作にとりかかる。砂箱のほぼ中央から右側が天国ということで、観音菩薩、地蔵菩薩、五重塔、夢殿、僧侶などが次つ

図 6-3　箱庭作品「天国と地獄」

ぎに置かれてゆく。右下隅には神社や大仏、鳥居など。神主もいる。一帯が聖なる地域なのだろうか。左隅がこの世だということであったが、さらに左上隅には赤鬼青鬼がいて人間達（亡者？）を責めさいなんでいる。「地獄です。初めは地獄なぞ作るつもりはありませんでしたが、砂の窪みを見ていたら浮かびました」と精二君は語る。地獄の領域には赤い樹々が置かれているが、地獄の火で燃えているかのようである。左上隅に橋があるが、三途の川にかかる橋なのであろうか。（図6-3）。

集中力低下について。「高三のころが一番ひどかった。家でも学校でも。もう何も手につかず、ボーッとしていた。本も読めない。焦りだけ強くて。朝からボーッとしていたこともある。好きな科目の時の方がひどかった。矛盾してますが」。

五回　箱庭は製作されなかった。外国語の試験の結果が思わしくなく、落ち込んでいる、と精二君は語る。先生、お仕事上〝子殺し、水子供養、借金倒れ〟など、どう思われますか？（Th：今日はまたどうして？）高二のころから心霊などの本に凝り出しました。そういう本の中に水子供養のことが出ていました。（Th：精二君が心霊とかそういう方面に関心がむいた時と集中力低下のひどくなった時と平行してるね。）ア、そうか。先生やっぱり、さすがですね、と精二君はしきりに感心する。

なぜ彼が高校二年生のころに心霊現象などに強い興味を抱くようになった

のか、そのきっかけについて、この段階では語られていない。それが「秘密の告白」という形で治療者に語られるのは、かなり後のことである。

六回　連絡無く休み。後で電話が入り、「うっかり面接のあること忘れてました」と精二君は言う。先回「心霊現象に凝り始めたことと集中力低下の時期との暗合」など、クライエントのこころの深い部分に関連したことが話題にされたので、〝ひと休み〟かな、と治療者は推察する。

八回　箱庭「東洋と西洋」（図6-4）。右手に白い観音菩薩、大仏、鳥居、橋、家そして僧侶など。対称的に左側には修道女、十字架のイエス像、西洋人、家などが置かれる。左右ほぼ対称のマンダラ的な作品である。対極的な世界でもある。

　精二君の作品に関する連想はすくなかったが、治療者には大いなる救済の世界が表現されているように思われた。精二君はこんなことを語った。

　先生。心霊現象についてどう思われますか。科学と宗教との関係は（Th：精二君はどう考えているの？）僕、科学だって、見方を変えれば、宗教的だと思う。マルクス経済学も宗教的。中学生のころ、僕はまだ唯物論者だった。高校生になって心霊・オカルトに凝り始めた。でも今は中間です。このごろ僕の見方は移ってきました。（難解で抽象的な話題をむけてくる精二君であ

図6-4　箱庭作品「東洋と西洋」

る。論の進め方に飛躍もある。面接の後半に治療者は眠気に襲われたセッションであった。）

一〇回　箱庭「動物の国・アフリカ」（図6-5）。砂箱の空間がほぼ四分割される。右上部がサバンナ地帯でライオン、トラ、キリン、シマウマなどがいる。左上部はジャングル地帯でゴリラ、象、駝鳥などが居る。右側中央部に湖。ワニ、魚、カエルが居る。右下部が人間の居住地区。トーテム・ポールと四人の人間。左下部は砂漠で、野牛、ラクダの群、枯れ木。そして二体の白骨死体。「行き倒れで死んだ人」。連想は語られず、「テーマはすべて出尽くしました」と精二君はいう。

図6-5　箱庭作品「動物の国・アフリカ」

兄が神秘的なこととか、四次元のことなどが好きでした。その影響もあって、興味を持ち出したのは小学校三〜四年のころ。今もつづいています。アインシュタインの本も読みました。宇宙って、大きいですね。本当に大きい。

次の回から精二君は箱庭を作らなくなった。治療者としては少し残念な気持がしたがやむをえなかった。言葉による面接が重ねられていった。読書の話が多くなった。暑い季節となり、面接も一三回目となっていた。

今日は七夕ですね。高二のころはオカルトがかった本ばかり読んでいました。この前、漱石の「夢十夜」を読みました。あれ、すごい本ですね。すごい内容です。芥川も好きです。暗いところがいい。僕は古い本、古い庭や坂道、そういったアンティークなものが好きなんです。

一五回・一六回

家で机にむかって何も出来ず、気ばかり焦って、落ち込んでしまう。昼頃から調子が悪くなる。世間が活動しているとき、僕は余計ボーッとして来て、落ち込んでしまうんです。他の人が活動していると、自分は活力が下がり、集中できなくなって、落ち込んでしまう。天気が良い日は余計悪い。身体がだるくなり、頭の働きが鈍くなってしまう。

夏のきらめく陽光が精二君にとってはかえって良くないのか、しきりに気分の落ち込みを訴えるクライエントである。このころから彼は高校生のころに受けた「いじめ」について言及するようになっていった。

一八回

高二から高三にかけて、つっぱりグループから繰返しイジメられた。例えば命令されて遠くまで何か物を買いに行かされる。あんまりひどいので非力な連中二〜三人を集めて、僕が中心になって「秘密同盟」を結んだ。その時の秘密文書です（と彼は鞄から紙切れを出して治療者に見せた）。いじめられて最悪だったとき、高二のころ、偶然本屋で見つけた本です（と一冊の本を鞄から取り出して治療者に見せる）。この本を読んで救われたんです。いまいじめられて苦しんでいるのは、一つの試練だ。宇宙の大きさに比べれば、いまこの世で僕に起こっていることはちっぽけなことだ、と感じて、それによっていじめの苦しさを乗り越えることができました。

このように話しながら彼が治療者に見せたのは、小さな、しかし「神説創世記――地獄篇」という、ものものしい書名の本であった。

精二君が超常現象にのめって行った直接のきっかけが語られた。彼が当時「いじめ」を通じて味わわされていた屈辱、怒り、悲しみなどのこころの苦痛は容易に想像できる。そんな彼を支えてくれたのは一冊の本であり、その読書を通じて彼が得たのは「この世を超えた世界」「大いなる宇宙」の存在――を知ったこと――であったわけである。彼には「いじめ」をはね返す力が無かった。その彼に出来たことは非力な仲間と密かに組むこと、そして「超常の世界」に思いを馳せること、そのことによって慰められることくらいしか無かったのであろう。超常へののめり込みは、しかし、彼のこころの健康を次第に奪っていく結果ともなるのである。

秋になっていた。精二君の集中力はかなり回復してきているとのことであった。彼は学業に対してもなかなか意欲的で、英会話などの勉強も始めている。

家族、殊に祖父母や父親に関する言及が増え、父親に対する批判も語られるようになった。薄皮が一枚はがれた、と治療者は感じた。

二〇回～二二回

僕はミクロ（この世）の生活もマクロ（四次元の現象を含む）の存在も共に大切にして行きたいと思う。父は現実のところで頑張っているけど、現実だけでは何かが足りないと思う。僕は現実も四次元のこともしっかりやっていきたい。僕は四次元とか超常現象だけでも駄目だと思う。現実も大切。超常現象に凝りすぎて精神異常になった人って、いますか。僕はどうでしょうか。（Th：精二君は現実のことをちゃんとやれているし、大丈夫だと思う。）僕は勉強も含めて、現実を大切にしている。父親の良いところも見習っている。日本－地球－宇宙、というように現実を中心に考えて、行動していますから。

二五回

ある教会の牧師さんと、宇宙と神との関係について六時間議論しました。決着がつかなかった。僕は宇宙イコール神と思う。

精二君を内側から支えた「超越」がこのようにして語られていった。

物部精二君は二回生へと進級した。単位取得の仕方も意欲的である。「優」が取れると思っていた科目が意外に悪かったり、落としたと思っていた科目が「良」だったりということもあったらしい。「大学って、不思議なことの起こる所ですね」と言って笑う精二君である。この頃彼は自動車学校へも通い始めているが、そちらの方は極めて要領が悪いらしく、普通の三倍は時間がかかっているとのことであった。

高校生のころしつこく勧誘されて「ノミネート」だけしたという統一原理の話がされた時もあった。「悪いことに利用されないでしょうか」と不安がったが、治療者が「多分無いでしょう。何よりも精二君自身がしっかりとした態度でいることだね」と助言すると、安心する精二君でもあった。

父親方の優秀な親類の人々についても語られた。医者・弁護士なども含まれている。それらの人々は精二君にとって誇りでもあり、他方、やや心理的に負担になっている様子がうかがわれた。

面接の三二回・三三回には夢が語られた。この頃彼はユング心理学の本なども読み始めており、その読書によって触発された、自発的な夢報告である。

夢①　（小さい時から繰り返し見た不思議な夢です、と前置きする）場面いっぱいに丸い大きな白熱の光が輝いている。白い円型のものが、強烈に光っている。そこへ僕は近づいて行く。

夢②　（最近見た夢です）Y町交差点。なぜかその交差点には大きな吊り橋がかかっている。その上に僕がいる。

Y町交差点の周囲全体がよく見渡せ、たいへん眺めが良い。吊り橋からレールのような道が伸びていた。僕はそのレールのような道を歩いて行く。僕は歩いている。家の近くの、Y町にあるK寺の鐘突き堂の傍の細い道を僕は歩いている。散歩の途中らしい。その細い道はK寺の脇から大学の裏手につながっている。僕が歩いて行くと、どうしたわけか大学ではなく、H動物園の前へ出てしまう。

夢①は不思議な夢である。この夢は精二君が幼少のころから繰返し見た夢という。彼のこころの世界にとって重要な意味を秘めている夢と思われる。この夢の中の白熱球に関して精二君ほ「光る卵子みたいに思える。それに僕は近づいて行くんです。精子みたいに」と連想を語っている。何か突拍子もないほど〝深い〟連想であるが、彼の話を聞いていて、治療者のこころにはふっと原光景という言葉がうかんできた。この夢は彼の〝原〟光景なのであろうか。

夢②は現在の精二君のこころのあり方をよく示す夢に思えた。Y町周辺やK寺は精二君の日常生活とかかわりの深い場所である。そのY町交差点はこの大都会の東南に位置し、東西南北に五つの幹線道路が伸びている場所で、大都市中心部を心臓にたとえれば、この交差点はいわば「臍」のような場所であるとともに、方向感覚を狂わせるような複雑な地形になっている。精二君にとってそのような日常生活の場所を、いわば高みから眺め直す必要があったと思われる。Y町を高みから眺めたあと夢主はK寺境内から大学へ行こうとするが、動物園の前に出てしまうところが印象的である。この動物園に関する連想を求めると精二君は「小学校のころから中学にかけてよく行きました。動物の臭かったこと、中学のとき遠足で行った折に園の中で食べたラーメンがおいしかったことを覚えています」と語っている。精二君にとってこの動物園は身体性・生命性などと関連が深く、そのような夢象徴として出現したものと思われる。そのことを示唆するかのように、つづく三三回では中学のころみた怖い夢として「家のそばにキング・コングが突然現れて、こちらにむかってノッシ・ノッシとやって来る。僕は恐怖にかられて、町の中心のS町へ一目散に逃げる」という夢が思い出されて報告されている。箱庭作品「動物の国・アフリカ」との関連が感じられる夢でもある。

小学校の五〜六年のころによくみた夢や空想体験も語られた。「僕の家。でもどこか違う。二階が一階と同じ。三階も四階も同じ造り。僕は一階から二階、二暗から三階へと昇って行く。上へ昇るほど無気味な雰囲気が強まる……」という夢である。彼の家は実際古くて大きな家らしい。二階は普段使われていなくて、暗く、彼はその二階の暗い部屋で「タイム・トリップ」する白昼夢にひたったそうである。その空想の中では、なぜか少女時代の母と壮年の祖父が登場したという。三三回には次のようなことも語られた。

今の僕は物質界重視です。オカルト的なことと物質界のこととは矛盾しません。〝精神の基礎は物質である。身体消滅後の霊魂の存在は有り得ない〟というような唯物論の主張はすごく幼稚に思えます。僕は両極端、つまり唯物論も観念論も否定します。物質界と四次元世界は重なっていると思う。二次元の存在は三次元で起こることが不思議に思えるけど、三次元世界ではあたりまえのこと。それならこの世で起こる不思議なことも四次元の世界ではあたりまえのことだと思う。先生、僕のこと、わかってきましたか？（Th：少しずつね。）超常現象へ興味が行くのは、これは僕の気質です。（Th：気質っていうと、生まれつきの？）いえ。後天的に作られたものです。これからはもっとそういうこと、話しましょうか。家族のこととか。でも僕の家族はすごく複雑ですよ。とても数回では語り尽くせません。

この回の面接は治療者にとっても印象に残るセッションであった。

精二君はこれまでも度々心霊現象やオカルトについて語った。四次元世界や宇宙について語った。それらの事象について、この回では観念論という言葉が使われた。これらは彼にとって一にこころの世界と同義のものと思われる。彼のこころには二極化構造と呼んでよい傾向がある。箱庭作品に表現されたマリアと魔女、東洋と西洋、天国と地獄などのモチーフにもそれは示されている。それは今回語られたように物の世界とこころの世界との二極化でもあった。彼はそれらが「重なっている」と言う。彼のこころは少しずつまとまって来たかな、と治療者は思った。

三七回・三八回

先生、手塚治虫の「火の鳥」知ってますか。（Th：よく知っている。）あれはすごい。マクロの世界とミクロの世界がその極で一致する。もうすごい観念論ですよね。ずいぶん哲学の本読んでみえるんでしょうね。あの人もともと医学部出身ですしね。僕、大好きなんです。

今、歴史のことに興味があります。幕末の攘夷思想がなぜ明治の開国につながっていくのかがスッキリ分らなかった。でも、僕はやはり〝和魂洋才〟です。父は唯物論とプラグマティズム。兄は観念論、密教に凝っている。僕のオカルト好きには兄の影響もあると思います。（Th：お母さんの方は？）母はよく外に出ていました。いまでも。僕は小さい時は母よりもおばあちゃんの世話になっていました。僕の中の和魂、こころを重視したりオカルト好きのところは、死んだおばあちゃんの影響が強いと思います。祖父と父は時々対立します。仲直りして、また対立します。先生、蝿（ハエ）になって、あるいは野良猫になって（Th：ニャオニャオと？）そう、ニャオニャオと家を覗き見にみえたらどうですか。（笑）面白いですよ。（Th：覗き見はいけないよ、絶対。）

精二君は主訴である集中力の低下をまったくといって良いほど訴えなくなった。

二回生の夏期休暇中に物部精二君は友人とアメリカ旅行にでかける。その思い出話にからめて、こんなことが話された。

四二回・四三回

この足でニューヨークの土を踏んだのは、驚きでもあり感激でした。ウォール街にもハーレムにも行ってきました。でも僕はアメリカの明るさ・軽さは好きになれない。ヨーロッパの方が良い。ロンドンの暗さプラス品性が好きです。なぜって僕はまわりが明るくなると気持が暗くなってくるから。暗いだけでは駄目で、知性がプラスされていないと。

僕にとって春から夏にかけての、よく晴れた日の午後二時ごろがいちばん恐ろしい時間帯。ウツになる。（Th：今は？）高校から大学入学のころが一番ひどかった。ひどい時はウツの状態が一週間くらいつづきました。そういう時はウツにウツが重なって余計にひどくなっていく。やる気はあるのに何もできないで意欲喪失しているのは、とても恐ろしい経験です。今はそれほどひどくはならないけど。

四五回　秋も深まっていた。面接時間の関係もあり、精二君は昼食を用意してきていた。治療者は精二君が心理面接の中で食事することを許可した。

三島由紀夫の「女神」という小説を読んでいます。兄が三島のファン。あれも先生、暗いし、あぶないい小説ですね。（「あぶないって？」とThが訊ねても、それには答えず）太宰とか芥川とかの小説も好きです。それから先生、これ、聴いてみて下さい。僕の好きなイギリスのロック・グループの曲です。Black Celebration とか Depeche Mode とかです。暗いですよ。ロンドンの陰ウツな暗さです。アメリカのロックとは違います。僕の大好きな曲です。雰囲気を先生に知ってもらいたい。暗いけど、深い。（精二君は昼食用に吉野屋の牛丼弁当とコカ・コーラを持参していた。それらをモグモグと食べながら話している。正午を過ぎていた）――こういうチェーン店の味って、浅いですね。深みの無い味ですね（笑）。

帰路、治療者は精二君の貸してくれたロック音楽のテープを聴いてみた。どの曲も独得の暗さと奇妙に宗教的な雰囲気があった。精二君のこころの色調を感じさせる音楽だと思った。彼のこころの襞の奥へ一歩入れたと治療者は思った。

年が明けた。新しい年の最初の面接時、彼は期末試験の時間表を治療者に見せた。手製の表で、科目名・時間・教室・着席番号等がこまめに表になっている。「僕の一面です」と彼は言った。こういう面もあるのかと治療者は思った。彼はしばらく間を置いて口ごもった。そして「先生、今日は重大な相談があるんです」と話し始めた。それは彼自身の性器に関するある問題と不安だった。手術の可能性とか、癌を含めての疾病恐怖が語られた。治療者は精二君の疑問や誤解については丁寧に答えていった。彼はこんなことも語った。

僕も二〇歳になるし早くなんとかしたい。でもこのこと、絶対に父には知られたくない。（Th：というと？）父に知れたら大事な秘密が無くなってしまう。父にはすごく圧迫を感じるし、性だけが今の僕にある自由です。僕だってそういう面で遊んでみたい。父に知れたら、そういう下心だってバレてしまう。（Th：お父さんはそこまで干渉しないでしょう。）僕の場合には違います。（彼は両腕で大きな円を作って見せ）父の腕の中に入れられてしまう。だからこそ今まで父にも誰にも話さずに来たんです。それはそうですよ！

精二君は語気を強めた。彼の内心の――父親に対する――コンプレックスが重く跳ね返ってきたように治療者には感じられた。「大切な問題だし、時間をかけて考えていこう」と治療者は精二君に語りかけた。四九回から五四回までの面接はこのことが話題の中心となった。彼はいろいろな身体的不安について語った。治療者は彼の訴える不安の中に、ふと去勢不安（kastration anxiety）の所在を感じ、そのことを彼に訊ねてみた。彼は「そういう感じもあります」と肯定した。この問題に関しては「父親に知られたくない」というこだわりが非常に強く存在しているようであった。父親に対する批判と否定的感情が直截に語られるようになった。

五二回

父は僕に干渉しすぎる。勝手すぎる。前に些細なことから父と口喧嘩になったことがある。こちらが正しくても父は強いし、沈黙させられてしまう。父との言い合いはもう諦めている。父は自分が絶対だと思っている。だから家族の皆とぶつかり、うまくいっていない。そういう父を僕は好きになれない。例のあのこと、絶対父に知られたくない僕の気持、よくわかるでしょう。（Th：ウン、よくわかる。）父にも言えないことが言えるこういう場所は本当に大切な場所ですね。お寺も、もう駄目です。

この回における父親に対する攻撃感情の表出は、精二君のこころの何かを変えたようである。三週後の面接の中で、彼はこんなことを話した。

五四回

将来継ぐことになる家業の勉強を始めました。新聞の経済欄を読んでわからないところを父に聞く、ということもやってます。父が最近僕に課した日課です。父は勝手なところもあるけれど、教え方にハッとするようなところもある。良い面もあります。将来のこと、進路など僕なりの抱負がありますけど、父は反対してません。いったん就職して外の仕事を経験して、それから家に戻って、祖父がやっている家業を継ぎます。僕、早く自立したいんです。

このような事柄が話されるようになって数週間が過ぎたころ、精二君は「祖父の死」を立てつづけに数回にわたって夢みた。それらの一つは次のような夢であった。

夢③　母方の祖父と父方の祖母が共に死んでしまう。今、ビルの中で合同葬儀をしている。そのビルは妙に近代的なビル。自販機やエレベーターがある。でも暗い。暗いビルの中に黒衣の人々が居る。（夢の後半だと思う）不思議なことに、死んだはずの祖父が生きて出てくる。……

これは「祖父の死」の三回目の夢である。現実生活の上では、精二君が祖父の死を最初に夢みてから約一ヶ月後に祖父が病気で入院している。夢に関して精二君は「僕の夢はいつもこんな感じです。中学から高校にかけても時々暗い葬式の夢を見ました。家も古く、暗い雰囲気です」。（Th：生活の中に意識して、明るいものを取り入れたら。）「このごろイギリスのロック音楽が明るくなって来た。そういう音楽を最近聴いています」と彼は語った。

次の回にはこんなことも語られた。

小さなころ、母と一緒に母の部屋で寝ました。そんな夜、母が寝入っていて僕だけ眼を覚ます。すると和服の女性が部屋の隅にボーッと現れる。とても恐い思いを度々しました。夜、恐怖と闘いました。母と一緒でもとても恐かった。あの体験、幻視とか幻覚だったんでしょうか。

精二君のこの幼少期の夜の体験はどのように理解していったらよいのだろう。誰でも一時期経験することであるようでもあるし、精二君の独自の経験でもあるようだ。母親は安心の源になっていなかったのだろうか。精二君と母親との情緒的交流はどんなだったのだろうと、治療者は考え込んでしまった。

六三回　精二君と会い始めて、三度目の夏になっていた。精二君が夢③を夢見た後、二週間して、父方の祖母が永眠した。享年九〇歳だったという。

葬式は僕にとってショックでした。祖母の家は明治に建てられた大きな家で、仏間に白い布を顔にかけた祖母が横たわっていました。線香も立っていました。葬儀屋は死体に平気でさわっていました。日本の宗教の多くは形式的で魂が入っていませんね。二一世紀は科学的宗教や宗教的科学がもっと発達してくるでしょうね。僕のこころの中には唯物論と観念論の両方があります。それらは父や母ともつながっていると思います。父の唯物論、母の観念論。それらが僕の中でつながってきています。少しずつつながってきています。まだまだですが。……これからもうじき試験期間に入りますし、準備もありますので、月に一回ぐらいここへ来たいと思います。そう言えば、この前よく知っている人が自殺しました。ショックでした。僕もウツの時、あぶない時がありました。でも、落ち込んでいる時でも、先の上向きになる時のことを考えます。合理精神です、先生。

最後のところの「合理精神」に力を入れ、明るく語る物部精二君だった。

物部精二君との心理面接のペースはほぼひと月に一回程度となった。そして数ヶ月が過ぎて行った。その間に三度ばかりウツになったことがあったという。一度目は父親に叱られて、二度目は彼が大事に考えていた科目で予想より悪い点を取ってしまって、そして三度目の落ち込みはゼミナールの関係で下手なことをしてしまったことなどがそれぞれの原因ということであった。ウツは二～三日つづいたが、「合理精神、理性で乗り越えました」とのことである。

精二君はゼミナール運営にも積極的に取り組んでいた。

学友と海外への小旅行へも出駆けた。青年らしい遊びごとにもちょくちょく手を出しているらしい。高校生ぐらいの清純な少女にこころをひかれる、と言う。

急に日常生活が多忙になった精二君である。心理面接の方もひと月、ふた月と間が飛ぶようになった。

フォローアップ　その後、心理面接の方も終了し、精二君は大学を卒業、仕事に就いた。そして二～三年過ぎた頃に彼は（予告なしで）筆者のもとを訪れ、その後のことなど話し込んだ。元気そうな彼であった。その折に彼は箱庭を作った。それは「結婚」という作品である。ベッドを共にする若い男女、それをポリスと観音菩薩、そして「祖父」が見守っているところが印象的である。

3　青年期とこころの全体性

前節において、集中力低下を主訴に来談した物部精二君の心理面接の過程をみてきた。そこに明らかにされていった事柄を踏まえながら、本節ではクライエントの症状形成とそこからの回復の意味について考察し、さらに視野を広げて青年期とこころの全体性という問題に言及していこうと思う。

1　物部精二君の症状、統合そして回復

クライエントが主訴とする症状は中学時代に始まり、高校時代に亢進している。彼の高校時代に特筆されることは「いじめられ体験」と、いわゆる「オカルト現象」への関心の高まりである。

第１節において、個性化過程は個としての自分（あるいは自我）を超えた「大いなるもの」との交流を通して、内側から支えられていくことが必要であると述べたが、物部精二君を内側から支えたのは、面接二五回目の彼の言葉に即していえば、四次元つまり現実世界を超えた大宇宙（macrocosmos）の存在を知ることであった。彼にとってマクロコスモスは神と呼んでよいような存在に思えたようであるし、彼はそこでルドルフ・オットーのいうヌミノース（numinous）な体験を得ていたのであろう。このような体験は日々のいじめに傷ついた彼のこころに癒しをもたらしていたものと思われる。しかしこの体験につづく超常現象へののめり込みはかえって彼の症状を顕在化させ昂進させる結果になっている。彼の超越とのかかわりはここでは双面神的な機能、つまり強力な肯定的側面と強力な否定的側面の二方向の相反するはたらきをしたのである。この「救い」と「症状形成」との相反する現象を理解するためには、クライエントのこころに生じていった「二極化」現象を見ていかなければならないと思われる。

物部家は地方につづいた素封家であったという。太平洋戦争後の農地解放の嵐は物部家の頭上にも吹き、その後につ

づく物部家の歩み、つまり祖父から父親へとつづく企業家としての努力は、戦後の日本人の生き方の典型でもある。精二君の祖父も父親も戦後の日本社会を〝現実派〟としてひた走ってきた人たちなのであろう。弱者必敗の経済社会、つまり世俗的価値や物を中心とした競争社会を生きていくこと、それが物部家の主柱となる考え方である。精二君はそれを〝唯物論〟と呼んでいる。物部家を支えている父性的アイデンティティというべき側面である。物部家にはもう一つの顔がある。祖母から母親へと引き継がれていく和芸の世界であり、どちらかといえばこころに重きを置いた生活である。精二君はそれを〝観念論〟と呼ぶ。これは物部家に別の雰囲気を生み出しており、母性的アイデンティティというべき側面となっている。報告された夢や幼少期の思い出から判断して、精二君にはこの側面での感受性も強く存在していると思われる。これは「超常」に対する彼の関心と興味を呼び起こした準備因子となっている。

こうして物部精二君の内面には二極化が布置されていく。物とこころ、日常（三次元）と超常（四次元）、ミクロコスモスとマクロコスモス、〝唯物論〟と〝観念論〟そして家族力動的にいえば父性と母性。前者は世俗に重きをおき、後者は脱俗に重きをおく。これらの二極化の狭間は深い。そしてこの二極化こそが精二君に集中力低下をもたらした主要な基盤的要因だったことが、心理面接過程からうかがえるのである。しかもこの二極化は心理面接の過程では重層的な構造の中にうかびあがってくる。

心理面接の初期に作られた箱庭作品「結婚式」「天国と地獄」「東洋と西洋」のいずれにおいても対極する領域（世界といってもよい）と統合の主題が表現されている。「東洋と西洋」が作られた八回目には「中学生のころ、僕はまだ唯物論者だった。高校生になって心霊・オカルトに凝り始めた。でも今は中間です」と彼は語っている。三三回には「僕は両極端、つまり唯物論も観念論も否定します。物質界と四次元世界は重なっていると思う」と言い、三八回には手塚治虫の「火の鳥」にひっかけて「マクロの世界とミクロの世界がその極で一致する」ことに感動・共感し、さらに「僕もやはり和魂洋才です。……僕の中の和魂、こころを重視したりオカルト好きのところは、死んだおばあちゃんの影響が強い」とも精二君は語っている。そして六三回には「二一世紀は科学的宗教や宗教的科学がもっと発達してくるでしょうね。……父の唯物論、母の観念論。それらが僕の中でつながってきています。少しずつつながってきています」と語っている。

物部精二君の心理面接過程の中心課題は、二極化をもう一度ひとつに結合し統合し直すこと、そして精二君の「道」を見出すことであったが、心理面接を重ねていく中で、それは少しずつ遂げられていったと思われる。彼の内界を二つに裂かんばかりにしていたものにともかく橋がかかり、統合と回復への道が拓かれていったのである。それはフォローアップのときに彼が作成した箱庭作品（「結婚」）に明瞭に表現されていると思われる。そしてこのことによって主訴の症状も軽快していったのであろう。

それにしても物部精二君をかかる二極化の狭間の苦悩へ呼び込んでいった主体的な要因は何なのであろう。いままではクライエントの家族力動の背景から考えてきた。しかしそれだけでは説明として充分ではないと思われる。家族力動の側面は準備因子とはなり得ても、主体の側の結実因子とはなり得ないからである。その点について、少し一般的な視点もふくめて考えてみたい。

2　青年期とこころの全体性――アイデンティティの逆説性を超えて――

物部精二君のこころに生じていった二極化ということを見ていくと、青年期におけるこころの全体性（psychic totality）という問題を考えざるを得なくなる。こころの全体性はユング（C. G. Jung）の分析心理学におけるキーワードの一つである。

ユング（1916）は人生を太陽の運行にたとえる。つまり、乳幼児期は朝日に相当する。陽は昇って行き、午前一〇時ごろから正午にかけて、それが青年期およびヤング・アダルト（Young adult）の時期である。陽は下降し始める。午後三時ごろ、それが中年期であり、ついで夕方、つまり老年期がおとずれる。ユングは「人生の午後の意味と意図とは、人生の午前のそれとは全く異なる」と述べ、人生の午前の目的として、「子孫を生み養い育てること」「金を儲けたり社会的地位を得たりすること」などを挙げる。人生の午後の目的については「若いころの諸々の理想の反対物の価値を悟る」ことであるといい、それは端的に「文化」であるという言い方をしている。ユングの意図したことをわかりやすくいえば、人生の前半、つまり成人期までは現実社会の生活に力をそそぐとき、人生後半は内界を豊かに富ませていくとき、ということになろう。そのような努力のもと、意識あるいは自我とこころの基盤的な部分（深い無意識の部分）との補償関係を強化していき、こころの全体性を回復していくことが、とりわけ人生後半の重要な課題であると、ユングは考えるのである。青年期は自我・意識を拡張しつつ、人生前半の仕事をやりぬいていくための準備をしている段階である。

このような人生図式から見ると、物部精二君が高校生になって遭遇し、以後も問題意識をふり向けていった事柄は、ユングのいうこころの全体性とかかわりの深いことであり、本来は人生の後半において切実となってくる事柄であるということができる。もしそうだとすると、クライエントが高校時代に直面した内的課題は極めて異例な場合なのであろうか。筆者にはそうは思えない。物部精二君は現代の若者世代の典型例ではあっても、特殊例ではない、と考えられるのである。

近頃若者に流行るもの、ＵＦＯ、占い、月刊「Ｍｕ《ムー》」。などと戯れ歌の一つも作りたくなるほど、この３Ｕは若者の間で受けている。ＮＨＫ放送世論調査所がまとめた「日本人の宗教意識」（一九八四）によると、一〇代から二〇代の青少年のおよそ六割程度が占い・霊魂・ＵＦＯなどに対して強い関心をもつとともに、ある程度それらを信じている事実が明らかである。わが国が経済的に飛躍的発展を遂げた昭和四〇年代末ごろを境にして、一種の「宗教回帰現象が起こりつつある」こと、そして「科学と宗教の共存」という新しい時代へと社会が変貌しつつあること、などを同書は指摘している。筆者も心霊の実在を信じている若者を何人も知っているし、心理学の講義中に超常現象に関して質問されたことが度々ある。密教美術の展示会に沢山の若者が押しかける様子などがマスコミによって報道されてもいる。

一九六〇年代から七〇年代初頭の世情、つまり青年達の中をイデオロギーの嵐が吹いていた時代を知る者にとって、

ＵＦＯ、占い、心霊現象などに興味をもち、〝在るか無きかも判然としない〟ことを信じる若者の群れに対して、その変貌ぶりには驚かされてしまうことが多いのであるが、こういった現代の若者の心性は、先に触れたこころの全体性という視点からすれば、理解も容易になってくると思われる。

八〇年代に入ってイデオロギーの存在感が希薄になっていった時、まさにアイデンティティ形成の途上にある青年達にとって、個を超える意味をもつ大いなるものとして、超常の世界が残されていた、ということができないであろうか。ユング（1958）はＵＦＯ現象を考察しつつ「こころの全体性という概念は、無意識要素が存在している以上、必然的に経験を超えた超越（Transzendenz）を含まざるをえない」と述べているが、現代の若者たちにとって、超常の世界は、たとえ無自覚であるにせよ、「こころの全体性」を求めるとき〝必然的に〟立ち現れてくるものであるということができそうである。

河合（一九八四ａ）は「現代の若者文化の大きい特徴は、その背後に宗教性の問題をもつことであろう」と述べている。さらに河合（一九八四ｂ）では、先に触れたユングによる人生図式を踏まえた上で、「現在の若者たちは、ego-formationと soul-making という一見矛盾する課題にとらわれて苦悩しているように感じられる」とも記している。河合が指摘していることは、言い直せば、圧倒的物質文明のもとにある現代の若者たちは、アイデンティティを形成していく上で、より直接的に、より深く、自分たちの内面世界を見つめる必要にせまられている、ということである。このことを現実適応への努力と平行して行わなければならないところに、現代の青少年の生きるむずかしさがある。

現実社会を生きぬいて来た中年期の者にとっては、自分の内面世界に直面しつつこころの全体性を回復していくことは、困難であってもそれほど危険な作業ではない。しかし、いまだ現実生活の準備期間にあり、これから実生活に入っていこうとしている青少年がこころの全体性という事柄にかかわっていく場合、物部精二君の事例に見られるように、危険も多いことと思われる。けれども、アイデンティティ形成における逆説性を乗り越えて、現代の青少年はなおもこころの全体性にむかって危険な道を歩まねばならないと、こころのどこかで感じているのではないだろうか。宗教性を豊かにもつ若者たちに接し、彼らのこころの全体性にかかわっていく立場にある者は、このことを充分に考慮していかねばならないと思われる。

引用文献

Jung, C. G. 1912 Symbols of Transformation. *Collected Works of C. G. Jung*, 5. Princeton.
Jung, C. G. 1916 *Über die Psychologie des Unbewussten*. Zürich.（高橋義孝訳　一九七七『無意識の心理』人文書院）。
Jung, C. G. 1958 *Eim Moderner Mythus-von Dingen*, die am Himmel gesehen werden.（松代洋一訳　一九七六『空飛ぶ円盤』朝日出版社）。
河合隼雄　一九八四ａ『日本人とアイデンティティ――心理療法家の眼』創元社。
河合隼雄　一九八四ｂ「心理療法家にとっての治療理論――ユング派の立場から」『心理臨床学研究』第一巻、一四-一八頁。
Kretschmer, E. 1921 *Körperbau und Charakter*. Aufl.（相場　均訳　一九五五『体格と性格』文光堂）。
西村洲衛男　一九七八「思春期の心理――自我体験の考察」中井久夫・山中康裕編『思春期の精神病理と治療』岩崎学術出版、二五五-二八五頁。
ＮＨＫ放送世論調査所（編）一九八四『日本人の宗教意識』日本放送出版協会。
Spranger, E. 1924 *Psychologie des Jugendalters*. Aufl.（原田　茂訳　一九七三『青年の心理』協同出版）。

参考文献

Erikson, E. H.　1968 *Identity Youth and Crisis*. W. W. Norton & Company, Inc., New York.（岩瀬康理訳　一九六九『アイデ

ンティティ――青年と危機』北望社)。
Erikson, E. H.　1964　*Insight and Responsibility.* W. W. Norton & Company, Inc., New York.（鑪　幹八郎訳　一九七一『洞察と責任』誠信書房)。
Hillman, J.　1978　*Suicide and the Soul.* Spring Pabl Inc.（樋口和彦・武田憲道訳　一九八一『自殺と魂』創元社)。
笠原　嘉　一九七六「うつ病の病前性格について」笠原　嘉編『躁うつ病の精神病理1』弘文社、一-二九頁。
河合隼雄　一九八六『宗教と科学の接点』岩波書店。
生越達美　一九八七「青年期と宗教性――臨床の場から」『東海心理学会三六回大会発表論文抄録集』二二頁（および発表資料)。
佐々木雄司　一九八六『宗教から精神衛生へ』金剛出版。
鈴木大拙　一九七二『日本的霊性』岩波書店。

第7章　「みんな無くしてしまった」と呻《うめ》く学生への心理的援助
――青年のひたぶる自立志向と錯誤・そして再起への歩み――

1　はじめに

　大学キャンパス内で生じる日常的・かつ最もありふれた学則違犯行為といえば、試験における不正行為、いわゆるカンニングであろう。教師の厳しい眼をかすめてでも、楽して良い成績をとりたい、学生達の少なからぬ者達が、こころのどこかで、そう願っているに違いない。であるからこそ、カンニングという小さな、そして秘かな悪徳が、十年一日《いちじつ》のごとく、どこの大学においても、生じてくるのであろう。学生によるカンニングは、おそらく、大学教育の歴史に匹敵するほど、長い歴史をもっているに違いない。

　ところで、カンニング（cunning）という語を辞書で引いてみると、「ずるい」（sly）という意味と、「巧妙な」（skilful）という意味との、二つがあることがわかる。カンニングには否定的ニュアンスと肯定的ニュアンスとがあるのである。ここから次のような問題が生じてくる。カンニングは sly な、したがって処罰の対象となりうる十分に不正な行為であるのか、あるいは skilful な、つまり称賛にあたいするような巧みな技術なのかということである。学生達にとって、カンニングは、どちらかというと後者のほうに比重がおかれて、認識されているに違いない。学生達は、カンニングを確かに良くはない、しかし、それは試験に対処する上での一つの巧みな技術である、その程度に考えているのではないかと思われるのである。

カンニングには、もう一つ別の意味あいがある。構造的にみると、試験の場は、教師の側から発せられる「問」と、学生の側から提出される「答」とから成り立っている。しかしよく考えてみると、この構造は表面的なものであって、教師の「問」に対する学生の「答」とは、本質的には、学生が自らの勉学の成果を、「これでどうだ」とばかりに教師に対して問う、それが試験というものであろう。この本質的な意味において「問う」者と「問われる者」との間の主客は逆転する。試験の表層的な構造の上では問われる者として――受け身の――学生が、試験の本質的な意味において、問う――能動の――者となる。だが、このような主客の転換が試験の場において生じるためには、学生の側にかなりのこころの成熟が必要であろう。このような能動的な態度で試験に望む学生は、まだまだ少ないに違いない。カンニングに走る意識というのは、試験を受動的に受ける、このこころのあり方が強まった状態とみることも可能であろう。

カンニングは以上述べたような心理的筋道の中に派生すると考えられるが、先にも述べたように、その行為を単にskilful な行為くらいにしか感じていない学生の側と、その行為は許すべからざる sly、あるいは cheat な行為と考える教師（あるいは大学）側とのあいだには、非常に大きな意識の隔たりが存在するのである。不正行為《カンニング》が発見されれば、大学側はかかる行為に走った学生に対して重い処分を科すであろうし、他方、当該の学生はそれを文字通り悲劇としてしか感じないであろう。実はこういった隔絶が意識の上にあるため、教育的観点に立つとき、不正行為《カンニング》の処置に際して、かなりの困難が生じてくるのである。

不正行為《カンニング》に対する処分として、どの大学でも試験期間中に当該学生の受験した全試験科目が無効とされるような処置が下されるものと思われる。これは、その学生の半年間の勉学の月日を無化し、場合によっては一年間の留年という結果を、その学生にもたらしかねない。精神的・経済的負荷としても、相当重い結果である。大学側としては、このように決して軽くはない「違犯性」を不正行為《カンニング》の中に認めているのであるが、先にも述べたように、学生の方は「ちょっとsly だけれど、それも skilful」ぐらいにしか、このことを考えていないわけである。

不正行為《カンニング》をめぐって、大学側と学生側との間にこれほど大きな心理的隔たりがある場合、それに対する処分（指導・

教育）上、想像される以上に難しい問題が生じてくるものと思われる。つまり、不正行為《カンニング》を行って、それが摘発され、処分された学生は、わずかの罪意識も抱《いだ》けずにいる間に、処断され、自分の行為がもたらした重い結果にあらためて驚き、こころに衝撃を受け、取り乱してしまう。そういった心理状態から立ち直るには、そのあと長い時間が必要となるに違いない。

さて、前置きが長くなったが、このような不始末を起こした学生の事後指導《フォローアップ》にカウンセラーや学生相談室がかかわる場合は、実際上はほとんど無いといってもよい。そのような意味から、ここに報告する事例は希な——したがって貴重な——事例であると思われる。

事例の草切経夫（仮名）は大学二回生の学年末試験の折に、ふとした出来心から（といっても彼がその行為へと追い込まれていくこころの過程には深い必然性が存在していたのであるが）不正行為《カンニング》を行い、それが発覚して、処分を受けた学生である。彼は自分の犯した行為の重大な結果を知ると共に、こころに激しい衝撃を受け、打ちのめされ、強い喪失感に陥ってしまったのである。それは抑うつ状態といってもさしつかえない状態であった。草切経夫に対する心理的援助は、そこから始まるのである。

2 事例の概要と心理療法過程

1 事例　草切経夫（仮名）

来談時年齢　二〇歳　大学三回生

主訴　自信・人生の目標を失ってしまった。この先、どうしていったらいいか、教えて欲しい。

草切経夫が学生相談室をおとずれてきたのは「事件」から約一〇ヶ月後のこと、ある年の晩秋のころであった。初回面接の折の草切経夫は打ちひしがれた様子で、「事件」からこれだけの月日が過ぎているとはとても思えない様子だった。「とにかく自信をもてない。今後どうしていったらいいのか、そういうことを伺《うかが》いにきました」と語った。かなり強い虚脱感が彼のこころを支配している様子だった。筆者はカウンセラーとして、「事件」の概要やその後の経過について、すでにあらまし知っていたが、そういった事柄について立ち入って質問することは避け、常日頃の心理面接のときと同じ態度で、彼の自発的な話に耳を傾けていった。「私は」――という（昨今の男子学生としてはめずらしい）人称を用いながら、彼は話し始めた。

私は大学に入る前までは目標がありました。金持ちになろうと。そのために経済学を学ぶ。でも、大学へ入って、目標がなくなってしまった。自分が弱くなった。二年生になって、いろいろなことがおきました。車に乗っていて、左折地点で、接触事故。そういうことが三回つづいて、ついに去年一二月に人身事故を起こしてしまいました。相手は軽傷でしたが、私、ひどく落ち込んでしまった。そして今年の一月一五日、成人式の日に、また交通事故を起こしてしまった。一年生の終りころから、悪いことが重なって起きた。交通違反で、繰返し捕まった。瞬発力や判断力が普通じゃなかった。ワンテンポ遅れる。夜、ほとんど寝ていなかったし、試験の準備ができていなかった。でも、単位を落とすわけにはいかない、卒業を遅らすわけにはいきませんでした。

話しつづける草切経夫の眼には、涙が止めどなくうかび、あふれ、頬を伝って流れた。彼の話の中心は、次第に彼のこれまでの生き方へと移っていった。彼を不正行為《カンニング》へと追い込んでいった過程《プロセス》が語られ始めた。

「農業高校へ入学して、食を学ぼう」中学時代に、彼はそう考えるようになったという。某農業高校園芸科、そこが彼の思い定めた人生航路の第一歩だった。「人間、生きていくためには、農業を知らないといけない。食がわかって、その上で経済学を学ぼう」。高校三年生のころには、彼はそう考えるようになったという。農業高校を卒業すると、〝学費その他の費用はアルバイトと奨学金で〟という条件で、彼は大学へ進学する。そして入学後、昼夜を分かたぬアルバイト生活が始められる。生活費がとぼしくなると、昼夜を徹してアルバイトにはげみ、仮眠をとりながら、大学へ通ったという。二回生になったころ、身体の疲労や視力低下を覚えるようになった、とも語っている。

ここで草切経夫の家族状況について触れてみよう。

草切経夫の家族は、父親（五〇歳）、母親（四二歳）、姉（二三歳）そして経夫の四人家族である。家族はA県西方部の郊外に住んでいる。父親はいわゆる叩きあげの職人で、「裸一貫でいまの住居を建てた努力の人」であるということだが、いまは病気がちであるため、母親が仕事に就いて家計を扶けている。経夫は小学生までは母親の財布から小遣いをくすねて無駄づかいを重ねるようなこともあったらしいが、このような家族状況の中で、中学生になったころより、強い経済観念にめざめ、以後は一貫して貯金に励むようになる。無駄づかいを一切やめ、高校生のころは利殖さえ考えるようになったということである。大学入学後は一層そのような生活態度が強まり、アルバイトに挺身した彼であったが、彼は、いわばそのような生活状況のもとで、時間に追いつめられた末に、不正行為《カンニング》をひき起こしてしまうのである。

不正行為《カンニング》の発覚と、それにつづく処分宣告が彼によってどう受けとめられ、彼のこころにどのように作用したかは、当時の記録に記されている次のようなエピソードからも、容易に想像することができる。すべての事情聴取が終了し、帰宅をうながされても、彼は「頭をかかえたまま、動けず、茫然自失の状態」だった。そして「学費を稼ぐために、遊びも放棄して、無理して、アルバイトに専念していた。でも、どこかが正常じゃなかった」「もう何も残っていない。みんな無くしてしまった」「僕は健康じゃない。膝に奇形がある。正座できない。体調も悪い」、彼は呻くようにいいつづけ、〝顔をつっ伏したまま、泣きじゃくるまま〟の草切経夫であったと、この時の記録には記されている。

当時の記録を読みつづけていくと、この事件は草切経夫を根底から揺るがすほどの出来事となっていった様子が、明らかになってくる。この上学業を継続していくか、否か。残る二年間で三年分近くある単位を残らず取り切れるか。あるいは留年か。ゼミはどうなるのか。はたして就職できるのか。彼は悩み、苦しみ始める。さらに、アルバイト活動も中止してしまう。三回生の九月になっても、「相談したいことは色々ありますが、学生課の中に入っていけない」と、手紙で訴えてくる有様で、一〇月になっても「意欲が出ず、やる気が起きない」状態のままで、当時彼と接触していた学生課の事務職の方がみかねて、筆者の勤める相談室への来室・相談を、彼に勧めたのである。

不正行為《カンニング》によって処分された学生との心理面接という仕事は、筆者にとってもはじめてのことであったし、かかる事件の処置にたずさわる（当局としての）学生課とカウンセラーとは、組織の上でも比較的近い関係にある。否定的な感情転移（transeference）や行動化（acting out）が生じる可能性が高いと思われ、心理面接が順調に進行していくか、慎重に考えていかねばならない要素が多々感じられた。他方、草切経夫の幼ないながらも真摯な生き方について、悪い印象は感じなかった。何よりも眼前には、いま人生に苦悩している一人の青年がいる。筆者の胸の裡は複雑であったが、彼とは何とかやっていけるのではないか、そう感じることもできた。「これまでのことも含めて、こころの中を整理していく、そういう作業の中で、人生・生活を考えていく。今後の生き方が見えてくることを期待して」筆者はおよそんなことを彼に話して、場面設定をしたのである。

２　心理療法過程

草切経夫との取り組みは一九八×年一一月から一九八×年一月末まで、約一年二ヶ月間、二七回の心理面接を重ねていった。この心理的な援助過程を、四期に分けて述べていくことにする。面接形態は対面法、ほぼ一週間に一回、各回一時間のペースである。

Ⅰ期（一回〜九回）「何をしたらいいのか、わからない」

二回目の面接のとき、彼は次のように話した。

ずっと私は内気でした。外に気持を発散できないから、イヤなことがこころにたまりやすい。それで、躓《つまず》いてしまった。大学に入って、目的がなくなり、充実感が消えた。アルバイトの疲れが重なって、注意力が散漫になって、自分自身が抜け落ちていってしまった。……自分の性格の内気すぎるところがイヤです。勇気がない。外見は偽りです。何でこんな性格になってしまったんだろう。（Th：いつごろから、そんな風に?）やっぱり、高校のころから。いまでも、素直に物が言えない。外づらだけがいい。いまの僕は、性格改善が第一だと思う。（Th：何か、きっかけが?）僕には推薦入学の道しかなかった。いつも、周囲に気を使い、いつも演技する自分になって。外面《そとづら》だけ良くて、でも、家では口が悪く反抗的だつた。外では信頼もある。でも、これでいいのかと思うと、無力感がわく。だから逃げたくなる。（Th：というと?）例えば、いまの生活を止めて、何処か、東京へでも。……ただ、内面《うちづら》が悪い。僕はジギルとハイドみたいにはなれない。

ふと、思うんですよね。何のために生きているのか? 織田信長は四八歳くらいで、死を前に、何を考えたんだろう。彼は幸福《しあわせ》だったんだろうか。つまり、いまの自分には目標が無いから、挫折をモロにこころに受けてしまう。大学生になって、はたしてこのままで良いのか、目標に向って行けるか、考え始め、かえって目標が薄らいでいってしまった。むなしい。

ついで彼は自分の生活信条、いわば自分の〝人生哲学〟について、こう語った。

五〇歳まで生きていけばいい、と思っている。老後のことは考えなかった。私は未熟児で生まれた。八ヶ月目、二〇〇〇グラム位で生まれた。身体も丈夫じゃない。でも、独立欲は強い。僕の中には土台として、〝五〇歳まで我武者羅に〟——織田信長みたいに、という思いがある。でも、何が幸福《しあわせ》なのか、わからなくなった。バッとやって散る、という生き方は、やっぱりできない。（Th：物質的豊かさと精神的豊かさとがあるけど。）影のように、ぼんやりとはわかりますけど。ただ、僕にとって納得できる生活というのは、将来金持ちになることです。でも、エリート的生活は求めてはいない。職人の子の宿命です。

語りつづける草切経夫の眼は、あてどを求めて、自分の内面をさまよい始めた。自分を内側からしっかりと支えてくれる基盤を求めて。しかし、それはなかなかみつからない。中学生から高校生にかけて、つまり思春期から青年期の半ばにかけて、彼は明確な目的意識・生活信条を抱《いだ》くようになる。「金持ちになること」この目的をかけて進学した大学という新しい環境の中で、皮肉なことに、彼の生活目標は拡散し始め、「自分自身が抜け落ちていく」といった体験をする。そのような生活状況の中で、「事件」――不正行為《カンニング》――を彼はひき起こし、それが彼の内面における大きな崩落を一挙に派生させるのである。虚脱感・無気力（何をどうやっていったらいいのかわからない、という）目的喪失感・時間的展望の拡散。そして何よりも、「みんな無くしてしまった」という呻《うめ》きに集約され表現されている強い喪失感。彼の精神状態は抑うつの状態であると考えても間違いはあるまい。また、彼の全体像はエリクソン(Erikson, E. H.)のいうアイデンティティ拡散（Identity diffusion）の状態とみなせるものであった。

彼の内面における激しい崩落状態を立て直し、もう一度内的な基盤作りをやっていくこと、それが草切経夫との心理面接の中心課題であると、治療者には思われた。

それにしても、この回に彼が口にした「職人の子の宿命です」という言葉は、あたかも湖水に投げ込まれた小石のように、治療者のこころの中に投げ込まれ、小さな波紋を立てながら、こころの中へと沈んできた。それほど重い言葉に感じられたのである。

次の三回目に来室した彼は、沈黙がちであった。「とにかく目標が無くなって、何をしていいか、わからなくなってしまった」と繰り返す彼に対し、いままで彼の考えてきた〝人生設計〟について、詳しく話してくれるよう、治療者は提案した。彼は話し始めた。

小学生のころはお金の無駄づかいが多かった。でも、中学生になって、そういうことがつまらなくなって、お金を使わなくなった。友達はゲームセンターなどでお金を使って遊んでいたけど、羨ましくはなかった。そうして、せっせとお金をためだした。五円玉より一〇円玉、一〇円玉より百円玉というように。利殖についても、考えるようになった。ちょうどそのころ、日本は工業化が進んでいて、農業をやる者が減ってきていて、食糧の自給率が減ってきているということでしたし、中学の先生が「農業も大切」と言っていた。僕は土いじりが好きだったし、それで、近くの農業高校へ進学した。中学時代は輝いていたし、高校時代は充実していた。菊の栽培、ハウス管理などで、充実していました。大学進学は急に思い立った。「上まで行ってやろう」と。でも、大学の授業の多くはつまらなくて、急速に興味を失っていった。大学に入ってから迷い始め、まっすぐな線路が曲って見える。揺れ動いている。

　この回の草切経夫は涙ぐむことが多かった。彼の悲哀感情は四回目の面接の折も強く、彼は話しつつ、しきりに涙をハンカチでぬぐいつづけた。彼は「希望喪失」「意欲喪失」を訴えつづけた。うつ的（depressive）なムードが色濃かった。そのような彼を支えていくために、翌日、臨時に面接をすることにした。その五回目、前期履修上の事務的トラブルに関して、彼は胸にたまっていた恨み辛みを、涙ながらに話していった。「意欲が沸かないこと」「目標喪失に陥っていること」「いまの状態ではいけないことがわかっていても、何もやる気が起きない」ことなどを訴えつつ、「どうしたらいいのか」と治療者に問うのであった。もちろん、こうした問いに対する正しい答などは無い。治療者はただ「この面接を重ねていきましょう。何かがこころに生まれ、なにかが見えてくると思う」と彼に語りかけることで、支えていく他はなかった。治療者はこの回の面接記録《カルテ》に「Depressive な状態から脱出できないでいる。彼の人生設計、路線の点検と再構築が必要である」と記している。

　六回目の面接は二週間後の師走のころとなり、その年最後の面接となった。相談室の机《テーブル》の上には、シクラメンの白い花の鉢植が置いてあった。その花をしみじみ眺めながら、「高校のころは花造り・花育てばっかりしていました。あのころ、充実してたんだろうな」彼はつぶやくように、そう語った。こころの落ち着きを感じさせる態度だった。

やっと試験の準備を始めました。相談室へ来て話すようになって、こころが少しづつ和んできている。……眼や耳が霞んだり痛くなるんで、親戚の人の紹介で、霊能者みたいな人の所へ行ってみました。〝念〟を入れられた。「精神のコントロールが大切」というような話もあった。（Th：机上のシクラメンの花を再度眺めて）花を育てる知識があっても、それだけではこんな立派な花は咲きません。小さな器でも、プラスアルファの大きさがないと。（Th：そのプラスアルファがいまあなたから失われている、大切なものなんだろうね。）

この回治療者は「ただ考えているだけじゃなく、本など読んでみることも必要。大悩大悟、悩むことも大切だけれど」と彼に対して助言している。

七・八回の面接は年明けの一月にもたれた。学年末試験期間に入り、草切経夫も試験の準備で忙しそうであった。どれほどの単位が取れるか、彼は不安がった。記憶力がかなり落ちている、右肩が痛む、などの身体症状も訴えられた。そのような彼の不安感に対しては「小さな目標一つ一つに取り組んでいく。いまは登山中の苦しみに似ている」など、彼を励まし、支え、必要に応じては積極的に助言していった。

Ⅱ期（一〇回～一八回）「でも、僕のはやはり甘えです」

一〇回目の面接は、あいだに春季休暇をはさんで、新しい年度の始まったころ、前回から約二ヶ月後のことであった。来室した草切経夫は、何か眩しげな、照れるような表情をみせた。少し太った印象で、そのことを治療者が言ってみると「内面は全然です」と彼は答えた。「このごろ、どうですか」という治療者の発言から、この日の面接が始まった。

前とあまり変わりません。落ち込みは大分違うけど。アルバイト、始めましたけど、それやっていても、勉強していても、楽しくないし、生き生きしてこない。家でもボンヤリ過ごしている。ある人に「それは甘えだ」と言われた。甘えていることは、前からわかっている。わかっていても、どうしようもない。すぐに短期間で甘えない者にはなれない。（Th：砂糖はすぐには塩にはなれないということかな。）（笑）……（Th：でも、あなたはどちらかというと厳しい学生生活をしてきた印象があるけど。）やっぱり、甘えている。（Th：何に対して？）僕に対しても、周囲に対しても。例えばエチオピア難民に対しても、本当に同情するなら、黒柳徹子さんみたいにエチオピアまで行くべき。日本人はテレビなど通じて、黒柳さんの眼を通してしかみていない。（Th：日本人全体が甘いということ？）いま、日本には生きる、死ぬ、という厳しさが無い。先生、本当にエチオピアの人は苦しんでいるんでしょうか。本当はそうじゃないのでは。……（Th：エチオピアの人達が、本当に生きようとしていることは確かだろうね、困難の中で。）そういえば、先生、日本はこの百年間に人口が倍になりましたね。五千万人位から一億二千万人に。でも、食糧生産は倍にはなっていない。何故、飢える人が、日本にはいないんでしょう。

学年末試験を乗り切った草切経夫は、こころに余裕が生じてきたためか、春休み中にアルバイトを再開している。そういったこころの変化が、体重増加をもたらしたのかもしれない。

この回、彼は自分のこころに甘えが存在していることを認めている。これは他人から指摘されて「洞察」したという経緯があるが、心理療法の場が一歩深まったことを意味している。しかし、彼の連想は「エチオピア難民」の話題へと、飛躍する。これをどう理解したらいいのであろう。面接中治療者は少々とまどった。彼が終りのところで発した問いかけに対して、治療者は「日本はいま、飽食時代だね。食に飢えている人は、精神的には飢えていないのかもしれない」と語り「あなたも何かに飢えている？」とたずねている。そして「はい」と答える彼にむかって、「何に対してだろう」

と、半ば自問しつつ、話を返している。

この回の面接記録に、治療者は次のように記した。「クライエントは当初の depressive mood こそ弱まったが、内面的にはまだまだ回復へは至っていない、不安定な状態である。（中略）とるべき治療者機能が、彼に関しては、わかりにくい。いまのところは、彼の側に座して彼の話を聴く者に徹しよう」。

面接一一回目、アルバイトに関して、彼はこう語った。

職に就いている人の場合、仕事が中心にあって、その周囲に個人生活の土台がある、と思います。僕は中心に学生生活、その周りにアルバイト、さらに土台に僕の生活、そういうことを考えていた。それがアルバイトと学生生活の関係がズレてきて、円が重なってしまった。そういう関係になって、どちらをやっていても、どちらにも集中できない。すぐ頭が痛くなる。

一三回目の面接では、高校時代に彼が学んだ園芸の話が中心になった。土壌の話をしながら、「僕は土がないと落着かない。いま、話しながらも、あるいは人と話しながらも、無意識に草を抜いている」と彼が語ったことが印象に残った。

一五回には「色々できると思うけど、何をしたらいいか、わからない。いま、宙ぶらりんの生活をしている」と草切経夫は語った。そして治療者とのあいだで、こんな会話が交わされている。前期試験が間近だった。

就職戦線にも燃え立たない。前期試験にも打ち込めない。アルバイトも、むなしい気持になるときがある。どうしたらいいんだろう。（Th：二つの船に両足かけている感じ？　両方上手に乗ろうとすると、ひっくり返る。）就職戦線から退いたら、出遅れてしまいます。出遅れると、焦りが生じる。焦らないうちに、取り組みたい。（Th：と焦るのも、一種の焦りだし。）どうしたらいいんだろう。（Th：五里霧中？）はい。（Th：晴れるまで待つか、動くか。あわてて動くと、道に迷いかねないし。）結局、何もできずにいる。（Th：欲深《よくふか》？）欲は多い方だと思う。（Th：器用すぎる役者は大成しない、という話があるけれど。）どうしたら、いいんだろう。（Th：ここでもなかなか名案がみつからないね。）

一五回はこのような対話が進む中、少し重苦しい雰囲気もただよい、治療者のこころも重く、苦しかった。治療者の「五里霧中」という発言は、この心理面接の情況とも重なっているように、治療者には感じられていた。

ところが一週間後の面接一六回の場に、いままでにない表情を伴った草切経夫が現れた。試験期間に入っていた。

今日は四科目の試験があります。いま、二科目受けてきた。大変だけど、充実している。先週から毎日大学へ来ている。（Th：学生らしい気分？）充実している。バイトもことわって。ノート作成も、図書館で調べたりして、なんとかやっている。（Th：元気そうね。）気持が落着いてきました。（Th：腹がすわってきた？）はい。受かる落ちるは別にして。僕は器用じゃない、ということもわかってきたし。経済的なことはあまり考えないで、今月一杯集中して、やってみます。なるだけ大学へ来て。（Th：少し……山を越えたかな。）そうですね。（Th：頑張ってみて下さい。ベストを尽して。）

一八回。草切経夫は試験をどうにか乗り切ったものの、就職活動については「いまの僕は本心から就職へ向かって動いていない。自分が何にむいているかもわからないし、自信も無い」と語り、肩を落とした。その一方「就職課で“YG”という性格テストをやってみた。その結果は、オールラウンドに何でもむきそうな、良い結果だったけど」と語った。この回、治療者は、このように迷っているクライエントに対して、「消去法で絞っていってみたら」と助言している。

草切経夫は明確な人生方向を把み得ぬまま、心理面接の方も夏休みをむかえた。いましばらく彼のこころの動きにまかせよう、治療者はこころの内で、そう決心していた。

Ⅲ期（一九回〜二三回）「何かが、ふっきれた、だけど……」

一九回・二〇回の面接では、就職活動のことが話題の中心となった。「何がなんでも就職といった燃え立つ気持になれない。来年卒業できたら、一年間、浪人してもいい」と彼は語った。他方、彼は商品取引業界の某社の入社試験を受験し、即日内定となる。そのことに関し、彼はこんなふうに語った。

でも、私はそういう会社に就職するつもりはありません。もし不正行為事件《カンニング》で躓《つまず》かなかったなら、証券業界とか、商品取引業界の会社に進んだかもしれない。ジャーナリズムの方面なら若干コネもあるけど、それは最後の手段で、使いたくない。色々なことにチャレンジしてみたい。

かなり意欲を回復してきている様子が、話の内容からも察せられた。「もし事件で躓《つまず》かなかったなら……」という部分も、印象に残る発言だった。

二一回目の面接に来室した草切経夫を見て、治療者は内心非常に驚いた。それまでの彼は割に質素な、平均的な学生らしい装いで来室する場合がほとんどであったが、その日、銀色《メタリック》のオートバイ乗車服に身を固めた彼が、さっそうと入室してきたからである。そして、東京方面のある貴金属を扱う会社に採用が決まったと、うれしそうに報告した。そして「後期試験が終ったら、知人のいる南米の△国へ旅してみたい」など話した。「僕は一年から三年生まで、学生らしい生活ができなかった。だから、一年留学するか、研究生になるかして、もう少し勉強してみたい」とも語った。雑談めいた話題も増えてきた。

二二回目の面接では、彼は「何かがふっ切れた」と語る一方、「でも、段々わからなくなる」とも語り、あいかわらず就職への迷いについて話しつづけた。そして、二三回目の面接では、「どうも中途半端な気分です」と前置きして、こう語った。

就職するにしても、一年間大学に残るにしても、はっきりした目標が無い。以前の僕にはひたむきさやいっこくなところがあったけど、いまは無い。中学生のころから大学一年生ころまでは、〝一～二年会社に勤めてから、ゆくゆくは独立して自分で経営を〟という考えがあったけど、いまは無い。頭では色々と厳しく考えているんだけど、腹の方がついていけない。

Ⅲ期において、進路に迷いつづけている草切経夫であったが、治療者は極力助言を控えた。自分の人生の方向を決めていくこと、それは彼自身の仕事だからである。つまり、彼のアイデンティティを支える基盤は少しずつ修復されてきており、人生方向の選択と決定は彼の自我機能にまかすべき時期に到達してきていると、筆者は判断していたからである。心理療法をしていると、クライエントのこころの変化が服装や髪型に劇的に表現され、こういう面も隠れもっていたのかと驚かされることがあるが、銀色《メタリック》のオートバイ乗車服を着込んだ彼の姿（二一回）は、その鮮やかな変身ぶりが強く印象に残るものであった。

Ⅳ期（二四回～最終回）「〝虎穴に入らずんば、虎児を得ず〟です」

面接二四回は、彼との心理面接が開始されてから二度目の師走のころにもたれた。

彼は髪にパンチパーマをかけていた。かなりのイメージ・チェンジである。「友達の間でも、賛否両論あります」といって、彼はニヤッと笑った。海外旅行への抱負を含めて、やや雑談的雰囲気の中で、学生生活に関する話題が多かった。二五回目の面接は、その年最後の面接であった。彼は語り始めた。

母や親戚の人が信頼している、ある宗教団体の長（指導者？）の所へ話を聞きに行ってきた。「髪は神に通じる。この時期にパーマをかけて、そんなクシャクシャ頭にしているのは、こころも不安定でクシャクシャに乱れている証拠だ」といわれた。図星だと思う。あいかわらず将来が定まらない。自分は何をしたらいいのか、はたして経営者に向いているのか、自信がない。留年する覚悟も定まらない。去年のいまごろまでの心境に比べれば、ずいぶん違うけど。（Th：来年良い年になることを期待しよう。寅年でもあるしね。）アッ、〝虎穴に入らずんば虎児を得ず〟ですね。僕が一番好きな、小さいころからのモットーです。

面接二六回は正月明けにもたれた。草切隆夫は顔色もよく、活力が顔や物腰に現れていた。正月休みは八ヶ岳山麓の清里近くのリゾート地で、アルバイトをして過ごしたという。ホテルの仕事だったという。「面白かったし、社会勉強になった」と彼は語った。「後期試験は一六科目受験する。たくさんの科目で大変だけど、準備ははかどっている」と語り、自信ありげだった。また、「不正行為《カンニング》事件をつまらない失敗と言い切れるようになりました」とも語った。印象に残る発言であった。

二七回（最終回）は一月の末にもたれた。元気そうな草切経夫であった。試験の方は、卒業に必要な一六科目全部をやり遂げたこと、東京へオートバイを駆《く》って、就職のための下見を兼ねて、遊びに行ってきたこと、などについて、彼は話した。

就職については、既に内定している東京の貴金属関連会社に勤める方向で、ほぼこころが固まりつつある、ということだった。心理面接の方も、彼の希望で、終了することになった。

卒業後、草切経夫は新・社会人《フレッシュマン》として、東京へ旅立っていった。

3　考察

1　ひとつの自我形成とその崩れ

不正行為《カンニング》が発覚し、処分を受け、「みんな無くしてしまった」と坤《うめ》く（おそらく抑うつといってよいような）状態におちいった事例・草切経夫の心理療法過程を、Ⅰ期「何をしたらいいのか、わからない」Ⅱ期「でも、僕のは甘えです」Ⅲ期「何かが、ふっきれた、だけど……」そしてⅣ期「〝虎穴に入らずんば、虎児を得ず〟です」という四期に分けてみてきた。

いまこうして彼の治療過程をふりかえってみていくと、心理面接進行中には十分意識化できていたわけではないが、通常の来談者《クライエント》とのそれに比較して、その回復過程には、多くの共通点があることはもちろんであるが、微妙に異なる部分が存在していることに気づかされる。

まずⅠ期を中心とする治療初期に際立つ特徴として、親子の感情関係などの家族力動に関する言及がほとんどみられず、自分の生き方そのものが、彼自身によって問われているところである。治療二回目に自分の性格の「内気すぎる」部分、「外面《そとづら》だけ良」い点に対して「これでいいのかと思うと無力感が湧く」「いまの僕は、性格改善が第一だと思う」と彼が語っているあたりのことである。これは症状に苦しむ来談者《クライエント》と違って、社会的挫折体験を出発点とする人に共通したところであろうと思われる。（不正行為《カンニング》発覚で処分を受けるという）社会的錯誤の体験が、彼の生き方そのものの延長線上の先端において生じたことを考えれば、自然なこころの動きであるとも思われる。「事件」は彼を内面において支えていた基盤を揺るがし、彼の形作ってきたアイデンティティを崩すに等しい結果をもたらした。そうであるならば、彼の形成しつつあったアイデンティティの特徴は、どのように把握すべきなのであろうか。

彼のアイデンティティの特徴は、生活信条や生き方の早期形成、内面の脆弱性、そして著しい社会生活へのコミットメントである。思春期から青年前期にかけての彼には、内面的葛藤のにおいが無い。青年期危機（adolescent crisis）を体験しながらのアイデンティティ形成を真のアイデンティティ形成とするなら、草切経夫のそれは青年期危機を素通りしての（みせかけの）アイデンティティ形成、マーシャ（Marcia, J. E.）の分類にいう「フォークロージャー型アイデンティティ[1]」といってもよいものだったと思われる。青年期危機（あるいは中年の危機といわれる場合も同様）発達的危機というものは極めて内面的な性質を有し、したがってそれを体験しつつある場合、こころのあり方は必然的に内向化（introvert）すると考えられる。青年期に入ってからの草切経夫がコミットしてゆく価値が、端的にいって「お金」であることに示されているように、彼のこころの動きは外向化（extravert）が際立っている。大学生になってからのアルバイトへの熱中は（学資捻出という経済理由があるにせよ）こころの外向化の帰結するところであったと考えてよい。「豊かさには、物質的豊かさと精神的豊かさとの二種がある」という治療者の指摘に対しても、彼は「影のように、ぼんやりと」しかわからない。そして「僕にとって納得できる生活というのは、将来金持ちになることです」というのである。

そのような彼にとって、青年期危機は、大学生になってから（青年後期に）、やや遅ればせにやってきたものと思われる。「大学に入ってから迷い始め、真直ぐな線路が曲ってみえる、揺れ動いている」（三回）と、彼が告白している通りである。

このようにみてくると、彼の体験した処分は、不正行為《カンニング》というあやまちに対して下された処罰という意味があるのは当然であるが、その意味を超えて、まったく次元の違う意味を生じたということができる。それは彼のこころの世界にとって事件がもたらした意味ということである。つまり、外から彼に加えられた処分は、過度に高まっていたこころの外向化が秘かに準備しつつあった危機を、苦汁《にがり》のように凝固させる機能をはたしたといえるのである。

Ⅱ期に入って、「落ち込みはだいぶちがう」（一〇回）と語っているように、抑うつ状態から脱しつつあった彼は、自分のこころに存在する「甘え」の感情を認めるようになる。経済的に恵まれた学生に比べて、彼の学生生活は決して甘いものではなく、厳しいものであったが、それでも彼は「やっぱり甘えている。……僕に対しても、周囲に対しても」「いま、日本には生きる、死ぬ、という厳しさが無い」と語っている。

甘えの心理というと、土居健郎による「甘え」理論を無視するわけにはいかないが、自分の甘えの感情からエチオピア難民のことまでに言い及ぶ草切経夫の連想の糸を、どのように理解していけばよいのであろうか。

土居（一九七〇）では、甘えの心理は——「甘え」はわれわれの心理力動とその病理を解明する上での鍵概念《キーコンセプト》であり、日本人にとって極めて馴み深い語であるが——口唇期、つまり乳幼児期における依存欲求にその起源があるとされている。(2) 甘えの心理がこのように根の深いものであるからこそ、「甘えるな」「甘えている」というような発言が——他者から投げつけられようと自覚的に使われようと——われわれのこころを動かすに足る十分な衝撃力《インパクト》をもつのである。したがって、自分の甘え感情に発して、飢餓に苦しむエチオピア難民へと草切経夫の連想が発展したのも、むしろ自然であったと思われる。口唇期における依存欲求の中核には、文字通り「のむ」「たべる」などの欲求が存在しているからである。「飢えるエチオピア難民」のことを語りながら、結局彼は彼自身のことを語っていると思われる。つまり「私は何物かに飢えています」だから「私は甘えずにはいられないのです」と言っているのである。そのように感じられたからこそ、治療者は彼の飢餓感の実体へもう一歩踏み込もうとし、「何に対して（の飢え）だろう」と、半ば治療者自身に対して、半ば彼に対して、つぶやくように語ったのである。

心理面接の場においては治療者の洞察はここまでであった。しかし、草切経夫のエチオピア難民への連想には、もう一つ別の意味が隠されていたように思われる。それは回復への転機という意味である。

その隠された意味を解く鍵は、彼自身の言葉の中に存在していると思われる。「本当にエチオピアの人は苦しんでいるんでしょうか?」

これは不思議な発言である。少なくとも、対話の流れの中では理解しにくい。これを治療者は文字通りの意味で受け止め、いささかとまどっているのであるが、エチオピア難民の姿に投影（project）して自分のことを語っているのだとすれば、草切経夫はここで「本当に私は（飢餓感に）苦しんでいるんでしょうか?」と言っているのである。エチオピアにおける飢餓の事実はもちろん存在する。しかしそこに甘えたこころが無いのだとしたら、「苦しみ」のあり方が異なって体験されるはずだ。彼はこころのどこかで、そんな風に感じ出していたのかもしれない。つまり彼は「過酷な状況を、甘える余裕も無く生き抜こうとしているエチオピア難民の生の厳しさ」を、自分にひきくらべて、みていたのかもしれないのである。これは自らの「甘えの断念」の隠喩ということになる。

「自分」の意識は、甘える関係の中に埋没して失われていた自分を甘えていた対象から分離して見つめるところに生起する。（中略）「甘えたいこころ」を十分自覚しながら、なおかつ甘えることに没することができないと悟った時に、始めて「自分」の意識は芽生える。[3]

土居（一九六〇）ではこう述べられている。治療者としては、このような土居の指摘を念頭に置きながら、草切経夫の語ることに耳傾けていくべきだったのかもしれない。そして彼に対して、「甘えがあるから苦しむ。いまのあなたの眼で直接エチオピア難民を見たら、違う彼等が見えてくるように感じるのかな」というように治療者は応答すべきであったのかもしれない。

ともあれ、草切経夫のアイデンティティ回復への転機は、既にこのあたりで生じていると思われるのである。一六回目の面接の中で明らかにされているように、彼は「ひと山越え」つつあったのである。

Ⅲ期からⅣ期へと、草切経夫は順調に回復していき、逡巡しながらではあるが、彼にとっての新しい道、つまり就職へむけて歩み出し始める。この新しい道は、それまで彼が一直線に走って来た軌道とはかなり異なるものになっていった。彼の内面に生じた危機が、彼の軌道を修正したのである。

2　逆光の情景

草切経夫との取り組みを通して、筆者が常に考えさせられてきたことは、学生（ひいては現代の若者）の生き方、ということである。

現在の日本は「物質的豊かさ」に彩られている。たしかに、巷には豊かな物が溢れ、その姿はあたかも実をつけすぎた果樹が枝葉をそして根を枯らしかねないような凄まじさである。かつて貧しかった時代の日本の学生達は、手に入れることのできるものが古本くらいであったとき、書物によって精神をふくらませながらも、根深い物質的飢餓感にとらわれていた。そうであるならば、過剰な物に取り囲まれつつ生活している現代の学生達は、逆に——精神的飢餓感を抱《いだ》き——精神の豊かさをこころの底で求めているに違いない。ところが、真相はともかく、それとはまた異なる情景が、われわれの眼に映るのである。彼ら学生達は、キャンパスライフの中で、物の豊かさを追い求めこそすれ、人生への思いをめぐらせたり、認識の幅を広げ思想の根を深めていくといった知的作業、つまり精神の豊かさを追い求めていくことに関しては、けっして熱心ではないように見える。彼ら学生達はキャンパスライフを楽しむためにさかんに物を追い求め、それら物に関する知識を増やし、技術を磨くことに熱中する。その代表がクルマであり、ブランド商品でありファッションである。それにひきかえ、人生論を口にすることは「ネクラ」であるとして敬遠され、かくて、大半の学生達はリッチでレジュアードなキャンパスライフを「ネアカ」に楽しんで過ごす。書物でさえ、〝知識〟のシンボルとして、ファッションの一部であるといわれたりする。

確かに、遠望する限り、今日の学生像は華やかではあるが、軽い。「物の文化」こそが価値としてリアリティをもち、精神文化というようなものは、いまの学生達にとって、朧《おぼ》ろな幻影にしか見えないのであろうか。

ところで、カウンセラーとして相談室という非日常的な密室の中で親しく彼らに接し、彼らのこころに深くかかわってみると、いま述べた表層的現象と比較して、かなり異なった彼らの姿が浮かび上ってくる。それは「逆光の情景」といった姿である。ここに「逆光の情景」と表現したのは、おもての光に照らし出された姿とは様相を異にした、いわば背面にしか現れてこない彼らのもう一つの姿、を意味している。豊かな物に囲まれつつ平穏無事に日々を過ごしている彼らの外見からはまったく想像できないような、秘かな、苦しみを伴った真摯な生き様、「こころの飢餓」の状態が、内なる情景を通じて見えてくるのである。

ここに報告した事例・草切経夫という仮名のもとに述べてきた一学生は、日常彼を知る人の多くが、スマートに生きる現代風学生の典型として彼を見ていたに違いない。しかし、彼はそのような外見からは相当にへだたった心的現実(psychic reality)を、必死に生きようとしていたのである。彼は人生と闘っていた。彼は、自分が一種の宿命を負っていると感じていた。彼は自らが「宿命」と呼ぶ、その「宿命」の柵を乗り越えて生きていくために、まだ年端のいかぬころから、自らの人生を計画立てる。これも実存(ex-istence 存在を超えていく)の一つの姿であろう。彼は思い定めた軌道をまっしぐらに走り始めるが、その余裕のない驀《ばく》走の結果が彼にもたらしたものは、いままでみてきた通りである。余裕の無い驀《ばく》走の結果の脱輪といってしまえばそれまでであるが、「みんな無くしてしまった」と呻《うめ》きつづける他はないような状態、強い虚脱感・喪失感・無意欲などからなる、いわゆる抑うつの谷へと彼はころげ落ちてしまう。彼をそこまで追い込んでいったものは、治療過程の中に明らかにされていったように、「内なる秘かな飢餓感」であった。このようにみてくると、彼は決して特殊例ではない、現代のキャンパスにみられる「逆光の情景」の中に一時佇《たたず》んだ一つの典型例であると、筆者には思われるのである。

3　ラスコルニコフ的野心・躓きそして回復の意味するもの

青年期は、われわれが子供から大人になっていく道における、かけ橋である。この橋は、自分の力で独りで渡りきらねばならぬ橋でもある。この橋は狭く、かなりの傾斜がある。渡り切った橋の彼岸に、王道楽土が開けているわけでもない。

河合(一九八三)は「子どもが大人になるとき、そこにはさまざまなつまずきが存在している」と述べ、「いわゆる反社会的行動・非社会的行動として分類されるようなこと、それに病気があるし、失敗とか事故などもある(4)」と記している。「青春の蹉鉄」という言葉があるが、ひたむきに自立を志ざして生きてきた草切経夫を青年期において躓かせたものは、不正行為《カンニング》という、キャンパスにおける事件としてはありふれた事件であった。しかし、彼にとって、それはけっして取るに足りない小さな事件ではなかった。二六回目の面接において「不正行為事件《カンニング》をつまらない失敗といい切れるようになりました」と彼は語っているが、そこまでくるのにほぼ二ヶ年という月日を必要としたのである。

草切経夫との取り組みを通じて、筆者がたえず考えつづけてきたもう一つのことは、「彼の躓《つまず》きの意味、そして彼にとって心理療法の場のもつ意味は、何か？」という問いである。アルバイトに追われる無理な学生生活という原因は外的事実ではあっても、内的事実ではない。ここでも、筆者の問いに答えてくれるものは、彼のこころの過程の中にしか見出すことができない。

草切経夫は社会を渡るノウハウを手中にするために、農業を学び、次に経済学を修めようとする。金持ちになることを夢みて。それが彼の自我形成をうながし支える柱だった。大人から見ればたわいのない夢かもしれないが、青年の野心というものは常にこういうものである。ドストエフスキーがラスコルニコフという一青年の姿の中に描き出しているように(5)、青年の夢想的野心は、すでにその中に躓《つまず》きの芽を宿している場合が多いのである。フォークロージャー型の自我形成《アイデンティティ》を歩んできた草切経夫は、青年期危機を素通りして大学生になったということができるが、内的危機とは無縁のようにみえながらも、実は、彼の夢想的野心そのものの中に、危機が胚胎していたのである。

古代社会や未開社会において、成人年齢に達した少年達に対して、恐怖や不安を伴う困難な課題を果し、その課題を遂行し得た者を大人社会に参入させる、いわゆる通過儀礼（initiation）が行われることが知られている。深層心理学の視点からこのイニシエーションを研究したヘンダーソン（Henderson, J. L., 1967）はその著書の中で、（イニシエーションを喪失してしまった近代社会を生きる若者達にとって）「精神病に対する恐怖や神経症の苦悩などの症候が、不可能なことを達成しようとする青年の、傲《ごう》慢な野心を抑止する精神的なブレーキとしての役割を果たすのである(6)」と述べている。人間はイニシエーションに代表される危機的事態に遭遇し、その時本来の自己に直面しつつ、この危機を克服することを通して、真に大人になっていくことができるのである。このような視点に立つと、草切経夫の「事件」とそれにつづく心理療法の場は、彼の内面にとって、まさに通過儀礼《イニシエーション》となっていったのではないかと考えられるのである。

最後に、この事例における治療者の態度ということについて述べる。治療過程の中で記したように、筆者は治療者として（あるいはカウンセラーとして）、草切経夫の「躓《つまず》きの意味するものは、何か」を考えつづけながらも、一定の治療者像《イメージ》を内的に抱《いだ》きつづけることが難しいと感じていた。治療者的態度が少し揺れていると思う。時にひたすら耳傾ける者であったり、助言を与える者であったり、その揺れの振幅が常よりも大きい。彼の野心を直接取り上げて批判したり、彼の家族力動を問題にすることはしなかった。ただ治療者として一貫していたことは、彼がフォークロージャー型の自我形成《アイデンティティ》を生きる他はなかった、その意味を彼に共感しつつ、考えつづけようとした点である。先に触れた書の中で河合は「（躓《つまず》きの）意味を探ろうとする態度は、むしろ未来へと目を向け、そこからどのように立ち上ってゆくかという建設的な考えに結びつきやすい」と述べているが、本事例の心理療法経過を特質づけるとすれば、草切経夫自身と治療者が、彼の躓きの意味を共に考えつづけたことの中に、その心理療法上の意義があったものと思われる。治療者が時に助言・指導を積極的に行ったのも、「青年に接する場合には、分析家は親や教師の役割を演じさせられることは避けられない」(8) というヘンダーソンの指摘にみられるように、青年期の来談者《クライエント》にかかわる心理臨床家として、むしろ避けることのできなかった自然な径路であったものと思われる。

註

（1）Marcia, J. E.　1965　Determination and construct validity of ego identity status. *Dissertation Abstract*, 25, II-A.

（2）土居健郎　一九七〇　『精神分析と精神病理』医学書院。

（3）土居健郎　一九六〇　「『自分』と『甘え』の精神病理」『精神神経学雑誌』六二巻、一号（『精神医学と精神分析』弘文堂　一九七九　二九-五七頁）。

（4）河合隼雄　一九八三　『大人になることのむずかしさ――青年期の問題――』岩波書店　三三頁。

（5）ドストエフスキー　工藤精一訳　一九八七　『罪と罰』新潮社。

（6）Henderson, J. L. 1967 *Thresholds of Initiation.* Wesleyan University Press.（河合隼雄・浪花　博訳　一九七四『夢と神話の世界――通過儀礼の深層心理学的解明――』新泉社）。
（7）河合隼雄（前掲書）四頁。
（8）ヘンダーソン（前掲書）二一五頁。

第8章　O君の場合

——光を求めた一青年の心理療法過程——

カウンセラーとしておこなう学生相談の目的のひとつに学生諸君が大学生活を円滑にかつ充実して過ごし、きたるべき社会人としての生活にむけて自我を整えてゆくこと、つまりアイデンティティの確立へむけての心理学的援助活動がある。いま「大学生活を円滑にかつ充実してすごす」「アイデンティティの確立」という二つの課題を挙げたが、これらはいまだ充分に大人になり切っていない青年後期にある学生諸君にとって、なかなか重い課題であり、そこではさまざまな迷いや悩み、そして適応上の問題が生じやすいのである。学生生活を楽しむ学生がいる他方で、学業の途上で人生の迷いが生じたり、「落ち込む」学生は意外に多い。

学生相談の実際では、このような来談学生に対して一～二回で終る助言指導がなされたり、時には長期にわたるカウンセリング（心理療法）が一定の治療契約のもとで行われる。この場合、短期の助言指導で終るのは軽症者（もしくは健常者）で長期にわたるカウンセリングが必要な場合は重症者といった見方をされやすいが、これはまったくの誤解であり、心理学的援助（こころに対する援助といいかえてもよい）が短期に終るか長期におよぶかは、いわばクライエントが内面的に抱えるに至った課題の軽重によって左右されるのであって、精神病理の水準とはかならずしもパラレルな関係になっていない。

そのような意味で、これから報告するO君の事例は精神的な健康度が高いとみられる（うつ的といっても極く軽い）にもかかわらず内面的に生じてきた課題が〝重い〟意味あいをもつ学生相談の好例であろうと思われる。O君の決して楽ではなかった二年間にわたるこころの歩みについて述べ、若干の考察を行ってみたい。

1　事例　O君

男子、来談時年齢：一八歳

O君は現役入学の学生である。優しい整った顔立ち、スラリとした長身、やや長髪にしている。比較的に健康度の高い、好青年という印象を与える。入学後まもなくしての来談であり、主訴は「やる気が起きない。授業に集中できない」というものであった。「友人はいるが孤独でさびしい」ともいっており、入学時のUPI（精神健康度調査表）では負の得点が高く、心理的には困難な状況にあることがうかがわれた。筆者との面接が始まる前の一年間は別のカウンセラー（男性）がO君との面接を一〇回ほど行っており、その面接記録によれば、おおよそ以下のような推移があった様子である（以下O君はCとして、カウンセラーはThとして表記する）。なお、O君の家族状況は父親（五〇歳）、母親（四七歳）、姉（二一歳）、父方の祖母（七〇歳）そしてO君の五人家族。両親共稼ぎで、ごく普通の中流家庭である。

朝眼が覚めても大学へ行きたくないという気持が強く起きる。死ぬことを真剣に思いつめることがある。高校三年のころからだと思う。高校受験も大学受験も失敗、志望校へ行けなかった。劣等感、負け犬意識がある。趣味といえば歴史。特に古代史が好きだ。（第一回）

沈黙がちなC、しきりに孤立感を訴える。（第二・三回）

語学ができない。いま、無気力。僕は小さいころから甘やかされすぎた。自分は負け犬だ。ThはCの沈黙と苦しそうな表情にとまどう。（第四回）

夏期休暇に入る。その休暇明け。（Cいくらか明るい表情となる）。まだ集中力が無く、ボーッと過ごす時が多い。散歩に出て古い城や城跡を見るのが好きだ。名古屋城、大阪城のような立派な大きな城は権威的な感じがして嫌いだけど。（第六回）

クラブの練習に励んでいます（Cはあるスポーツ系クラブに属している）。自己主張を少しづつできるようになってきました。（第七回）

高校時代に三島由紀夫の「金閣寺」を読んで感動し、影響を受けた。近畿の（ある仏教系）大学を受験したのもその影響があって。（第八回）

いま、筋力アップのためのトレーニングに励んでいる。（第九回）

新しい春を迎え、O君は無事二回生へ進級する。その新学期に前担当者から筆者へと担当者の交代が行われる。筆者との間ではO君が二回生であった一年間に二二回の面接がもたれ、O君が三回生に進級した時点で終結となった。筆者との面接は夏期休暇を挟んだ前半は週一回、後半は二周に一回のペースである。以下そのカウンセリングの経過を四期に分けて述べてゆくことにする。

第Ⅰ期：自己探索（一回〜五回）

一回　去年は自分の適性だとか、不得手な科目の克服方法だとか、進路などについて多く話しましたし、色々とアドバイスも受けました。でもこのごろもっと大きな問題にぶつかっています。自分とは？　自分の人生の意味とは？　明日をどう生きるか？　などの問題にぶつかっている。いままでクラブ活動、読書、ボランティア活動など色々やることを通して自分を変えようとしてみたけれど、どれもうまくいかなかった。

（ThがCとの初回面接を通じて感じとったのは、Cの内面にある女性的な性向とでもいったらよいようなこころの動きであった。Thはこの日の面接記録の中に「Cは男性としての自分と内的な女性的側面との間に葛藤があり、一種のIdentity diffusionを起こしているのではないだろうか。そのあたりへの心理的援助が第一の治療目標となるだろう」と記している。）

二回　このごろアルバイト先、大学、クラブ活動などの中で所属感が生まれてきました。何か安心できる。けれど自分一人の時間になると孤独感や不安感が増してくる。季節の影響を受けやすい。春には生命のエネルギーを感じ希望もわくが、冬になると気分が落ち込む。去年がそうだった。自分の弱い部分がもろに季節の影響を受けてしまうところがあります。

（ThはこのようなCの発言に対し、直接Cの性格を問題にすることを避け、「自然と人間との間のつながりは予想以上にあるね」と述べるに止めた。）

三回　高校受験で失敗し、強い挫折感が生じて、劣等感が強くなってきたと思う。高校の時、先生から「Oの眼は死んどる」と言われた。いままで芯から燃えたことがない。でも、このごろクラブの先輩から「Oはよく頑張る」といわれるようになった。授業はさぼり気味。日曜日になるとグッタリしてしまう。

四回　今週から真面目にやろうと思い、授業には出ています。（Th：出てみてどう?）身は入らないけど、出たほうが気が休まる。（Th：ムリして?）ちょっと疲れるけど。講義、難しいし。（Th：出ないと取り残されるような?）そう。不安になるし。クラブの方は意欲がでてきた。目標もあるし。スポーツは感動できる。テレビもいまはスポーツ番組にしか興味がわかない。中日のファン。近頃強いので気分がいい。巨人みたいに一流選手がいないのに、意外性のあるチームであるのがいい。（Th：スポーツのどこが良いの?）僕も男だし、筋肉質に憧れる。いままで好みとしては歴史とか、女性の好むものが好きだった。（Th：三島由紀夫にひかれたのは？）あの人はひ弱だったのが、ボディビルなどやって豊穣な肉体へ……実際ボクもスポーツやって半年で一〇キログラム増えた。高校卒業のころからスポーツマンに憧れ出した。僕は内面的には女性的。友人も僕のことオカマっぽいということがある。最近性格が変わってきた。以前は〝逃げる〟ところが何に対してでもあった。イヤですイヤですと逃げるところがあった。最近喧嘩でもむかっていくところがでてきた。（Th：負けん気がでてきた？）はい。……アルバイトもつづけてやっています。母に過保護にされてきたから。僕から見ると姉さんは恐るべき存在です。姉は僕に「お前はお父さんお母さんから大事にされすぎてきたから、そんなに気が弱くなった」といわれる。

（この回ThはCの中に急激に生まれてきている、いわば男性的なパワーや攻撃性と呼べるもの（masculinity）を感じとり、「喧嘩しやすくなっているので自覚してセーブするように」とCに対して助言する。）

五回　（このセッションではCは自分の家族のことについて多く語った。）

父は理科や数学がよくできたらしい。父は僕が小さいころから自分の遂げられなかった夢を僕に託して期待している。僕は理・数が苦手で、歴史や国語がいい。姉は僕と逆で理・数がよくできたけど、国・社はだめ。二人ともアンバランス。

第Ⅱ期：事件（六回～一〇回）

六回　先生（Th）から喧嘩しやすいこころの状態だからセーブするようにといわれていたのにやってしまいました。クラブの運営のことで先輩と議論していて、先輩が軽く僕の頬をはたいた。それでカッとなって撲ってしまった。大変なことをしてしまったと思って、僕は逃げた。他の人があいだに入って先輩を止め、仲裁してくれ、話し合いになったところ。この面接のため僕だけ抜けてきたところです。廊下のところでクラブ顧問（あるいは、部長？）に偶然会いましたので、「もうクラブ辞めます」と話した（とCはThに語り、ボロボロ涙をこぼす。）

（ThはCに「こういう時ほど冷静に貴方の気持を仲間や先輩に話して、よい方法が見つかるように努力することだね」と助言、また「こういうことは今後も起こりやすいと思う」と指摘しておく。）

七回　クラブのことは落ち着きつつある。例の先輩については、どうも僕の方で彼を嫌っていた。（というと？）何というか。第一印象は言うことも立派な人。でも僕のように人間を知ってくると、なあんだと思うような…鳥肌が立ってくる。僕は妙にカッコつける人は嫌いだ。立派に振舞うならそれだけのものをもっていないと。立派な人と思っていて裏切られると憎しみがわいてくる。何か、宗教を求めるこころが自分の中に動いている。「何のために生きるか」という言葉が好き。この前テレビで「NHK特集──東大生──」という番組を見て感動してしまった。すべてに勝ってきた人達東大生でも自分の人生に疑問をもって生きているということを知って。高校の先生の言うことと違っていた。成績抜群だったある東大生がエリートコースを止めて家具職人に弟子入りしたという話、感動した。（Th：どんな点に特に？）自ら苦しい道や生きる方向を選んだというところ、素敵な生き方だと思う。僕もはっきり言って大学生活の勉強に疑問をもっている。いま、陶器のアルバイトしているけど、下手だけど、自分で絵づけしたものが窯から出てくると感動する。去年からいろんなことに手を出している。クラブ、アルバイト、自治会。自治会活動は自分に合ってないので止めました。もう一つ重要なことがある。ここにいるということ。この部屋で先生と話していること。……。

（このセッションでCの話す内容は、突発的な〝事件〟をはさんで、これまでとは異なったこころの動きを感じさせるもので、Thも少なからずこころを打たれたセッションとなった。）

第Ⅲ期　信仰との出逢い（一一回〜一六回）

八回から一〇回にかけては、学期末試験も近づき、苦手な語学のこととか、クラブ活動上のもめごととか、現実の学生生活に関連した話題が多かった。Ｃは当世大学生めいた遊びごとはほとんどやらず、「健康な精神は健康な身体に宿る」をモットーに、クラブ活動の中で〝燃え〟て生活している、とのことだった。そしてカウンセリングも夏期休暇に入った。

一一回　（夏期休暇明けである。）

友人に誘われて下宿の近くのキリスト教会に通いはじめた。キリスト教に対しては以前から興味はあった。それとは別に古寺巡りも始めた。親の反対を押し切ってオートバイを買って、それに乗ってやっている。やみくもに行ったりする。何かこころが落ち着き、充たされる。僕はいままで自分が田舎者という劣等感にとらわれていた。それで表面で都会の友人に合わせてきた。先生（Th）と話していて、田舎者でやってゆける自信というか、気にならないでおれるという感じが強く起こってきた。僕は武田勝頼の運命に魅かれる。古戦場に一人で立っていると昔の人の声が聞こえてくるような気がする。友人は僕のことをオカマというが、僕はそうは思わない。姉は男まさり。（Thが「おばあさんは？」と聞くと）おばあさんは禅宗（Ｃの家宗）の熱心な信者。いま病気がちですが。

（次回からＣの申し出で１／２Ｗのペースで面接を行ってゆくことにする。）

一三回　このところ毎週例の教会に通っている。牧師から入信を勧められている。考えつづけて決心が固まったら来年二〇歳になるし、洗礼を受けるつもり。父は大反対。でも僕は二〇歳を区切りにして生まれ変わりたい。いままで下らないことをして人生を過ごしてきた。いまのままではダメだという気持があった。キリスト教徒の友人と偶然会って、それが機会になって始めたのだけれど、仏教の仏さんは信じられないけど、キリスト教の神は信じられる気がするし、生まれ変われるという気がする。（Thが「何か本を？」と聞くと、Ｃは鞄からギデオン協会の聖書を出して）いまこれを読み始めている。英語の勉強にもなるし。友人は「神のみちびき」というし「君を神が呼んでいる」というが、偶然ではない必然を感じる。この大学に入ったのも。（Thが「仏様を信じられないっていうのは？」と聞くと）お寺などで仏像を拝んでその優しい顔を見ていると本当にそこに仏が居ると感じられる。でも、先にキリスト教に何かをはっきり感じて、モーゼの十戒にも「他の神を信じるなかれ」とあるし、それで仏を信じられないようになったのだと思う。これまでこの部屋に通ったのも終着点というか、いまの僕にとってのキリスト教に近づくために通ったという気持がする。先生、来年二月に洗礼を受けるというのは、急ぎすぎでしょうか。

（Cのこの問いかけはThにとって極めて重い問いかけに思えた。時間が早すぎるとか遅すぎるとかいうことではなく、二月まで熟慮して決心が変らないなら。O君にとってキリスト教信仰が大きな宝を与えてくれるなら、誰も君の入信を止めることはできないと思う。ただ親御さんは反対だろうし、日本人がキリスト教に入信するのは大変な面もあると思う」）。父親はそういうものに熱心になるのは危険だ、と言いますが、先生は？（Th：お父さんは常識的なところで言っているのだろう。確かにそういう面もあるかもしれない。信仰が危険なだけなら、おそらく宗教はこの世からなくなってしまうだろう。宗教の根本は〝救い〟だから。――Thは確かに、この回のCの様子から、あまりに急激なキリスト教へのCの接近に対して、危惧に近いものを感じていたのであるが――。）

一五回　僕、洗礼を受けてしまいました。（Th、内心驚く）自分が弱いのかもしれないけど、教会の牧師さんが強く勧めてくれてるし、そんなに言ってくれるならと、変な言い方ですけど負けてしまって。その牧師さんと同じ歳の入信。それでいま色々と迫害を受けている。（Th：というと？）父が反対で、言い合いになってしまった。アルバイト先でも、信仰のことでなら休みをやれんと言われた。母はとりたてては何も言いませんけど。（Thが「貴方は迫害を受けているって言うけど、親御さんにとっても一種の受難では」というとCは考え込む）キリスト教はしあわせだけでなく、苦しみも与えるんですね。いままではカウンセリングの場だけが救いだった。いままでの生き方ではだめだと思う。

男らしくない。悪いこともしてきた。そういう自分を殺して、生まれ変わりたかった。新しい自分を創る。いままのままでは道もわからないし、ダメになる。そう思ってキリスト教信仰へ入ることにしました。（Th：慎重に親御さんと話し合いを重ねていったらいいと思う。O家長男の貴方とキリスト者としての貴方をどうつなげていくか。）家を出るって変ですか？（Th：重大なことだと思う。）僕はそういえば大学受験の前から家を出たがっていたところがあります。で、下宿もしたし。

（このセッションはこんな話し合いのうちに終った。Cは「来週もぜひここで話をしたい」というので、一週間後の面接を約束する。）

一六回　（この回のCは元気そうで、気持に充実したものがあるようにThには感じ取れた。）

その後順調にいっている。ゼミも希望のところに入れた。アルバイトも希望日に休めるようになった。クラブも復帰した。これも神に祈っているからだと思う。父もそのうちわかってくれると思う。信仰することで何よりもものの見方が変った。いままで大学へくるのが恥ずかしかった。敗北者意識、負け犬意識からかなり自由になれました。

第Ⅳ期　新たな苦しみ、そして光を得て（一七回～終結まで）

一七回　（Cは学生として現実生活と信仰生活とのあいだに生じた大きなギャップについて話し、苦しみを訴える。元気が無い。）

苦しい。アルバイトができない。教会活動を泊り込みで行うため、思うようにアルバイトができない。大学の勉強も充分にできない。父は僕が宗旨変えしてしまったのでひどく落ち込んでいる。アルバイトを止めると教会へは行けなくなる。牧師はただ「祈りなさい」という。それで徹夜で祈った。でも神の声は聞こえてこなかった。キリスト教に入信した時はそこに救いを感じて素晴らしいと思っていた。いまは少し、いやかなりがっかりしている。キリスト教を止めようかとも思った。昨日は死ぬことを考えた。プラットホームに立っていたとき、一瞬ここから飛び降りてしまおうかと思ったけれど、できなくて下宿に帰ってきた。そしてひと晩中自殺や死について考えつづけた。今朝うとうとして昼まで寝てしまって、あわてて起きてこの面接のために大学へ来た。（遠藤周作氏の）小説ではないけれど、神は沈黙しています。

（Cの発言はThにとっても極めて重いものであった。キリスト教徒ではないThは「神」についてCに語って聞かせる言葉をもってはいない。Thはふと箱庭療法用の玩具棚に小さな十字架のイエス像があったのを思い出し、それを手に取ってきてCとの間のテーブルの上に置き、しばし二人で黙ったまま見つめていた。そしてThは次のようにCに話した。「時間のかかる問題だね。牧師さんとこころを開いて率直に話し合ってみたら。こころのうねりも含めて話して、牧師さんの牧師としての力量も知れてくるかもしれない。」）

一八回　前回終ったあと夜牧師館に電話して、零時頃から二時間あまり牧師さんと話し合った。キリスト教を止めるということも含めて話した。結局自分の考えが小っぽけなこと、キリスト教の大きさを痛感して信仰をつづけることにした。牧師さんはC君が学費が苦しいなら自分が出してやってもよいとまで言ってくれた。また求めることではなく与えること、感謝することを先にしなさい等説得された。この牧師さんは偶像礼拝を嫌い、信者の前で仏像などを粉々に砕いてしまう。僕は小さいころから仏像が好きで、この前T市のお寺のお地蔵さんに御供えして来た。本当は（キリスト教徒として）やってはいけないこと。でも我慢できない。僕は仏像の半眼に弱く、見ると無意識に手を合せてしまう。牧師さんは僕のことを〝弟〟と呼んでいる。僕が逃げ出せばどこまでも追ってくるでしょう。

（ThはCによって語られたCと牧師との人間関係にいささか危惧の念を抱いた。）

一九回　（Cは映画「炎のランナー」(1)のことを熱っぽく語る。Cはこの映画によってキリスト教に対する疑問がとけたと言う。）

教会で観せられた。はじめはピンとこなかった。でも原作を読んでから、主人公の気持がわかるようになった。スポーツマンとしては金メダルを取らなければならないけど、メダルより信仰の方が尊厳がある。より大きな喜びがある。僕は彼のような意志の強い人物に憧れる。一番名誉のあるのは一流選手であるということだけじゃなく、人間的な強い意志をもつことが素晴らしいことなのだと思う。この話は僕の実生活にも関係がある。所属クラブの種目で来年競技会があるけど、それはいつも日曜日に行われている。いずれにしても、「強い人、強い素晴らしい選手」というのは内面の強さということだし、そのためにキリスト教が力をもつと思う。仏教は田園に生まれたおとなし向きの宗教で、砂漠に生まれた熱狂的な宗教としてのキリスト教が僕には似合うと思う。

二〇回　（Cが入信した折の導き手となった牧師との関係についての話題が中心となる。）

いま通っている教会の牧師は熱狂的な人。「キリスト教は宗教ではない、真理だ」というようなことを言うし、仏像など偶像を喜んで毀す。そんな彼の姿を見たら僕と彼はきっと喧嘩になるだろう。下宿をT市に変えるつもり。小さな町だけど立派なお寺があるし修道院もある。あの牧師さんは嫌うだろうし、僕が離れればどこまでも追ってくるだろう。でも、いままでの教会から離れて別の教会へ行こうと思う。下宿を変えるのはそういう意味もある。

二一回　父親の傘から出て苦労してみたい。そうしないと僕はダメだ。生まれ変わりたい。ドン底まで僕は行った。父は苦労人だけど、仕事を含めて、僕は別の道を歩きたい。いまの下宿は何でもそろっているけど、父に見つけてもらったもの。父は「どうしていまの下宿を変えるんだ。何でもそろってるのに」と言う。僕は「何でもそろっているのがイヤなんです」と言った。父は最終的にはわかってくれたけど、すごく淋しそうだった。とにかく、そうやって苦労してみる。ここ（相談室）も卒業して来春にその後のこと、報告します。僕の信仰と宗教は今日話したこと全部と関係しています。

（Cの力強い発言だった。次回は年明けの四月にフォローの意味も含めてもつことにした。）

二二回：最終回　（Cはなかなか元気そうである。）

いま、良いことが多い。前はそうでもなかったけど。〝Light――光を下さい〟という歌知ってますか。ある歌手が売れていない時に神様にむかって「私に光を下さい！」と叫んだその内容を歌にしたもので、友人から紹介されて知った。いまその歌を毎日聴いている。例の教会の牧師さんは「君には既に聖霊が宿っている」と毎回のように言ってくれるけど、それを聞くたびに落ち込むというか、暗くなってしまう。それでその教会を離れて、歌を聴きつつ毎日「光を下さい」と祈っていました。大学の日曜礼拝に出始めました。何かやっと求めていたものを得られた感じです。死を恐れていたイエスの話とか聞けるし。僕は神話的なイエスはあまり好きじゃない。前の教会の牧師さんは死後の世界重視、大学の日曜礼拝の雰囲気はいまを生きる大切さを強調しているみたい。アフリカの飢えている人々に対してパンを与える前に信仰を与えることを重視するような考え方に僕は反対です。T市の下宿に変わった。汚なくてオンボロだけど、良い。好きなお寺など行けるし。いまこの大学の学生であることが劣等感でなくなった。何か〝みちびき〟を感じる。「光を下さい」と祈って、光を得つつあります。信仰は転ばぬ先の杖という気がします。先生（Thのこと）は転んだ時の杖でした。これから充分自分でやってゆけると思う。春で少し元気すぎるようなところがあると思うけど、大丈夫です。

（内面的にも充実しつつある印象のO君であった。Thも喜ばしく爽やかな心持ちになった面接であった。「光を下さいと祈って、光を得つつある」「信仰は転ばぬ先の杖、先生は転んだときの杖でした」というCの発言は殊に印象的でこころを打つものがあった。このようなO君を見て、Thは安心して終結を決意できた。）

2　考察

以上二年間のO君との心理面接の過程を、前任者との一年間、四期からなる筆者との一年間に分けてみてきた。心理面接の実際は一つの川の流れのように進行するのであるが、川の流れにも上流から下流にかけて変化があるように、心理面接の長期にわたる過程もいくつかの節目によって分けてとらえなおすことができるのである。筆者との後半の一年間をⅠ期である「自己探索」から始まって「事件（Ⅱ期）」「信仰との出逢い（Ⅲ期）」「新たな苦しみ、そして光を得て（Ⅳ期）」に分けてみたが、ここにうかびあがってくるO君のこころの歩みは大きな〝うねり〟を伴ったものであったことが汲み取れるものと思う。

入学時のクライエントは劣等感や負け犬意識に苦しみ、孤独感も強く、やる気が起きずに集中できない状態にあり、かなり落ち込んでしまっている学生であった。そのような状態にあった彼は学生相談室での心理面接を通して立ち直っていくのであるが、結論的に一語で表現するならば、そのこころの歩みの過程は自分らしさの形成・自分の道の発見、つまりアイデンティティ確立へむけての歩みであったということができる。そしてO君の場合、彼のアイデンティティを確立するためには宗教（彼にとってそれはキリスト教であるが）との出逢いと信仰が深くかかわっていることも明らかである。以下その過程を四期に即しながらみていくことにしよう。

1　自己探索の時期と事件の意味

まず来談時におけるクライエントのこころの状態であるが、「無気力」「劣等感」「集中力の低下」などからして抑うつ状態にあったとみるのが妥当であると思われるが、強い罪責感が目立たない点やその後の回復の早さからして、いわゆる正常圏における抑うつ反応（Normal Depression）であったと思われる。そのような状態は前任者との心理面接の中であらかた消失し、学生生活の上でも順調さを取り戻しつつ、筆者との心理面接の場をむかえるわけである。筆者との初回に彼が語った「自分とは？　自分の人生の意味とは？　明日をどう生きるか？」などはアイデンティティ形成にとっての本質的な問いである。彼の場合それは男性としての自分と内なる女性的側面との葛藤としてまず意識化されてくるが、身体面における男性性の際立ち（男子の場合）と少年期から引きずってくる内面的女性性との再統合という課題は、成年期における自我形成の一歩として普遍的なものと思われる。O君の場合「古寺散策」というやや優しいという意味で女性的な趣味を残しながら、スポーツクラブの活動に打ち込んだり〝筋力アップ〟などの男性性増強に努めるゆきかたをとるが、これもかなり一般的に見られる現象であろう。彼が好きだった文学者の三島由紀夫はまさにそのような人である。こういった内面の整理と再統合をしていく場合、親兄弟と自分との比較も必要なことで、第五回にそのような事柄が語られている。

心理療法の場で男性性が育ってゆくとき、それは一面で危険性を伴う。それは心理的な均衡の状態を破り未分化な力をリリース（解放）することにもなるからで、攻撃性が高まる場合があるからである。O君の場合治療者は充分にそのことを配慮していたが、そのような配慮にもかかわらず「事件」が引き起る。事件は起きないにこしたことはないが、内面世界の旅において〝平穏無事〟はあり得ず、この事件はO君にとって不可避的であったとさえいえるのではないだろうか。このような事件を体験しつつ、彼は「宗教を求める心が自分の中に動いている」ことを自覚するという、一歩深い経験に至るのである。

2　宗教体験

アイデンティティ形成にとって自己探索はいわば不可避の門であるが、その、門をくぐったO君は〝事件〟を経て宗教に出逢う。キリスト教との出逢いと入信である。本事例の心理療法過程においてこの宗教体験は重要な意味をもつと思われるので、次に二つの観点からそのことについて述べていくことにする。

アイデンティティと宗教体験

青年期におけるアイデンティティ形成は、それまでの人生において培われてきたさまざまな同一化群を整理していくことでもある。周辺から中心軸近くに引き寄せられる同一化もあれば、中心軸近くにあったものが遠避けられたり、切り捨てられたりする同一化もあるであろう。大人になっていくということは同一化群の解体→再編成という苦しい作業を成し遂げていくことなのであり、心理的な安定基盤を大きく揺るがす経験となる。

エリクソン（Erikson, E. H., 1964）は「人生の中で根こぎ感（Uprooting）の起こる自然な時期」があることを指摘し、「それは青年期である」として次のように述べている。

> 丁度、空中ブランコの曲芸人のように、すごい動きの真只中で、若者は、安全な幼児童期の横棒を離して、成人の世界のもう一つの別の安全な横棒をがっちりとつかまねばならないのである。そして、それが可能なのは、過去と未来との間の関係が密着していることと、手を放しても、次に彼を「受け容れてくれる」ものがあるという信頼感があるかどうかによって決まるのである。[2]

Ｏ君が内界の揺らぎ、エリクソンのいう強い根こぎ感を経験していたであろうことは、思春期以来の負け犬意識・抑うつ感・内なる女性性への気づきなどからも明らかであろう。青年期におけるうつと根こぎ感は新たなるアイデンティティを形成していく作業に必然的に伴って生じてくる現象であり、大人になっていくことのいわばネガである。青年期はこのような意味でうつと根こぎを経て、新たな安定基盤へと根を下していく時期である。

「僕は二〇歳を区切りにして生まれ変わりたい。いままで下らないことをして人生を過ごしてきた。いまのままではダメだ（一二三回）」「いままでの生き方ではだめだと思う。男らしくない。悪いこともしてきた。そういう自分を殺して、生まれ変わりたかった。新しい自分を創る（一五回）」、このようなこころの深い部分からの声がクライエントの内界にこだまし、クライエントをカウンセリングの場へ、そして宗教体験へと導いてゆくのである。ここで著者が言う「うつ」とはグッゲンビュール・クレイグ（Guggenbühl-Craig, A., 1986）のいう発達上における「転換期のうつ」のことである。優しい仏眼にこころ魅かれ古寺を散策するクライエントが他方で「筋肉」という男性的な身体性獲得にむけて努力している。このようなクライエントにとって一八回・一九回に彼自身が語っているように、砂漠に生まれ父性的宗教としての性格色濃いキリスト教へ次第に傾斜していくのも、自然なこころの推移であったろうと思われる。彼を入信へとイニシエートしていった人が「偶像を打ち砕く」ほどの激しさをもった牧師であったことは上に述べたことからも興味深い。

「いままでの自分を殺して生まれ変わりたい。新しい自分を創る」とクライエントが語っているように、アイデンティティを形成してゆくということは、人格の変容を伴うことであり、「死と再生」の秘儀にかかわる事柄でもある。変容へとこころが煮詰まっていくとき、それは何らかの死を内的に経験することでもあり、外的に自殺などの行為に走りやすい危険なときである。クライエントが自殺の衝動に駆られ、世を通して死を考えた時（一七回）はまさにそのような時であったと思われる。ヒルマン（Hillman, J., 1962）は「死の経験がよりさし迫っていればいるほど、（こころの）変容の可能性も多い」と述べているが、このような苦しみを経てこそ、クライエントの宗教体験（キリスト教信仰）は「手を放しても受けいれてくれる」強くそして確かな安定基盤を希求するこころのあらわれでもあったと思われる。

クライエントの宗教体験はアイデンティティ形成の上でもう一つの意味をもっていたと思われる。それは河合（一九八五）の指摘する「超越とのかかわり」ということである。河合はアイデンティティが外部現実世界とこころの内部世界の両面に深く関連した事象であり、圧倒的な物質文明のもとにある現代こそ「アイデンティティの深化」が求められていることを指摘した上で、それを可能にしてゆくためには「超越とのかかわり」が大切なことになる、と述べている。現実生活においても内面においても確固とした自分らしさの意識が育ってゆくためには、こころの深部の基盤的なものと意識とがつながっていくことが大切であり、換言すれば意識が超越（性）とのかかわりをもつということが大切なのである。クライエントは「古寺を訪ね歩いたり仏像に手を合わせることが自然にできる（一八回）」人であり、宗教への感受性を備えた人であったが、彼のキリスト教への入信は以上のような意味をもっていたものと思われる。

宗教体験と癒し

クライエントのこころの歩みも終局に近づき、彼は下宿を変る。彼が新たに移ったT市は小さな町であるが、山間に河が流れ、由緒ある禅寺や美しい修道院の存在するところで、このころのクライエントが生活するのにふさわしい場所であった。そこの「汚くてオンボロだけど、良い」下宿の生活の中で、クライエントは毎日のように「光を下さい」と祈っていたと言う。彼の下宿変えは「父の傘から出る（二二回）」行為であり、彼をイニシエートした牧師からも離れることでもあり、このことはクライエントのアイデンティティがかなり育ってきたことを意味している。

最終回では「光を下さいと祈って、光を得つつあります」とクライエントは語っている。この言葉は自己表現として素晴らしいものであるが、彼が語る内なる光とは何を意味しているのであろうか。

心理療法の場を訪れるクライエントはこころに癒し難い傷を負っている場合が多い。O君もまたその例外でなかったことは既に述べてきたとおりである。そのような彼を「受け入れ」包み、支えていったものが相談室におけるカウンセリングの場であり、他方におけるキリスト教（会）であったと思われる。そのことに関してクライエントは「信仰は転ばぬ先の杖という気がします。先生は転んだ時の杖でした（二二回）」と端的に語っている。

O君の場合、心理療法の場と宗教体験は輻輳し合いながらまさに「杖」としての機能を果たしていったと思われる。こころの痛みは意識の眼をこころの深部へと向かわせ、心理療法的援助の手がそれに伴うとき、魂の癒し（Soul healing）への道がひらかれていくものと思われる。他方、宗教は魂の癒しを本来の目的の一つとして有しているのではないだろうか。そうであるならば、樋口（一九八三）がいうように「心理療法という名のもとであろうと、夢の分析であろうと、牧会という名称において行おうといささかの矛盾を感じることもないし、本質的にはすべて宗教的な魂の癒しの業である」ということになる。

カウンセリングの一七回目、苦悩に打ちひしがれたO君と共に治療者である筆者も無言で見つづけていたのは、（表現こそされてはいなかったが）傷つき衰え、五体から血を流している（はずの）十字架上のイエスであった。治療行為とは真の意味での「魂の癒し」、つまり救済（redemption）であり、「癒す神が自ら病む者の病を負って病む（樋口、一九七八）」という意味でのインキューベーション（incubation、孵化）であるとしたなら、O君との面接の半ばを経て、カウンセリングとO君の宗教体験とは交差し、合流し、インキューベーションの場を共有する関係へと推移していったものと思われる。そして、カウンセリング終結時にO君が語った「光を得つつある」という内的経験はこのような意味を帯びた心理的体験の表明であり、癒されつつある魂についての、言葉によるイメージ的な表現であったと思われる。このようにカウンセリングの場と宗教とはO君のこころの癒しとアイデンティティ形成に対して共に深みのある基盤を提供しえたと思われる。

宗教体験はそれが深まりすぎるとき、自我の弱い人の場合にはともすると霊的な現象の重視や現実生活の軽視に結びつきやすく、こういった傾向はとりわけ若い世代の人にとっては危険なこととなる。そういった点でO君が「熱狂的な牧師」から離れていったこと、「いまを生きる大切さ」を感じ「飢えている人々に対してパンを与える前に信仰を与えるような考え方」に反対するO君のバランス感覚や自我の強さは、このカウンセリングを成功に導いた要素として忘れてはならないものであったということを最後に付言しておきたい。

註

（1）クライエントの語るところでは、この映画はパリ・オリンピックの時の実話に基づく映画で、二人のイギリスの陸上選手がモデルである。一人は牧師の息子でもう一人はユダヤ人。ユダヤ人選手の方は人種差別と闘うために選手として頑張り、牧師の息子の方は〝神から与えられた才能を生かし、神を讃えるために〟選手として頑張っていた。オリンピックの一〇〇メートルレース当日が日曜日に重なり、牧師の息子の方は安息日ということで出場を棄権してしまう。そしてユダヤ人選手は出場してメダルをとる。そして牧師の息子の方はイギリス皇太子から「自己犠牲してもイギリス国家のために走るべきだ」と言われても首を縦に振らなかった。彼は別の種目に出場してメダルをとる。映画の筋は以上である。

（2）Erikson, E.H.　1964　*Insight and Responsibility.* W.W.Norton, N.Y.　（邦訳）鑪　幹八郎訳「洞察と責任」――精神分析の臨床と倫理。一九七一年、誠信書房。八三-八四頁。

参考文献

Guggenbühl-Craig, A　一九八六「ユング心理学における発達心理学の可能性」『ユング心理学・男性と女性』河合隼雄他編　新曜社。

Erikson, E.H.　1964　*Insight and Responsibility.* W.W.Norton, N.Y.　（鑪　幹八郎訳　一九七一　『洞察と責任』誠信書房）。

樋口和彦　一九七八　『ユング心理学の世界』創元社。

樋口和彦　一九八三　「和解と救済」『岩波講座　精神の科学10「有限と超越」』岩波書店　一四三-一七〇頁。

Hillman, J.　1962　*Suicide and the soul.* Harper & Row.（樋口和彦・武田憲道共訳　一九六四『自殺と魂』創元社）。

Jung, C.G.　1940　濱川祥枝訳　一九七〇「人間心理と宗教」『ユング著作集4』日本教文社。

河合隼雄　一九八五「子どもとファンタジー」『子どもと生きる（河合隼雄編）』創元社。

増谷文雄・遠藤周作　一九七九　『親鸞』朝日出版社。

山形孝夫　一九八一　『治療神イエスの誕生』小学館。

補遺1　O君からの手紙

カウンセラーの先生より郵送された、私に対するカウンセリングの記録を読み、懐かしさや恥かしさ等を感じつつ、この文章を記しています。

報告書の内容にあるように、私は学生時代、学問よりも主に自己の存在意義や生きてゆくべき方針などの問題を考え、その解答を見つけることに努力しました。私が相談室を訪れ指導を受けたのは、この様な解答を与えてくれる道を捜し出したかったためでしょう。

入学当初、過去の人生を歩んできたうえでの挫折感や絶望感で無気力状況にあった時、私はカウンセリングを受け、色々なアドバイスをされる段階のなかで、私はスポーツに励んだり、学生活動に参加することにより、自力で自我を確立しようと努力しました。しかし、結果として宗教に理想を求めるといった手段で、私は生きるべき方向を見つけ出してしまったのです。このことは現在に至っても自己にとって良きアイデンティティの確立方法であったかどうか多少疑問におもっています。しかし、私が宗教体験をすることで自我を確立し、目標としてきた人生の意義を捜し出すことが出来たといった事実は、否定できないと思っています。

私が興味をもった宗教、キリスト教は「苦悩や悲しみのなかでいかに自分の人生を切り開いていくか」を意義としていると私は解釈しています。このことから考察すると、この思想は苦悩のなかにあった私にとっては比較的打ち解けやすいものであったかもしれません。またキリスト教的な思想が私の心に深く浸透したものとして、この宗教のもつ独特の価値観があります。現在の社会、特に資本主義経済体制下では競争意識が非常に高いため、他者を否定してでも競争に於ける勝者になることを目標としたり、学歴や社会的地位などで人の価値がある程度まで決められてしまうといった傾向が強いと思われます。しかしキリスト教的な思想は、他者と共に生きる姿勢であり、人間の価値は外面的なものより内面的なもの、「人間性」を重視する、といった考え方のようです。この価値観はエリートとして生きることが人生の目標であると教育され、洗脳されてきた私の価値観を大きく変革させ、敗北者意識から立ち直る良き契機を与えてくれたようです。

先にも述べたように、宗教体験をすることでアイデンティティの形成を行ったことについては私は必ずしも理想的なものであったとは思っていません。また、この私に関する論文を読み、私の精神構造を学術的に研究される心理学関係者の方々も、私のアイデンティティの確立に関し、多少は問題を感じるであろうと思われます。特に私の報告書のなかで最後にカウンセラーの先生が述べている内容「宗教的体験が深まることは現実生活の軽視に結びつきやすく危険な面もある」。このことは私も陥ってしまう可能性のある危険要素であると思えますし、既にこの危険な要素の一部を私はこころの中に取り入れてしまっているのかもしれません。しかし、私は学生時代の宗教体験を決して厳しい現実から逃れるための手段であったとは考えていません。むしろ私はこの体験を現実逃避の手段と表現するよりも、現実に対する挑戦であると表現したほうがよいと考えています。このことを考えるうえで、私は尊敬し、かつ理想としたい一人の人物の生き方について述べたいと思います。

その人物は、アメリカ合衆国で黒人差別に対する反対運動や平和運動などを行い、世界的な評価を受けたマーティン・ルーサー・キングという黒人牧師です。彼はキリスト教伝道師として、宗教的価値観を強くもっていたにもかかわらず、霊的な現象を重視するより、徹底して現実社会の不平等や歪みに目を向け、不正義であると考えられる社会に対し抵抗をつづけ、現実との闘いの中で生涯を終えています。私は大学在学中彼の思想や社会運動に深く興味をもち、彼の研究をしていましたが、彼の生き方は私が目標とする理想的な人生観であり、また、非常にキリスト教的な要素を踏まえたものであったと思います。

私の過去のカウンセリングに対する感想を述べるつもりでいたものが、特定の宗教的色彩の濃い内容になってしまいました。最後に、自己のアイデンティティを確立するうえで、何故「キリスト教」という特定の宗教が私に受け入れられたのかについての私の考えを簡潔に述べたいと思います。第一に考えられることは、私の出身大学がミッションスクールであり、宗教的な影響を受けやすい環境であったこと。また、カウンセラーの先生が、宗教的方向に私が進むことについて強い反対はされなかったこと。この二点が重要な要因であると思っています。

一九八九・一・八（O）

補遺2　「O君」たちへのメッセージ

葛井義憲（神学博士）

カウンセラー（以下Thと略す）のO君に関する心理面接のリポートは一牧会者（「魂の痛み」に心寄せる者、A Pasotr）として――キリスト者として考えさせられることが多くあった。ただ、筆者はここで、心理療法の専門家ではないので、Thの面接内容、その分析・表現、あるいは、O君の人格についてコメントすることを避け――現実に、批評する資格など非面接者の筆者にはない――O君が面接の中で用いた言葉、表現（Thのリポートに記載されたもの）を通して、「人間の救い」への道程を少し考え、O君とO君と同様の悩みをいだく人々に語りかけたい。

O君はこのリポートの中で、自己が憧れるものと自己が消滅させたいものとを二つの言語表現群に類別して言い表している。そして前者（第一言語表現群）、憧れの事柄内容は男性（性）、筋肉、理数、エリート（完全、勤勉）、「都会人」、教会などである。これは若く成長しつづけるO君が、日々、進歩・発展したいと自然に願う思いをある程度素直に示した言語表現である。ただ、この事柄内容は近・現代の日本社会の中に厳然と存在しつづける「価値観」にとらわれつづけていることは否めないが……。

このようなO君の前進・発展への希求はO君が示すもう一つの言語表現群（第二言語表現群）の事柄内容をO君自身なかなか容認することはできかねにくいと推測する。O君はこの第二番目の言語表現群を次のような言葉で表している。女性（性）、（優しさ）、国社、負け犬、（限界）無気力、田舎者、古寺などである。しかも、O君はこの認め難い第二言語表現群の表す事柄内容にどっぷり染まっていると自分で思いこんでいる。つまり、O君は自分には「皆無」と思える第一言語表現群に憧れ、それを獲得しようと追い求め、また、自己を蝕むと「思われる」第二言語表現群からどうにかして「逃れたい」と望んでいる。しかし、O君はこのように望みつつも、第二言語表現群をすべて捨て去ることができずにいる。いや、それよりも、この言語群にひそむ「美点」に「気づ」かされている。

筆者はThのリポートの中に記されたO君の表白から、O君が必死になって消し去ろうと努めても、O君のこころの底から湧きあがるO君の「美点」を垣間見る。それは次のような表白の中に示されている。

O君はThとの第六回目の面接の時、古い城や城跡を見るのが好きだと述べている。それも立派な大きな城でないもの（古びた、あまり人々も訪れない、小さな城）に愛着を感じると述べている。ここには、O君の「崩れおちるもの」、「寂しきもの」、「小さきもの」に向けられたいとおしみ、優しさがいかんなく示されている。また、一八回目のThとの面接の時、「僕は仏像の半眼に弱く、見ると無意識に手を合せてしまう」とも語っている。これは宗教性豊かなO君の内面を彷彿とさせる表白である。O君は慈愛に満ちた「仏像」が彼を静かに見つめ、やわらかくつつみ、語りかけていることに気づいて自然と手を合せると「言う」。これはO君が疎ましく思う第二言語表現群の事柄内容の中に、O君の資質を育み輝かす「滋養」のあることを示している。それ故、O君が第一言語表現群の事柄内容の入手のみを求めて、筋力トレーニングに精を出し、活発な行動をしてみても、完全にO君の心身を望み通りに作りかえ、O君のこころに「平安」をもたらすことは難しいと思う。いや、それどころか、第二言語表現群「すべて」を除去することによって、O君がこれまで立っていた「基盤」をなくしてしまい、自己の心身に亀裂を生じさせ、「魂」の安定を欠いて、「魂」をひからびさせてしまうことになるのではないだろうかと危惧する。それはO君自身も「無意識」のうちに気づいていたはずだ。彼は「本来の私——超越者と「結び」つき、この世に自己が存在することの意義を知る——」、を求める旅路の中で、捨てたくても捨てさることのできない第二言語表現群の事柄内容の中に彼を生かすもののあることを見いだしている。

O君はThとの第二二回目の面接の時、「私に光を下さい」と言っている。この「光」はすべてを育む温かさ、あらゆるものに訪れる希望、種々の闇や悲しみや苦悩を溶かす力を象徴しているように思える。O君の「光を下さい」との表白は、O君が第一言語表現群の獲得のみに奔走することから、第二言語表現群（感性の豊かさ、優しさ、温かさ）に足をおき、そこから「新しい自己の確立」を果そうとする「内的変化」の訪れを表している。つまり、O君はいまわしいと思えた「自分」を少しずつ受け容れ、そこから、「新い自己＝本来の私」を培っていこうとする「こころのゆとり」がこの「光を下さい」という表現の中に示されている。

筆者は最後に、O君の「本来の自己」の確立達成を祈るとともに、一言付け加えておきたいことがある。それは信仰についてである。O君はThとの第二二回目の面接のとき、「信仰は転ばぬ先の杖」と表白しているが、もう一つ、信仰は転んで立ちあがることができないときに、ソットさしだされる「介助の杖」でもある。信仰には、「転ばぬ先の杖」――神とともに雄々しくこの世で働く――とともに「転んだ後の介助の杖」――絶望の中から立ちあがらせ、再び生かす――の役割をもっている。そしてこのことは一七回目のO君とThとの面接の中で表れた十字架上のイエスの出来事に象徴的に示されている。イエスの十字架上での死は苦悩し、痛み、絶望する人々の辛苦をその人々に代って背負い、また、その人々とともに担おうとする姿である。すなわち、イエスの十字架上での死はどのような絶望のただなかにも「救いの光」が奥底までさしこまれていることを表している。

O君そしてO君の友だち、「本来の私」確立の旅路が実り多きものであることを祈りつつ筆をおきたい。

（ふじい・よしのり　日本基督教団牧師）

第４部　家族を生きる・心身を生きる

第9章　現代日本家族における個性化のとき

——佐藤愛子著『凪の光景』をとおして——

小説『凪の光景』（佐藤愛子著、一九八九）を通して現代日本の家族生活と、そこにうかびあがってくる現代日本人の「個性化」ということを考えていくことにする。

この小説の主人公である大庭丈太郎は七二歳。長年教師の仕事に情熱を燃やしつづけ、校長の職を歴任のあと退職、いまは余生を送る身の初老の男性である。東京郊外に家をもち、その敷地内には息子の謙一の一家も住んでいる。妻の信子は六四歳。

丈太郎は「男は誰のせいにもできない戦いを一人で力いっぱい戦うもんだ！　それが男の人生だよ」と常々謙一に語り聞かせる一方、「子どもに残してやるものは財産なんぞよりも、人としての生き方を示すこと」であるという生活信条を祖父以来受け継ぎ守ってきた「信念」の人である。彼は「そんな丈太郎を妻や子どもたちは頑固者だといいながらも、誇りに思ってくれている」と信じている。彼はそういった信念のもとに激動の昭和という時代を生きてきた。

太平洋戦争とその敗戦・敗戦がもたらした価値観の大転換は、教師として数多くの教え子を戦地へと送り出した身の丈太郎にとって、実は深いこころの傷になっている（下巻「探春」の章）のであるが、しかしその思いは丈太郎のこころの奥に秘められ、誰も知らない。彼はその罪悪感から敗戦の後の飢餓の時代には、腹を空かせた教え子に対して、家の乏しい食べ物を無理して分けて食べさせてやるような教師だった。そして近年強まってきた管理教育の風潮に対しては「子どもを鋳型に嵌めることを防ごうとして、刃折れ矢尽きるまで戦って」きたような人でもある。

いま、丈太郎は三人の子どもを育て上げ、孫も三人でき、悠悠自適、はたから見ても平穏無事な余生を送る身である。小説の冒頭に描かれる丈太郎七二歳の誕生祝いの記念写真・そこに映し出された家族全員の笑顔は、丈太郎一家の「幸福の象徴」であり、丈太郎自身にとっては、まさに幸せと呼ぶにふさわしい、平穏無事の「老いの時」の象徴でもあった。

丈太郎一家はこのように平和な市民生活を送っていたわけであるが、やがて彼や彼の家族の上に「嵐の時」が襲ってくる。「嵐の時」といってもそれは実は内面的なこころの嵐であり、国同士が行う戦争ではなかったが、命がかかっているという意味では一種の戦争と呼べるような、家族メンバーそれぞれの生き方をかけた激しい葛藤の嵐であった。丈太郎とその一家はそのような嵐の大波に翻弄され、それまで平穏無事の中にあった家族は、崩壊と解体の危機を迎えるのである。危機の中にあって、丈太郎も妻の信子も、息子の謙一・謙一の妻美保もいままでとは違う「生き方」を模索せざるをえなくなり、そして、嵐の後においてひとつの「凪の光景」を迎えるのである。そのような意味で、丈太郎一家におとずれた嵐の時とは、この一家にとって、それぞれの「変容の時」でもあった、ということができるのである。

一家の変容の時は、ある春の日の、（丈太郎にとっては）青天の霹靂ともいうべき妻信子の宣言「生活の意識改革をすることにしたの。ずーっと考えてたんだけど、今日から始めることにしたんです……」という発言から始まるのである。その日信子はしっかりと化粧をし、ドレスアップもして、いままで毎日のように行っていた風呂の準備もしないで、クラス会に出かけた。夜になって帰ってきた彼女は、入浴中の夫の背中を流すこともしなかった。さらにはかつての級友である春江・妙と三人で熱海へ温泉旅行に出かけてしまう。そしてホテルではブランデーを飲んだり、見知らぬ男性客とダンスを踊ったりするのである。

1　信子の意識改革

丈太郎の夫婦生活はすでに結婚して四〇年「お互いに話したいこともなくなって、どうかすると一日中口を利かない日もある……しかし口を利かなくても、ここに信子がいるのといないのとでは家の中の空気が違う」と感じるようなものになっていた。丈太郎にとって妻の信子は「常にいい受け皿だった。丈太郎のこころの中の憂悶憤懣も信子にはわかっている」し、いわば「古茶筆筒」のような存在であった、と表現されている。その信子が丈太郎にとって「何が何だかわけがわからない」ほど「突然変貌した」のである。それでは信子に生じてきたこころの変化とは何であろうか。

河合『中年クライシス』（一九九三）では信子の変貌をあるクライエントに生じた「二つの太陽」の夢に基づきながら、中・高年女性のこころに生じてきた「二つの太陽」という視点によってとらえている。二つの太陽とは、老年期を迎えつつある女性が内面において体験しがちなこころの動き・葛藤のことである。それはやがておとずれてくる死を象徴する「沈みゆく夕日」と、命の輝きを象徴する「昇り来る朝日」という相反するあり方としての太陽のことである。いわば冬枯れの時と春の芽吹きの時という相反するふたつの「時」が同時にひとりの人間をおとずれるというこころの現象である。こういったことを信子は経験するのである。この二つの太陽の狭間で彼女は揺れ動き、苦しまねばならない。これらの詳しい分析については河合の著書にゆずることにし、ここではこの小説に描きだされていることに対して、少し異なる視点から光をあてつつ、丈太郎一家の物語をみていくことにしよう。

信子は戦時中に思春期を過ごした世代の女性である。この世代の女性たちの特徴について、信子の級友である春江は「私たちの人生って抑圧の人生じゃないの」と言うが、信子の体験しつつある「二つの太陽」の主題は春江のいうこの「抑圧」ということと密接な関係があるということができよう。そして信子は隣の浪人中の美少年・川端浩介に対して、進みゆく老いの中で、母性愛交じりの、若い娘のような「恋」といってもよいようなときめきを経験するのである。

信子のこころに生じてきた変化には他の重要な意味があった。それは「自我への目覚め」といってもよいできごとであった。ある日信子は「わたしは今になって目覚めたんですわ。美保さんを見ているうちに、気がついたんですよ。なんてノビノビ生きているんだろう、同じ女なのに、と思ったの」と丈太郎に言う。そして「気がついたからやり直そうとしているんです」とも言う。「やり直す？どうやり直すんだ？」と問う丈太郎に対して「主体性を持って生きるんです」と信子はきっぱりと答える。

この「主体性（Identity）」という言葉に明瞭に示されているように、信子のこころに生じてきた変化とは「個性」の目覚めであり、端的にいってそれは春江の言う「家庭の桎梏から脱出して、自分自身のための人生を生きる」ということである。個性の目覚めは本来思春期に始まるものであるが、信子の世代においては、女性が個性に目覚めることは社会的に許されず「抑圧」されてきた。それが老いの時になっていま始まったのである。そこに信子の今後の生き方の難しさがある。信子は埋もれていた自分の青春を取り戻すかのように、美少年の浩介に惹かれてゆくのであるが、この「恋」は、そして彼女と浩介の間に生じる出来事はどのような意味をもっているのだろうか。

2　キューピット浩介と桃太郎コンプレックス

信子が母性愛とともに惹かれていく川端浩介は二面性をもつ青年である。信子のみるところ「優しくて、爽やかで、見れば見るほどハンサム」な青年であるが、目下二浪中の身で、「マージャンや女にウツツをぬかしている」ような若者である。現代増えてきているニートの青年ということができよう。丈太郎から見ればノラクラのどうしようもない青年である。美保はこの青年を「明るくて子どもっぽくって、それでいて色気が合って、優しくて、適当に軽薄で、適当にメランコリックで」と評し、さらに「浩ちゃんって、本当に人を愛するって事がないんですね。でも愛さないけど、嫌うってこともないんだわ。あの子が愛しているのは、もしかしたら自分だけかもしれませんわ。あの子のサービス精神は自己愛からでているんじゃないかしら」と批評する。これは的確な批評ということができるだろう。浩介はナルシスでもあるようだ。この浩介がある日のこと信子に「おばさん、僕、本気で何かしたいと思うことないのね。なんかこう、燃えるものってないの」と述懐する。

これらの記述からうかびあがる青年・浩介は、典型的なキューピッドとしての青年であり、その一方で「大人になりきれない青年」としての「プエル（永遠の少年）」でもある。キューピッド、つまりクピド（Cupido）とはローマ神話におけるビーナスの息子で、愛欲の神である。ギリシャ神話の恋の神エロス（ラテン語のアモール＝愛）と同一神で、羽の生えた愛くるしい子どもの姿で描かれるが、美しい青年の姿をして登場する場合もある。

フォン・フランツ（von Franz, M-L）は『男性の誕生』（1918）の中においてキューピッドの心理学的な意味を分析して、それは「新しく生成する神」であるが、「しかしある男性がこの元型と同一化するならば、彼自らがこの観念のネガティブな意味としての『永遠の少年』になってしまう。つまりいつまでも大人になることを拒む、母親の息子にとどまるほか無い」、と指摘しつつ、さらに「若い男性にとって永遠の母のもとにとどまることは非常に大きな魅力だから、彼は永遠の恋人になって彼女と結びつこうとする」「それがドン・ファンのタイプであれば…あらゆる女性の恋人になる」とも述べている。そしてこの小説では浩介のドンファンぶりも生き生きと描かれている。

彼の家には九官鳥が飼われている。このような浩介と九官鳥との取り合わせも興味深い。九官鳥は物真似の天才である。自分本来の鳴き方を忘れたかのように物真似をし、人間に対してサービスしつづける九官鳥の姿は、「サービス精神」に充ちているが、主体性を育てようとしない「プエル」としての浩介の内面の特徴を具象化した姿としてまことに相応《ふさわ》しい。小説ではこの九官鳥が、人間たちを小馬鹿にしたように、まるでカラスのようにカアカアカアと鳴き声をたてる。

そんな九官鳥に対して、浩介が桃太郎の昔話を教え込もうとしている点が面白い。桃太郎の鬼退治の話は英雄神話における龍退治（Dragon fight）と同じ主題を意味の上でもっているからである。ドラゴン・ファイトとは思春期の少年達の内面において進行するドラマである。男の子は、こころの深層において、ドラゴン・ファイト（龍・怪物・鬼などと戦ってこれを倒す）を経ることによって、はじめて母なるもの・太母（Great Mother）から離れ、一人前の男性へと精神的に成長してゆくことができる。日本の少年にとって、それは内面において桃太郎になることである。つまり浩介が九官鳥に与えた「桃太郎の昔話を復唱する」という課題は、本当は「プエル」としての浩介が達成しなければならない内面的な課題なのであるが、浩介はその内面的な課題にむかいあうことができず、この課題の遂行を回避し、（前に彼が飼っていた九官鳥にしたのと同じように、しかもそれは見事に失敗したようなのだが）大庭家の九官鳥に再び復唱させようとするだけの青年なのだ。このことは「プエル」の浩介にとって「ドラゴン・ファイト」を内面的に遂行できないこと、かわりにそれが物真似鳥に対して反復強迫されていること、つまり本来青年浩介の内面的において遂行されねばならない課題が、彼のこころの深層においてコンプレックス化し、「桃太郎コンプレックス」となっていることを示しているということができる。それと同時にこの「桃太郎コンプレックス」は、実は信子の内面と深く関連しあっていることがわかる。信子も自立の衝動に突き動かされているのだ。その意味で九官鳥を間に挟んだ浩介と信子の姿は実に象徴的である。それどころか「桃太郎コンプレックス」はこの小説の中心主題（モチーフ）として、話の進行とともに、家族のコンステレーションを通して息子の謙一へ、謙一の妻の美保へ、そして丈太郎へと波及していくのである。つまり家族全員がこの家族に生じた自我の確立や「個性化の時」の渦に巻き込まれていくのである。さらにいえば息子の謙一も内心秘かにその九官鳥に対して「親しみと同情の気持ち」を抱いてさえいたのである。

3　謙一の変貌

丈太郎の息子の謙一は父親の丈太郎とは世代が違い、タイプも違う。父の説く「信念」ということについても「信念」という言葉は、謙一には実体のない、悲哀に満ちた、喜劇的な言葉に感じられ」てしまう。家族においてはひたすら物分かりの良い夫として、会社では真面目な社員として、部下に対しては「親身な上司」として生きてきた。「不惑」の章ではこんな謙一に生じてきたこころの大きな変化が描き出されている。

この頃の謙一は「本当をいうと彼は妻に仕事をしてもらいたくない。社会批判も結構だが、家の中ももう少し片づけてもらいたい」と思うようになり、さらに「耐えていることを意識するようになった。今まで彼は耐えると意識せずに耐えていた。……この頃謙一は優しい人といわれるたびに、欠点を突かれたと感じるように」なっていたのである。

ひたすら他に対して物分かりが良く自己主張しなかった謙一。そんな彼が部下の千加のことからある日同僚の金森を殴ってしまう。「生まれてはじめて謙一は他人を殴ったのだ。その思いが謙一を興奮させていた。身体の中に鬱積していたものがきれいにかき消えて、まるで少年時代、剣道で上級生の面を取った時のような、昂揚した気分」になるのである。さらに、それまで善良な夫でありつづけ、妻の美保も「謙一に限ってそれはないという確信」を抱いてきたほどの彼が、部下の千加との間で不倫関係を結ぶようになるのである。

謙一の妻の美保は強い女性である。「女の自立」をめざして、結婚した後も仕事をつづけ、夫に頼り切らない生き方をしてきた。二人の出会いのころの彼女は謙一に対して「あたしはケンイチが好きだけど、だからといって隷属はしないわよ」と明言するが、謙一も「ぼくもそういう女は好みじゃない」と応えている。

表面的には自立を尊んでいるように見えるが、若い時の謙一は芯からそう信じていたわけではないと思われるところがある。若い謙一にとって「美保は合理主義者で頭が良く、恋人としてきわめて快適な女だった」にすぎない。そして二人の結婚も「『ぼくら、結婚しようか』『そうね。あたしが必要？』『うん』」といった軽い感じで行われたのである。（「探春」の章）。

美保に比べて、対照的に、千加は「弱い女性」の典型である。謙一に対してひたすら頼り・まといついてくる。彼はそんな千加に惹き寄せられていく自分をどうすることも出来ず「自分の存在がそれほどまでに一人の女に力を持っているのかと思うと、今までになかった新しい力が涌いてくるよう」に感じてしまうのである。

謙一の惹かれる女性像が、美保のように自立的で「強い女性」から、千加のように弱々しい依存的な女性へと変化したということは、謙一の男としての内面に生じてきた変化の本質をよくあらわしている。同僚の金森を殴るという行動によって自己主張し、若い女から頼られることに生きがいを感ずる謙一。このようなこころの変化は、ひたすら「無抵抗主義」で通してきたおとなしい男性にとって、ともすると中年になってから生じてきやすいことなのであろう。つまりそれは「男であることの主張（Mascline protect）」「男であることの再確認」の衝動であるということができるだろう。謙一もまたこのようなしかたで自らの「個性化の時」を体験してゆくのである。

4 「決意」と「夕凪の時」

信子は丈太郎に離婚を申し出る。「いったいわたしは何のために生まれてきただろう、というようなことを考えてきたんです。このまま、何の楽しい思い出もなく、したいこともせずに朽ちていくのは無念ですもの。口惜しいの。それでせめて元気でいるうちに自由になって、今までの分を取り返して死にたい、そうでなければ死んでも死に切れない」というのが彼女に離婚を決意させた思いである。そして、彼女は丈太郎の回答をまたずに友人の春江とハワイ旅行へ出かけてしまうのであった。

美保も謙一との離婚を決意、大庭家を出る決心をする。彼女は「あたしたち、わかれましょう……」と「必死に揉み込んでくる尖ったものの痛みに耐えながら」夫の謙一に言うのである。そして「父につくか母につくか」と訊かれた一人息子の小学四年生の吉見は「ぼく、ここにいる。鍵っ子になるのはイヤだ」と美保に答える。一人息子のこの決心は美保の心に衝撃を与えるものであった。しかしそれに対して美保は「子どもは必ずしも母親を追うものではなくなった。もはや母と子の関係も変化しつつある。妻が夫に隷属していたころの母子は密着していた。子は母の一部だった。だが母親が自分の人生を歩こうとしはじめたことによって、子ども自立したのだ」と考えをめぐらしつつ、じっと悲しみに耐えようとするのである。

丈太郎一家はこうして崩壊への危機の時を迎える。妻の信子がハワイへ出かけてしまった後、丈太郎はしみじみと「寂寥」を感じ、「要するにオレがここにいる意味は何もない……いったい何に向かって生きているのかと自問すれば、死に向かっているという答えが返ってくるだけ」という心境になる。そうした心境の中で、彼はいまの家を出て、岩手県の過疎村で寺子屋を開く決心をする。「どうせ孤独なら孤独に徹しよう。信念を貫くとはどう生きることかを皆に見せてやる。『大庭丈太郎！』丈太郎は自分に向かって呼びかけた。『お前の真価はここで決まるんだぞ！』」。

ハワイから帰ってきた信子に向かって丈太郎はこの決意を話す。「見ていろ。オレは成績の奴隷じゃない真の人間を造ってみせるぞ」「大切なことは学歴なんぞではなく信念と気概であることを教えたい」これが丈太郎のこころに燃え立った最後の情熱であった。そして「新しいエネルギーが湧き出してきたよう」に彼は感じるのである。

もともとは信子の気持の変化に促された結果ではあるが、岩手の過疎村で一人寺小屋を開くという――文字どおりの「出家」――を覚悟することによって、丈太郎もまた真の自立の時をむかえるのである。しかし信子はこの時になってかえって「これから死ぬまでの一人旅の孤独が次第に輪を縮めてとり巻く」ようにも感じ出すのである。

5　「救済」か「幸福」か？――家族の深層――

丈太郎の決心は「孤独の深遠……その底なしの暗がり」に「怖れずに向き合い」「それを突き抜ける準備」として行われる。他方信子は孫の吉見と謙一との三人の生活を想像して「ついこの間までの戦闘的な、昂揚した気分は消えて、まるで憑き物が落ちた後のよう」な「気が抜けて、何か頼りなく、空しく、身体が沈み込むよう」な寂寥感に襲われる。そして「丈太郎が消えた後の青空の、何という広さ。無限の可能性を秘めていると夢見た空間が、今となっては信子をたじろがせ、途方に暮れさせる」のである。そのような経験を経つつある日彼女は「思いがけない強い力に押され」て、「ここへきて勝手なようだけどもう一度、考えさせてください」と丈太郎に言うのである。つまり彼女の自立衝動に対して別の力からのブレーキがかかったのである。それに対して丈太郎は「うん」と答える。河合は「二つの太陽」のなかで「勝負はこれからである。……これからの勝負を彼らがどう生きてゆくのか」と、一つの設問をなげかけている。「これからの勝負」とは、「結婚」・「家庭生活」そして「自立」という事柄に対して、主人公たちがこれまでの経験をふまえながらどう（内なる）対話を進め、考えを深めていけるかどうか、ということである。

グッゲンビュール・クレイグ（Guggenbühl-Craig, A.）『結婚の深層』（1976）は結婚・家庭生活・真の自立（個性化）ということを考えていく上で示唆されることの多い書物である。

西欧には「聖家族」に象徴される調和と至福に満ちた結婚の姿と、ギリシャ神話におけるゼウスとヘラの夫婦関係に象徴されるような「夫婦相互のあいだの闘いに明け暮れる」結婚の姿という二種類の結婚・家族生活のあり方がある、というところからグッゲンビュール・クレイグは説き始めている。そして、結婚という制度に対して、それは「反自然的な営み」であり、妻（あるいは夫の）大きな犠牲によって成立している、ともいう。「既婚者の多くが、大変な苦労をし、自分にとって貴重なものをすべて投げ捨てて初めて、何とか結婚生活が維持され」ている。しかし「現代の時代精神」がそのような「制度としての結婚というものの土台を徐々に掘りくずしている」とも述べる。これは現代の夫婦生活、あるいは家族の生活を考える上で、重要な指摘である。

グッゲンビュール・クレイグはユング（C. G. Jung）のいう「個性化（Individuation）」という視点に立って「個性化と救いは極めて密接に関連した概念で、個性化の目標は魂の救済だ」といい、さらに、結婚は本来個人の「救済（Salvation）」のために行われる制度であって、「幸福（Well-being）」のための制度ではない、と結論する。そして次のようにいう。「女達は、心理学者、カウンセラー、精神医学者のところにやってきて、自分は不幸だ、一度だけは自分自身の人生のみを生きたい、自分自身になりたい、また、自分自身を見出したいと訴えるのである。四〇歳すぎた女性のいわゆる自己発見は、今日女性雑誌や通俗心理学者の論説のお気に入りの話題になっている」という。

このような通俗的な風潮に対してグッゲンビュール・クレイグはまったく違った意見を提出する。「結婚というものはそもそも快適でも調和的でもなく、むしろそれは、個人が自分自身及びその伴侶と近づきになり、愛と拒絶をもって相手にぶつかり、こうして、自分自身を、世界、善、悪、高みそして深さを知ることを学ぶ個性化の場なのである」と。そして、「幸福という観点からは、結婚はただの病人どころかもはや瀕死の病人である」が、「制度としての結婚の強靭さ、その苦痛を与える構造にもかかわらず、結婚に人気がありつづけるという事実は、幸福と関わりのないイメージに注意を向けるならば、より理解しやすくなるに違いない」。「結婚における中心問題は、幸福や単なる幸福感ではない。それは……救済ということである。結婚はお互いに幸せに愛し合い、一緒に子どもを育てる男女を含むばかりでなく、むしろ個性化しようとしている、『魂の救済』を見出そうとしている二人の人を含んでいる」とも述べている。そして彼は「結婚は死んだ。そして、結婚は生きる」という謎かけのような言葉でもってこの本をしめくくっている。

『凪の光景』に描き出された丈太郎と信子の初老の夫婦、謙一と美保の中年夫婦という二組の夫婦は、強力な「個性化」のコンステレーションの磁場のなかで、それぞれの生き方を模索する。それは現代日本の夫婦の誰もが大なり小なりぶつかる問題であると思われる。『結婚の深層』の著者が指摘しているように、結婚という制度が相互の犠牲を必要とする以上、家庭生活の中において「単なる私の幸福」を手にすることは難しいのかもしれない。結婚・そして家庭生活のなかに、「幸福」という視点に加えて、無自覚になりがちな「(魂の) 救済」というもう一つの視点を組み込まない限り、個人の真の自立を意味する「個性化 (Indivisualization)」は巧く進まない。

この考え方は欧米の深層心理学者の提出した一つのモデルである。しかし現代日本人も西欧人と同様の問題にぶつかっていることを『凪の光景』は示していると思われる。われわれ現代の日本人にとっても「個人の幸福」ということと「個性化」とは、本来両立し難いことではなく、自分たちの魂の救済を主軸にすることによってこそ、それらの意味を深めてゆくことへの道がひらけ、これら二つの宝をはじめて手にすることができるのかもしれないのである。

参考文献

Guggenbühl-Craig, A.　1976　*Die Ehe ist tot-lang lebe die Ehe.* Zurich. C. G. Jung Institutes.（樋口和彦・武田憲道訳　一九八二『結婚の深層』創元社）。

von Franz, M. L.　1970　*A Psychological Interpretation of the golden ass of apleives.*（松代洋一・高後美奈子訳　一九八八　『男性の誕生――『黄金のろば』の深層』紀伊国屋書店）。
河合隼雄　一九九三　『中年クライシス』朝日新聞社。
佐藤愛子　一九九二　『凪の光景（上・下）』集英社。

第10章　ある日突然に
――A氏の観患記を読んで――

親しい友人であるA氏から手紙とともに郵送されてきた「手記」を筆者が読んだのは二〇〇五年の梅雨のころであった。その手記には〈観患記〉というタイトルがつけられていて、彼が還暦を一年過ぎる歳に体験したちょっとした〝病〟の体験と若干の感想めいた文章がそれには記されていた。その手記は四つの部分から構成されていた。まずその手記を紹介しよう。そして筆者がその手記を読んで考えさせられたことを次に書こうと思う。ちなみにA氏はある専門的な仕事をする、典型的な中流家庭を営む人で、二人の子供の養育も終了、いまは奥さんと二人で郊外の住宅地に住む勤労者である。

１　観患記

その一

ある日突然体に症状が出た。その日の朝いつものように目覚め、起床して洗顔。そしていつものように少し力の要る作業をするが、その直後、突然ひどい息切れに襲われたのである。これまで一度も経験したことのない状態である。あたかも百メートル全力疾走した後のような息切れ。妻も「大丈夫？」と驚くが、そのときの息切れは一～二分で収まる。その日は二度とそのような息切れ・動悸が起こることはなく、普段の生活に戻った。飼い犬との散歩もいつものように行う。

翌日かねてより予定していた北陸へのドライブ旅行にでかける。いつものように私の運転である。その旅行中は——念のために記しておくが——一度も体の異常は感じなかった。強いていえば観光地の小山の坂道を登っていたときに若干の息切れが生じた位であった。二日後に帰宅。帰路は道路の渋滞箇所もあり、ノンストップ運転であった。やや疲れを感じた。途中の中華料理屋で遅い夕食をとる。食欲はあるものの、あまり美味しくは感じなかった。(少しそのことが気にはなった)。家へ帰って後、飼い犬との散歩を行う。

帰宅翌日朝ひどい息切れあり。しかしその息切れは数分で収まったので、飼い犬と散歩に出かける。が、その散歩の折に激しい息切れ・下肢の脱力感が再三にわたって生じ、数度にわたって立ち止まり、ついには腰を下ろして息を整えねばならない状態となる。この時はじめて体に生じている異常をはっきりと自覚できた。体を動かすたびに息切れが生じるのである。体が何らかの変調を来たしていることはいまや間違いない。それも決して軽くはなく？　家へ戻りさっそく『家庭の医学』などの本のページをめくってみる。「狭心症」の項に当てはまることが多く、いま自分の体に生じていることは心臓の——おそらく狭心症の——症状であろうと判断する。顔に浮腫みも生じている。仕事の予定を変更して、翌日、近くの内科クリニックを受診することを決意する。

受診当日も息切れの症状は続いていた。クリニックでは問診・胸部レントゲン・心電図などの検査が行われ、薬も処方された(ちなみにその処方を記すと、ラニラピット〇・一mg、スローケー六〇〇mg、ラシックス四〇mg、である)。「処方の薬を飲みながら一週間様子を見ましょう。何かあったらすぐ来てください。仕事は休むように」と医師にいわれる。「狭心症じゃないでしょうか？」と医師に訊ねてみるが、医師は明確な返事をしなかった。しかし処方された薬は明らかに何かを物語っている。医師が心臓疾患のうちの何かを考えていることは確かだ。

処方された薬が効いているのかいないのか定かではないが、顔の浮腫みは消えた。しかし脈拍は常時一〇〇以上あり、階段を上ったりするとかなり激しい息切れが生じる。そのため家にいてひたすら静かに過ごすことにする。このような状態が五日間続いた。

五日後にクリニックを再受診する。この間の経過を話すと医師は「やはり総合病院の循環器科を受診してください」といい、T総合病院を紹介してくれた。直ちにT総合病院を受診する。そこでは医師から心臓カテーテル検査を中心にした精密検査を勧められる。そして二四時間継続携帯型の心電図計を付けさせられ、行動チェック票を渡された。（処方：フランドル錠二mg、シグマート五mg、そして発作時服用としてニトロペン錠）。検査入院は一週間後となった。仕事関係の部署・関係者数人へ、ことの電話連絡をする。

夜こんな夢を見た。（子供時代に過ごした）K村の夜道を歩いている。Y村から電車駅へ向かう道である。下り坂の道は暗く人家は無い。森や堤（つつみ）があり墓もある。自分はある怖ろしい男と対決しなくてはならない。中里介山作『大菩薩峠』の主人公机龍之助のような人物で、盲目の殺人鬼である。そのような難敵と自分は対決しなければならない。……印象的な夢であった。

二日後薬が効いてきたのか、体がやや楽になる。朝の息切れがあるにはあるが、軽くなった。昼食後、外気が暖かく気持ちが良いので、家の周囲を歩いてみるが、激しい息切れは生じない。

この間の身体症状を一般化すれば、朝の起床時に息切れ・動悸が激しく、昼から夕方・そして夜になるにつれて体が楽になる。まるでDepressionのようなパターンだと思う。それが自分のlife cycleのパターンなのか「薬効」なのかは定かではない。このころは何度計ってみても大体〈最高血圧一〇〇～一〇五mmHg、最低血圧六〇～六五mmHg、脈拍数一〇〇～一〇五hpm〉位の数値であった。さらに二～三日後、朝食後に軽い体操を行うが、ほとんど息切れはしなくなる。脈拍も八〇前後になる。

その二

そして翌日T総合病院に検査入院。その折簡易計測器によると、最高血圧一三二～一三五mmHg、最低血圧八一～

八三ｍｍＨｇ、脈拍数八六〜八九ｈｐｍ。何度測ってみてもそのような範囲の数字である。検査室で心電図と胸部レントゲン撮影をしてから病室へ向かう。同じ循環器科診察室前ですでに検査の終わったらしい初老の婦人患者を見かける。考え込んでいる様子。おそらく自分と同じ病気なのであろう。その青い不安げな表情が印象に残る。

　まもなく担当の看護師さんが訪れ挨拶。脈拍や体温を測ってゆく。その後数人の看護師が病室へ来たが、みなよく訓練されており、礼儀正しく気持がよい。しばらくして担当医が来室し、検査に関しての注意事項など説明、併せて血圧などを測ってゆく。（因みにそのおりの最高血圧一一七、最低血圧七八、脈拍数七七。午前一一時三〇分）。夕食（美味しく食べることができた）。入浴。ベッドで読書。消灯九時、なかなか寝付けない。

　検査の結果「異常なし」であってほしい。が、いま薬効で（？）症状はおさまってきているものの、あれだけの症状が出たのだから、それはあり得ないことだろう。おそらく明日の検査で心臓あるいは冠動脈のどこかに異常が見つかることだろう。手術を勧められるにちがいない。その可能性が高いと思われた。一〜二ヶ月は入院などで仕事ができないだろうし、それは職場に対して大変な迷惑をかけることになる。また仕事の予定を大幅に変えないといけない。検査を受ける決断をした以上、病院スタッフに対してすべておまかせしよう。「決断した以上信頼しすべてをまかせる」、そういう生き方をしてきた。しかし……。

　検査の途中で命にかかわるような事故が起こる可能性が一万分の一くらいの確率で生じると説明書に記されていたが、自分がその一人に絶対にならないという保障はない。自分には検査自体に対する不安や恐怖はないが、きっとあの不安げな老婦人のように打ちひしがれる人も多くいるに違いない。そのような思いが胸に去来する。しかし医師どころかきびきびと仕事し続ける看護師にもそのような胸中の思いを話す気にはなれない。そのような思いを口にできるような雰囲気がまるでないのである。以前に比べて医療技術は長足の進歩をし、スタッフの訓練も行き届いている。病院食だって格段に美味しくなった。しかし……今の病院には家族以外にこのような思いを聴いて受け止めてくれる場所も無ければ人もいない。あの青い顔の初老の婦人はどうしたのだろう。そんな想いが次々にわき起こってくるのである。

二〜三時間おきに巡回があり、看護師さんが懐中電灯片手に見回わる。それで目が覚めてしまう。三時ごろに目が覚め、寝付けないまま翌朝を迎える。朝食。看護師の巡回、体温・血圧・脈拍等の測定。担当医の回診、心臓カテーテル検査の安全性・伴う危険性などに関して説明（インフォームドコンセント）が再度行われる。患者はそれらの事柄を踏まえた上で、承諾と誓約の書類に署名捺印を行わなければならないのである。

心臓カテーテル検査は午後一時四〇分からということであり、昼食は食べることができない。妻が来室。家族の誰かが検査室の近くに待機しなければならないのである。車椅子に乗って検査室のある別棟へ移動。患者として車椅子に乗るのは初めてであるが、「かくも快適な乗り物なのか！」と思う。

その三

さて検査の行われる場所へ入る。そこは天井が高く広く煌々と明るい室であった。カテーテル検査の中心となる器械とベッドが室の中央に設えられている。医師・検査技師・看護師五〜六人が立ち働いている。ベッドに上がると医師が手順や検査に要するおよその時間などについて説明してくれた。自分の場合左上腕からカテーテルを入れ、右上腕からは薬剤を点滴・注入するらしい。薬の名前等がスタッフ間で話されている様子であったが聞き取ることも理解することもできない。上半身は裸で体の全体を覆う大きなゴム製（?）の布が掛けられる。ふと、天井近くの壁に目をやると、おそらくone side mirrorと思われる窓が並んでいるのに気づく。この病院は研修指定の病院であるので、研修医などが見学しているのかもしれない。

検査は順次担当医と患者である私との〝応答〟を重ねながら行われていった。「痛みは?」「気分が悪くはないか?」「苦しくはないか?」「今からカテーテルを入れます」などなど。痛みは少しも起こらず、胃カメラによる検査と比べてまったく楽なものである。顔の前へ来たカメラを見て、この器械がドイツのジーメンス社の製品であることが判明する。二台のカメラが作動し続け、心臓を中心にしてさまざまな角度から隈なく上半身が撮影されてゆく。「いまカテーテルの先端が心臓の前まで来ています。気分は悪くないですか?」「これからカテーテルを心臓へ入れます」。右上腕からは検査の進行に合わせて薬剤が注入されているらしい。そのほとんどが理解できなかったが「ニトロ○○cc!」という言葉は聴き取ることができた。「カテーテルの先端が心臓の内壁に触れると動悸が生じますが、何も心配は要りません。また造影剤を入れると体が熱くなりますが、これもまったく大丈夫です」。(造影剤を体に入れると体が一時的に熱くなることは経験済みである。)「心臓へモノを入れるとき、体にどんな感覚が生じるのだろう?」と思っていたが、あっけないものであった。心臓の鼓動がわずかに高まった。「○○放出!」心臓の中にいま造影剤が入れられたのであろう。胸の中心部がジワーッと熱くなる。

検査の終了までおよそ三〇~四〇分であった。「すべての検査が終わりました。カテーテルを抜き取ります」、医師が言った。そのあと心臓エコーの検査も行われた。

すべての検査が終わった後、担当医によってカテーテル検査を中心にした検査結果の概要が伝えられた。自分の心臓の様子もビデオに映し出され、見ることができた。医師から伝えられたのは「すべての検査結果に異常は見られませんでした。これまで処方していた薬を打ち切ります。明日退院してください」というものであった。拍子抜けするような結果である。その一方、大禍のない結果に嬉しさがこみ上げる。「それではあの狭心症の症状の原因は何だったんでしょう。ストレスといえますか?」という私の問いかけへの医師の回答は明快で至極単純なものだった。「原因はわかりません。体のあらゆる検査をしてNOとなってはじめてストレスが原因したということができます。貴方の場合すべての検査をしたわけではないので、ストレスが原因したとはいまの時点ではいえません。したがって原因は判りません」。この回答を問いたとき、そのすっきりした明快な考え方・態度に、爽やかささえ感じた。ある種の頼もしささえ感じる。しかしその一方で何か釈然としない気持ちも生じてくる。

その四

心臓に症状があらわれる約一〇日前にこんなことがあった。ある日仕事の場を二箇所回り、夕方の五時からある会議に出席する。その会議は二時間後に終了し、マイカーで帰路につく。一時間運転。その途中で急に頭痛が生じ、しばらく続いた。何かいやな感じのする頭痛であった。そして翌日、朝起床ののち洗顔のおりに右目に出血が起きていることに気づいた。眼科を受診する。が「単純なキズか何かによる出血でしょう」ということで、薬も出た。事実二〜三日で血はひいたが、気になる出来事であった。そして八日あまりたって今度の症状である。

今の医学では頭痛と右目の出血と心臓の症状とはそれぞれ無関係であるとされることだろう。事実それぞれ独立の医療機関によって診察・診断・処方が行われ、症状も消えた。患者である自分もそのことを医師にはいわなかった。しかしこの間の経緯を振り返って考えるほどに、「頭痛→右目の出血→狭心症の症状」という連鎖の図式が――薄く・ぼんやりとではあるが――うかびあがり、相互に内的関連をもった出来事として意味をもち始める。素人判断として一笑に付されてしまうのかもしれないが、主観的には、一〇日前の二つの症状は後に続く狭心症症状の「予兆」だったという想いが日と共に強まってくるのである。先端医療の恩恵を受け、それに感謝しつつも、これらを切り離して別々の疾患としてとらえる今の医療のありかたに対して、何か釈然としない思いが起こってくるのである。

2　観患記を読んで

1　観患記を読んで（その一）

このような文章でA氏の手記は終っていた。氏の体験は現代医療の現場では至極ありふれた出来事であるに違いない。が、読んでみて、A氏の手記から考えさせられることは多いと思う。

A氏にかかわった医師たちの判断と処置は的確であったと思われるし、ことにT総合病院の担当医の明快な仕事ぶりは〝爽やか〟でさえあったと、彼も書いている。

しかしA氏の手記から感じられることの一つに、現代の先端医療において「こころのケア」の側面が失われつつある、ということである。A氏が心臓の不調（狭心症の症状）を体験して検査入院したとき、氏の意識はしっかりと安定していたようであるが、こころの深層は穏やかではなかったと思われる。彼の見た「夢」からもそのことは明らかであろう。彼はこころの深層において「死」の問題に直面していた、ということができるのである。

心臓カテーテル検査における不慮の事故の生じる確率は一万分の一であるという。確率としてはごく低い数字であっても、しかし氏が書いているように、「一万回に一人の、その一人に自分がなる」という可能性を排除することはできないのである。A氏は「青い顔をした不安げな老婦人」に思いを馳せているが、おそらく彼自身の思いでもあっただろう。「そのような思いを語れる人も場所もいまの病院の中にはない」とA氏は書いている。しかも現役の社会人が病に罹り長期入院せざるをえなくなったとき、処理せねばならない実務上の事柄がただちにたくさん生じてくる。われわれはA氏のような状況に置かれたとき、解決せねばならない作業が数多く生じ、それらを短時間のうちに処理しなければならないのである。しかもかなりの不安感と戦いながら、そのことを行わねばならない。これらの事柄の多くは「こころのケア」に属することである、ということができる。

評論家柳田邦男による『最新医学の現場』（昭和六〇年）『「死の医学」への序章』（昭和六一年）はわが国の医療にこころの復権を、という主張に貫かれている。前著では「心のある医の復権」に一章があてられている。後著では癌との闘病の末に五〇歳で世を去った精神科医・西川喜作の「私は精神科医ですが、いままで病める人間の心というものをどこまで理解していたか、心淋しい次第です」という言葉を引いて「医学におけるヒューマニティ（人間性）の問題」が「科学技術的な面が進めば進むほど重要になってきている」と柳田は指摘する。

彼は以下のようにも書いている。

現代医学に癒しの側面を再生させることが大事だといっても、それは決して反科学を意味するものではない。医師や看護婦（ママ）の仕事の難しさは、高度な医学の知識と技術を身につけなければならないのと同時に、痛みや悩みを理解する〝癒し人〟たらんとする心を持たなければならないところにある。しかも、若くても、その自覚を持たなければならないのである。功成り名をとげた老医学者だけが、知情意に通じているというのでは、不十分である。（『最新医学の現場』第Ⅵの現場　現代医学の行方）

柳田邦男はつづけて「医学における科学と人間性の調和のとれた発展は、時代の要請なのであって、臨床の現場でも医学教育の場でも、この問題への関心の高まりが望まれる」とも述べているが、この本が書かれた一九八〇年代から約二〇年を経た今日、このような視点はますます重要なことになってきていると思われる。いまの医療の現場で医師や看護師にそれが望めないのならば、まさに臨床心理士がその任にあたらなくてはならない。

2　観患記を読んで（その二）

ＱＯＬ（Quality of Life）つまり「生命・生活の質」の向上ということがいわれるようになって来た。ＱＯＬということはいうまでもなく終末期医療（ターミナルケア）や介護医療・福祉の領域においていわれはじめた言葉であるが、「中高年のＱＯＬを高めよう」というように、いまでは狭く医療や福祉の領域のみならず、日常生活の面でも使われる言葉となっている。先の『「死の医学」への序章』文庫版あとがきの中で著者の柳田は「ＱＯＬという視点はガン医療だけでなく、循環器病や老人病などの治療法を再評価し洗練されたものとするうえで導入された」と指摘し、「死を考えるとは、いかに生くべきかを考えることである」とも書いている。「いかに生きるべきか」それはかつては哲学や倫理学の問題であった。今日それはＱＯＬという新しい装いとともに医学やあるいは心身科学の問題でもあるのである。「こころのケア」という問題もそのことと関係が深いことはいうまでもない。したがってまさに心理臨床学上の課題なのである。そしてA氏の「観患記」という手記がうかびあがらせているものもまさにこのことである、ということができる。

　小説や以前の映画に描き出されているように、かつてのわが国の医療現場の中心は町医者・村医者が担っていた。彼ら町医者・村医者達はそこに住む人々と軒を接するように生活し、つまり自らもまた町や村の同じ住民として生活空間を共有しつつ、医療に従事していた。いまはそのような仕方での医療は急速に姿を消しつつあるが、当時の医療従事者たちは村や町に「共生」していたのである。そして生活をともにしながら患者やその家族の世間話に耳を傾けたり、たわいない愚痴であっても聴いてやったりしていたのである。その程度には「こころのケア」が存在していたということができる。山間僻地になるほどそういった交流は濃密であったに違いない。例えば以下に示す俳句などがそのことを示唆していないだろうか。

　深吉野の山人は粥をすすりて生く
　粥すする杣が胃の腑や夜の秋
　山の娘（こ）の風邪にこもれる蚊帳かな

　俳人原石鼎が大正二（一九一三）年に詠んだ、いわゆる彼の深吉野時代の俳句である。当時彼は吉野の山奥において医療に従事する無名の一青年であった。

　これらの句にはいま述べた「生活空間の共有」ということがよくあらわれていると思われる。若き原石鼎は（医師の免許をもっていなかったにもかかわらず）村人達から全幅の信頼を寄せられていたというが、彼の「医療」は、おそらく、これらの句に示されているような村人との濃密な交流のもとで行われていたのであろう。そして「こころのケア」の可能性はこのような側面から生じてくるのではないだろうか。

３　観患記を読んで（その三）

禅仏教は「心身ハ一如」であるという。この視点は微細身・サトルボディ（subtle body）に対して鋭敏になることを要請する。平たくいえば「腹も身の内」という諺にある「身」の感覚を大切にする、ということである。この「身」ということに関して市川浩（一九七五）は次のように書いている。

「身」は、単なる身体でもなければ、精神でもなく――しかし時としてそれらに接近する――精神である身体、あるいは身体である精神としての〈実存〉を意味する。（中略）われわれの具体的な生の大部分は、いわゆる精神とも身体ともつかない独特の構造のなかで送られている……むしろこの独特の構造をこそ基本的なものと考え、いわゆる精神と身体は、この独特の構造の抽象化された一局面とみなすべきであろう。

「心身一如」とは、まさにこのような意味における精神や身体の感覚を養ってゆく、ということなのである。現代の先端医療が失いかけている「こころの復権」「こころのケア」の回復は、このような視点なくしては実現できないものと思われる。「我思うゆえに我あり」。デカルトの心身二元論は本来あくまで精神（こころ）を第一義にしていたはずである。がしかしわが国の現代医療はいつの間にか体を第一義とし、こころを従に考えているように思えてならない。A氏の手記はそのことの一端を垣間見せているのではないだろうか。

江戸時代の人々は医家はもちろんのこと庶民でさえも次に示すような考え方をしていたと思われる。貝原益軒『養生訓』にでてくる言葉である。

心は身の主也、しづかにして安らかしむべし。身は心のやっこなり、うごかして労せしむべし。心やすくしづかなれば、天君ゆたかに、くるしみなくして楽しむ。身うごきて労すれば、飲食滞らず、血気めぐりて病なし。（巻第一・一四)。

われわれは医学を含む近代科学技術を発達させつつも、(ことに心身科学の領域においては)もう一度このような心身一如の視点を視野にふくんだ世界観へと立ち戻る必要があるのではないだろうか。

参考文献

市川　浩　一九七五『精神としての身体』勁草書房。
貝原益軒　一九八二『養生訓』伊藤友信訳　講談社。
柳田邦男　一九八九『最新医学の現場』新潮社。
柳田邦男　一九九〇『「死の医学」への序章』新潮社。

人名索引

事項索引

著者紹介

生越達美（おごし・たつみ）
愛知学院大学心身科学部教授
名古屋大学大学院教育研究科修士課程修了
専攻＝臨床心理学，分析心理学，芸術・表現方法
［主著］
『人間発達と心理臨床』（共同出版，1989）
『子供の発達と教育に関する最近の諸研究』（八千代出版，1990）
『心の世界――現代を生きる心理学』（ナカニシヤ出版，1995）
『「内村鑑三」と出会って』（勁草書房，1996）
『カウンセリングと学校』（ナカニシヤ出版，2003）

心理臨床学の実際

2007年5月7日　初版第1刷発行

定価はカヴァーに
表示してあります。

著　者　生越達美
発行者　中西健夫
発行所　株式会社ナカニシヤ出版
〒606-8161　京都市左京区一乗寺木ノ本町15番地
Telephone　075-723-0111
Facsimile　075-723-0095
郵便振替　01030-0-13128
URL　http://www.nakanishiya.co.jp/
Email　iihon-ippai@nakanishiya.co.jp

装幀＝白沢　正／印刷・製本＝ファインワークス

ISBN978-4-7795-0158-6